“十四五”职业教育国家规划教材

商务礼仪与职业素养

（第三版）

李德建　主编

中国财经出版传媒集团
中国财政经济出版社
·北京·

图书在版编目（CIP）数据

商务礼仪与职业素养 / 李德建主编．--3 版．-- 北京：中国财政经济出版社，2025.1
“十四五”职业教育国家规划教材
ISBN 978-7-5223-2447-0

Ⅰ．①商…　Ⅱ．①李…　Ⅲ．①商务—礼仪—职业教育—教材②职业道德—职业教育—教材　Ⅳ．① F718
② B822.9

中国国家版本馆 CIP 数据核字（2023）第 159869 号

责任编辑：钱红叶　唐　堂　　　　责任印制：张　健
封面设计：卜建辰

商务礼仪与职业素养（第三版）
SHANGWU LIYI YU ZHIYE SUYANG (3)

中国财政经济出版社 出版
URL：http：// www. cfeph. cn
E- mail：cfeph@ cfeph. cn

社址：北京市海淀区阜成路甲 28 号　邮政编码：100142
营销中心电话：010 – 88191537　北京财经书店电话：
64033436　84041336
北京鑫海金澳胶印有限公司印刷　各地新华书店经销
成品尺寸：185mm × 260mm　16 开　15 印张　269 000 字
2025 年 1 月第 3 版　2025 年 1 月北京第 1 次印制
定价：49.80 元
ISBN 978-7-5223-2447-0
（图书出现印装问题，本社负责调换，电话：010–88190548）
本社质量投诉电话：010–88190744
打击盗版举报热线：010–88191661　QQ：2242791300

前言

经过三年的检验，带着同学们渴求的眼神和编辑老师的殷切叮嘱，本教材的修订再版提上了日程，也让我再一次有机会检视并确认了之前的认识。

多年的实践，让我常常陷入一种悖论式的思考：面对人类在历史长河中积累起来的瀚如繁星的知识，每个人穷其一生探索和学习都不过是沧海一粟。在短暂的大学岁月里，课堂上的哪些知识会成为点亮我们实践道路的灯塔，而哪些知识却在我们毕业后忙碌的工作、生活中陷入沉睡休眠？大学几年学习的时间、空间和课程内容在某种程度上都是有限的，而一旦踏出校园，学生为了完成工作所需要学习的新知识、新技术和新能力却几乎是无限的，面对无限的技术积累与知识发展和有限的课堂教育和校园学习之间的矛盾，大学课堂教育的边界在哪里？什么样的知识和技术才是对学生最有效的赋能？

对这些思考的追问，让我在职业困惑中越发坚定这种认识。教育的意义不仅在于它赋予人适应未来生存的能力和手段，更重要的是，它以社会性的方式，塑造人的良知和素养，为适应未来赋能和增值提供一种可能。正如德国哲学家雅斯贝尔斯所说，真正的教育是用一棵树去摇动另一棵树，用一朵云去推动另一朵云，用一颗灵魂去唤醒另一颗灵魂。

基于这样的认识，我想和我的团队在学生最基本的素养教育和行为礼仪教育上做点探索，为夯实学生一生的成长做一些兜底性的工作，编写一本能够将商务礼仪与职业素养有机结合起来的教材。这样的教材应该不是对既存类似教材的简单重复，而是在其基础上有所扬弃和升华，成为象牙塔学子迈向社会合格公民和职业职场精英的有益桥梁。我希望，每一个即将走向社会的人不仅应该知道日常生活和商务活动需要哪些礼仪，以及如何去达成这些礼仪，更重要的是，还需要明白这些礼仪的社会背景以及更为宏大的社会准则和生存智慧。通过在教材里嵌入社会常识与经验方法，把礼仪视为自身修养和职业能力的外化表现，而不是固化的行为教条，不是纯然的顺势而为。优雅得体的行为和礼仪应该是将行为规范与因地制宜结合起来的精准而职业的行为表达。

在编写和再版过程中，我有幸得到了几位志同道合的伙伴的鼎力相助和宝贵支持。全书由我和贵州酒店集团高级礼仪培训师刘亦轩女士提出教材框架和各章节的核心内容。第一章、第二章由我编写和修订；胡飞洋负责第三章的编写和修订的同时，还负责了附录部分内容的编写；兰江艳负责第四章、第五章的编写和修订；李颖负责第六章、第七章的编写和修订；施汝敏、牟笛和贵州财经职业学院“黔·影述坊”黔匠工坊工作团队参与了教材礼仪实操部分的演示和拍摄、剪辑工作。刘亦轩女士作为企业技术指导，参与指导并审定了教材中有关礼仪实操部分的内容。全书最后的统稿工作由我负责。本书配套“财税中国”知识库和“学过”问答库等线上拓展资源，请访问 view.cfeph.cn 获取。

与前版相比，本次教材修订贯彻落实党的二十大精神，把全面推进习近平新时代中国特色社会主义思想和党的二十大精神进教材作为首要任务，结合学科特点，发挥育人作用，将价值塑造、知识传授和能力培养三者有机融合，同向发力，形成育人合力。教材内容选取在坚持立德树人根本任务的同时，更加突出了课程思政元素，更加注重职业素养能力养成，更加突出教学资源的数字化和 1+X 职业技能等级证书内容的引入，选用的素材和案例也相对更为精准，编写修订团队结构也更为合理。

之所以愿意再次将不成熟的思考和探索继续放置于公共的话语空间，除希望能为怀揣梦想期待成长的孩子们做点工作之外，依然诚挚期冀能够得到社会朋友的批评、指导和帮助。希望能在以后的修改中继续弥补这些不足的缺憾。

李德建

2024 年 11 月

目录

CONTENTS

子曰：“兴于《诗》，立于礼，成于乐。”

——《论语·泰伯》

项目一

为什么要有礼仪：敬人也，人敬之

学习目标

- 把握礼仪的内涵、功能
- 遵循礼仪的基本原则
- 明确礼仪与道德的关系
- 加强礼仪的修养

情境导入

冬奥之约

2022年，我们迎来北京冬奥会这一举世瞩目的盛事。全球优秀的运动员们齐聚北京，用努力和拼搏诠释“相互理解、友谊长久、团结一致、公平竞争”的奥林匹克精神。

2021年12月15日，中俄元首视频会晤现场，习近平主席和普京总统谈起“冬奥之约”，双方约定将携手“一起向未来”。对友邻喜事表示真诚祝贺，是中俄历来的优良传统。但国际社会上也有一些不一致的声音，某些西方政客公然宣称要“外交抵制”北京冬奥会，政府将不会派出官方代表团出席。对此，中国外交部明确表示，中国从未向这些政客发出过邀请，他们在未受到邀请的情况下炒作“外交抵制”北京冬奥会，完全是自作多情，哗众取宠。

不请自来本就失礼，借题发挥更是无礼。“礼者，人道之极也。”人与人之间，礼仪是彼此要共同遵守的基本道德准则，否则人与人无法正常交往；国与国之间，外交礼仪是为表达相互尊重而约定俗成的共同的行为规范。庄重而得体的外交礼仪体现了一个国家的胸襟和底蕴，更展现了一个国家的立场和态度。

1-1 任务设计

【案例思考】

1. 为什么国家之间交往都需要注意礼仪？
2. 礼仪在个人修养中处于怎样的地位？

任务一　礼仪的内涵：人道之极也

一、礼仪的起源

一般认为，“礼”起源于原始宗教的祭祀仪式。“礼”作“禮”，其字始见于卜辞。《说文解字·示部》曰：“礼，履也，所以事神致福也。从示从丰。”至于“丰”字的含义，《说文》认为：“丰，行礼之器，从豆，象形。”因此，在甲骨文中，“礼”是个会意字，原作“丰”，是由祭祀中奉献鬼神的礼器引申为祭祀鬼神之仪式的。

《周礼》《仪礼》和《礼记》合称“三礼”，是古代华夏民族礼乐文化的理论形态，对礼法、礼义作了记载和解释，对历代礼制的影响极为深远。《周礼》中确定了中国古代礼仪制度的基本结构，将“礼”划分为五类，称为“五礼”。

吉礼，即祭祀天神、地祇、人鬼等的礼仪活动，如祭天、祭日月、祭社稷、祭山川、祭天子宗庙、祭先代帝王、祀孔子等。历代兴革不一，但“吉礼”均为统治阶级所重视。

凶礼，指用于吊慰家国忧患方面的礼仪活动，包括丧葬礼、荒礼、吊礼、恤礼等。后多特指丧葬、持服、谥号等礼仪。

军礼，即国家有关军事方面的礼仪活动，如《周礼》所举大师（召集和整顿军队）、大均（校正户口、调节赋征）、大田（检阅车马人众、亲行田猎）、大役（因建筑城邑征集徒役）、大封（整修疆界、道路、沟渠），以及《开元礼》的告太庙、命将、出师、宣露布、大射、马祭等。

宾礼，即邦国间的外交往来及接待宾客的礼仪活动，如天子受诸侯朝觐、天子受诸侯遣使来聘、天子遣使慰劳诸侯、天子受诸侯国使者贡物及宴诸侯或诸侯使者。此外，内阁王公以下直至士人相见礼仪，也属宾礼。

嘉礼，即国家具有喜庆意义及一部分用于亲近人际关系、联络感情的礼仪活动，如君主登基、册皇太子、策拜王侯、节日受朝贺、天子纳后妃、太子纳妃、公侯大夫士婚礼、冠笄礼、宴飨、乡饮酒等。嘉礼有时特指婚礼。

五礼的内容相当广泛，从反映人与天、地、鬼神关系的祭祀之礼，到体现人际关系的家族、亲友、君臣上下之间的交际之礼；从表现人生历程的冠、婚、丧、葬等诸礼，到人与人之间在喜庆、灾祸、丧葬时表示的庆祝、凭吊、慰问、抚恤之礼，可以说是无所不包，充分反映了古代中华民族的尚礼精神。

因此，著名哲学家、佛学家、历史学家任继愈先生认为，礼起源于原始的巫术礼仪，它是原始氏族向民族过渡中政治、经济、文化和心理素质等各方面的文化积淀。[①] 事神仪式（礼）与事神歌舞（乐）的结合，也就是“礼乐”的初义。

二、礼仪的含义

随着夏礼、殷礼、周礼三代之礼的因革沿袭，到了周公期间的周礼，已逐渐形成体系。感叹于西周等级森严的分邦建国制度遭受诸侯征战日渐崩坏而引起的社会秩序混乱、人心不古、世风日下的现象，春秋末期的孔子对“礼崩乐坏”的原因进行了深刻的反思，并把“礼”作为治国安邦的基础，形成了中国早期的“礼”文化的丰富内涵。

孔子认为人应“立于礼”（《论语·泰伯》），“不知礼，无以立”（《论语·季氏》），“一日克己复礼，天下归仁矣。”（《论语·颜渊》）在前人认识的基础上，

---

① 任继愈主编．中国哲学史（先秦）[M]．北京：人民出版社，1983.

孔子否定古代礼中不仁的内容，保留了礼的形式，但为礼注入了新的内容。据《孟子·梁惠王上》记载："仲尼曰：'始作俑者，其无后乎。'" 孟子解释其原因是"为其象人而用之也。"（《孟子·梁惠王上》）在古代的丧礼中最开始以活人殉葬，在后来的发展中人们进行了改制进而产生了人俑陪葬。不管是活人陪葬还是人俑陪葬，孔子认为这都是对人的残害，是不仁之事，并对其进行了否定。孔子的礼学思想中融入了"仁"，在《论语》中多次论述了与此相关的内容。如"人而不仁，如何礼"（《论语·八佾》）；"礼运，礼运，玉帛云乎哉"（《论语·阳货》）。在孔子的思想里任何形式的礼都要以仁为支撑，如果礼而不仁，那么那些徒有其表的礼节形式也就失去了其意义。所以孔子所说的礼是人道的，礼要以"仁"为内容。

在孔子的礼仪观中，"恭、敬、和、俭"是礼的原则。"恭近于礼，远耻辱也。"（《论 语·学而》）如何才能做到"恭近于礼"？孔子认为要有"和"的态度，即"礼之用，和为贵"（《论语·学而》），意思是要求人们在进行各种礼节活动时要保持"和"的态度，表达出真挚的感情。礼也要以俭为原则，"礼与其奢，宁俭"（《论语·八佾》）；"先进与礼乐，野人也，后进与礼乐，君子也，如用之，则吾从先进。"（《论语·先进》）恭、敬、和、俭共同维护着礼，行礼也就有了标准。

孔子把礼的作用从调节人的伦理关系推至改善社会关系，并由此上升到借以调整政治关系。孔子提出礼的目的是为了拨乱反正。在孔子看来，礼的作用可由个人推到国家层面。正如《礼记·礼云》记载："礼义以为纪，以正君臣，以睦兄弟，以和夫妇。"以义的标准来规定君臣、父子、夫妇的关系，实现"正""和""睦"。以礼规定了人们之间的亲缘关系，调整统治阶级与被统治阶级之间的政治关系。孔子利用礼来规范长幼、先后次序。如此一来，就能整理好亲缘和社会关系，政治关系自然能够得到改善。通过礼作为桥梁，稳定社会秩序的目的也就达成了，进而在稳定的社会秩序下百姓实现安居乐业。孔子把人伦道德与社会秩序的调节融入礼治思想当中，这是对礼内涵的丰富，而且这也表达了孔子所追求的大同社会理想。

孔子的这一思想得到了儒家学派继承者的传承，其代表人物孟子和荀子从不同的角度对礼学思想进行了继承和发展。孟子看重"礼"，把"仁、义、礼、智"作为基本品德规范。他认为礼的发端与核心是"谦让之心"与"恭敬之心"。荀子对"礼"更为看重，他的很多著作论证了礼的发源以及社会发展的作用。他认为"礼者，人道之极也"，把礼看作是做人的基础甚至是最高理想，并把识礼、循礼与否作为权衡人的贤愚和高下贵贱的重要标准。荀子始终强调："人无礼则不生，事无礼则不成，国无礼则不宁。"（《荀子·修身》）管仲也把礼看作人生的主导思想以及维持鼎祚的重要支柱，认为“国有四维，礼义廉耻。四维不张，国乃灭亡”。(《管子·牧民·四维》) 可以说，在中国古代思想中，礼是顺应调理人际关系的需要而合理产生并发展的。

在西方，“礼仪”这个词，可以追溯到法语的“Et iquet”，意为“法庭上的通行证”。翻译后，才有了“礼仪”的含义，意思为“人际交往的通行”。在很大程度上西方文明史表现了人类对礼仪的寻求和演进的历史。为了保持和发展血缘亲情之外的各种人际关系，避免伤害，防止“搏斗”或者“战争”，渐渐形成了与“格斗”和“战争”相关的各类动态礼仪。譬如为了示意自己手里没有兵器，为了让对方感到自己没有恶意而创造了举手礼，后来演化为握手礼。为了表达相互的友好和尊重，情愿在对方眼前“丢盔卸甲”，脱帽礼等礼仪由此诞生。古希腊的文献曾记载，像苏格拉底、柏拉图、亚里士多德等先贤的著述中，关于礼仪的论述有许多。比如苏格拉底曾说：“不要靠馈赠去获得一个朋友，你须贡献你诚挚的爱，学习怎样用正当的方法来赢得一个人的心。”在与人交往时，真诚尊重是礼仪的首要原则，只有真诚待人才是尊重他人，只有真诚尊重，才能创造和谐愉快的人际关系。中世纪更是礼仪发展的鼎盛时代。文艺复兴后，欧美的礼仪有了新的发展，从上层社会对遵循礼节的烦琐要求演进为20世纪中期对优美举止的赞赏，进而到适应当今社会平等关系的比较简单的规则。

从上述关于礼仪的含义及其源流的叙述中，我们可以看到：

第一，礼仪的形成历史悠久，含义丰富。礼仪既是社会生产发展的产物，也是不同文化交流的产物。它是为维护和发展人际关系而产生的，并伴随着人际关系和其他社会关系的发展变化而发展变化。不管基于什么样的历史和文化背景，作为社会秩序的一部分，礼仪受到各个民族历代先贤的广泛重视和提倡。

第二，礼仪具有深刻的情感与情怀内涵，体现着履礼者与受礼者感情互动的过程。在礼仪的实施过程中，既有施礼者的控制行为，也有受礼者的反馈行为，即礼仪是施礼者与受礼者尊重互换、情感互动的过程。正如《耘礼记·曲礼》上所云：“礼尚往来，往而不来非礼也；来而不往，亦非礼也。”

第三，礼仪体现为一定社会的人们约定俗成、共同认可的一种行为准则或规范。礼仪不像法律那样威严，不像道德那样肃然，它可以是一个会心的微笑、一种温和的声音，也可以是一种怡情悦心的需要。它是一种程序，有一定的套路和章法，表现为一些零散的规矩、习惯，然后才逐渐上升为大家认可的，可以用语言、文字、动作进行准确描述和规定的行为准则，并成为人们有章可循、可以自觉学习和遵守的行为规范。作为人类历史发展中逐渐形成并积淀下来的一种文化，礼仪始终以其精神上的约束力支配着每一个人的行为。只有遵守这些习俗和规范，才能适应社会发展。作为人类文明、进步的重要标志，礼仪是人们适应时代发展、促进个人进步和成功的重要途径。

第四，礼仪具有较强的社会功能价值。礼仪的目的是实现社会交往各方的互相尊重，从而实现人与人之间关系的和谐。在现代社会，礼仪体现着一个人对他人和社会的认知水平、尊重程度，是一个人学识、修养和价值的外在表现。遵循礼仪是现代人文明的重要组成部分，也是人们获得自由的重要手段和途径之一。

可以说，礼仪作为人们在社会交往过程中形成并得到共同认可的各种行为规范，是人们以一定的程序、方式来表现的律己、敬人的完整行为，它体现了一个国家、一个民族、一个地区的道德风尚和人们的精神面貌。

礼仪小常识

“礼”字的由来

从“礼”字的发展演化看，“礼”的最初含义与礼仪的起源——原始宗教祭祀活动。“礼”字在甲骨文里写为“豊”，其下半部分的“豆”字是指古代的一种器具，上半部分的“曲”表示一块块整齐摆放的玉，然后将“玉”放在盒子里。这反映了古人祭祀活动的一个侧面。后来在其基础上又繁化为“禮”，左边加的这个“示”字旁，为古代的神祇，整个字为敬神之！随着人类对自然与社会各种关系的认识逐渐加深，“礼”的范围和内容就从各种神事扩大到人事。正如郭沫若所说：“礼之起，起于祀神，其后扩展而为对人。”

三、礼仪的内容

随着时代的变迁、社会的进步，人们的文明程度在不断提高。当代礼仪在对我国古代礼仪扬弃的基础上，不断推陈出新，内容更完善，更合理，更加丰富多彩。主要包括：

1. 礼节

礼节是人们在交际过程中逐渐形成的约定俗成和惯用的各种行为规范之和，是社会外在文明的组成部分，具有严格的礼仪性质。它反映着一定的道德原则的内容和对人、对己的尊重，是人们心灵美的外化。在阶级社会，由于不同阶级的人在利益上的根本冲突，礼节多流于形式。在现代社会中，由于人与人之间地位平等，其礼节从形式到内容都体现出了人与人之间的相互尊重和相互关心。现代礼节主要包括介绍、握手、打招呼、鞠躬、拥抱、亲吻、举手、脱帽、致意、作揖、交换名片、电话、约会、聚会、舞会、宴会的礼节等。当今世界是个多元化的世界，不同国家、不同民族、不同地区的人们在各自的生存环境中形成了各自不同的价值观、世界观和风俗习惯，其礼节从形式到内容都不尽相同。

2. 礼貌

礼貌是指人们在社会交往过程中的良好言谈和行为。它主要包括口头语言的礼貌、书面语言的礼貌、态度和行为举止的礼貌。礼貌是人的道德品质修养最简单、最直接的体现，也是人类文明行为的最基本要求。在现代社会，使用礼貌用语，对他人态度和蔼、举止适度、彬彬有礼、充分尊重已成为日常的行为规范。

3. 仪表

仪表是指人的外表，包括仪容、服饰、体态等。它属于美的外在因素，反映人的精神状态。仪表美是一个人心灵美与外在美的和谐统一。美好纯正的仪表来自于高尚的道德品质，它和人的精神境界融为一体。端庄的仪表既是对他人的一种尊重，也是自尊、自重、自爱的一种表现。

4. 仪式

仪式是指一种比较正规、隆重的礼仪形式。人们在社会交往过程中或是组织在开展各项专题活动的过程中，常常要举办各种仪式，以体现对某人或某事的重视，或是为了纪念等。常见的仪式包括成人仪式、结婚仪式、安葬仪式、凭吊仪式、告别仪式、开业或开幕仪式、闭幕仪式、欢迎仪式、升旗仪式、入场仪式、签字仪式、剪彩仪式、揭匾挂牌仪式、颁奖授勋仪式、宣誓就职仪式、交接仪式、奠基仪式、洗礼仪式、捐赠仪式等。仪式往往具有程序化的特点，这种程序有些是约定俗成的。在现代礼仪中，仪式中有些程序是必要的，有些则可以简化。尽管现代仪式也大有越来越简化的趋势，但是有些仪式的程序是不可省略的，否则就是非礼。

5. 礼俗

礼俗即民俗礼仪，指各种风俗习惯，是礼仪的一种特殊形式。礼俗是由历史形成的，普及于社会和群体之中并根植于人们心里，是在一定的环境重复出现的行为方式。不同国家、民族、地区在长期的社会实践中形成了各具特色的风俗习惯。“十里不同风，百里不同俗”。不但每一个民族、地区，甚至一个小小的村落都可能形成自己的风俗习惯。

需要注意的是，礼节和仪式作为日常生活中惯用的形式，其内涵有联系，也有区别。礼节一般是个人性的，并且不需要借助其他物品就可以完成，譬如磕头、鞠躬、拱手、问候等；而仪式大多是集体性的，并且一般需要借助其他物品来完成，譬如奠基仪式、下水仪式、迎宾仪式、结婚仪式、祭孔大典等。

礼仪小常识

男左女右的由来

“男左女右”的习俗和古代人的哲学观关系非常密切。我国古代哲学家认为，宇宙中通贯事物和人事的两个对立面就是阴阳。自然界的事物有大小、长短、上下、左右等，古人将其归类：大、长、上、左为阳，小、短、下、右为阴。阳者刚强，阴者柔弱。人的性格，男子性暴刚强属于阳于左，女子性温柔和属于阴于右。“男左女右”在中医应用上也有实际的科学意义，“男左女右”在医学上是表示男女生理上的差异。在社会风俗上是划分区别的一种秩序安排。这种习俗早在两千多年前的战国时期就被广为流传。

四、礼仪的特性

作为人们约定俗成的对人、对己、对鬼神、对大自然等表示尊重、敬畏和祈求等思想意识的各种惯用形式和行为规范的总和，礼仪不仅体现为社会交往中人们普遍遵循的文明行为准则或规范，而且还随着人类漫长的社会实践不断演变和发展，体现出文明性、共通性、多样性、变化性、规范性和传承性等基本特性。

1. 文明性

礼仪是人类文明的结晶，是人们内心文明与外在文明的综合体现，也是现代文明的重要组成部分。自从有了人类，就开始了对文明的追求。亚当、夏娃用树叶遮身便是文明之举。人类从茹毛饮血到共享狩猎成果，从盲目迷信、敬畏鬼神到崇尚科学、论证无神，从战争到和平，无不体现人类文明进步的历程。特别是文字的发明，使人类得以运用语言文字来表达和宣传文明。文明的体现宗旨是尊重，既是对他人的尊重，也是对自己的尊重，这种尊重总是同人们的生活方式有机而自然地融合在一起，成为人们日常生活、工作中的行为规范。

2. 共通性

无论是交际礼仪、商务礼仪还是公关礼仪，都是人们在社会交往过程中形成并得到共同认可的行为规范。我们今天生活的世界可谓千姿百态，人们尽管分散居住于五大洲、四大洋的不同角落，但是，许多礼仪都是世界通用的。例如，问候、礼貌用语、各种庆典仪式、签字仪式等，大体上是世界通用的。虽然由于各国家、各地区、各民族形成了许多特有的风俗习惯，但就礼仪本身的内涵和作用来说，仍具有共通性。

3. 多样性

礼仪规范约定俗成，在不同国家和地区，由于民族特点、文化传统、宗教信仰、生活习惯不同，往往有着不同的礼仪规范。这就需要增加了解、尊重差异，不可唯我独尊，我行我素。

4. 时代性

礼仪一旦形成，则具有世代相传、共同实践的特点。世界是丰富多彩的，礼仪也是五花八门、绚烂多姿的。世界各地的民俗礼仪千奇百怪，几乎没有人能说清楚世界上到底有多少种礼仪形式。从语言的表达礼仪到文字的使用礼仪，从举止礼仪到规范化礼仪，从服饰礼仪到仪表礼仪，从风俗礼仪到宗教礼仪等，在不同的国家、不同的场合，其表达方式也有所不同。比如，在人们常见的国际交往中，仅见面礼节就有握手礼、点头礼、亲吻礼、鞠躬礼、合十礼、拱手礼、脱帽礼、问候礼等，可谓多种多样，纷繁复杂。甚至有些礼仪所表达的方式和内容，在不同国家或地区可能截然相反。

5. 变化性

礼仪并不存在僵死不变的永恒模式。随着时间的推移，礼仪会发生巨大的变化。可以说，每一种礼仪都有其产生、形成、演变、发展的过程。礼仪在运用时也具有灵活性。一般说来，在非正式场合，有些礼仪可不必拘泥于约定俗成的规范，可增可减，随意性较大。在正式场合，讲究礼仪规范是十分必要的。但如果双方已非常熟悉，即使是在较正式的场合，有时也不必过分拘泥。

6. 规范性

礼仪作为人们在交际场合待人接物时必须遵守的行为规范，这种规范不仅约束着人们在一切交际场合的言谈话语、行为举止，使之合乎礼仪，而且也是人们在交际场合必须采用的一种“通用语言”，约定俗成为衡量他人或判断自己是否自律、敬人的一种尺度，一种形式，任何人要想在交际场合表现得彬彬有礼，都必须对礼仪无条件地加以遵守。另起炉灶，自搞一套，或是只遵守个人适应的部分，而不去遵守不适应自己的部分，都难以为交往对象所接受、所理解。

7. 传承性

任何国家的礼仪都具有自己鲜明的民族特色，其当代礼仪都是在继承本国古代礼仪的基础上发展起来的。离开了对本国、本民族既往礼仪成果的传承，就不可能形成当代礼仪，这就是礼仪传承性的特定含义。作为一种文明积累，人们将交际应酬之中的习惯做法（即礼仪）固定并流传下来，逐渐形成自己的民族特色，这不是一种短暂的社会现象，而且不会因为社会制度的更替而消失。对于既往的礼仪遗产，正确的态度不应当是食古不化、全盘沿用，而应当是有扬弃、有继承，更有发展。

五、礼仪的原则

1. 遵守原则

礼仪规范是为维护社会生活的稳定而形成和存在的，实际上反映了人们的共同利益要求。社会上的每个成员不论身份高低、职位大小、财富多寡，都有自觉遵守、应用礼仪的义务，都要以礼仪去规范自己的一言一行、一举一动。如果违背了礼仪规范，会受到社会舆论的谴责，交际自然就难以成功。

2. 敬人原则

孔子曰："礼者，敬人也。"敬人是礼仪的一个基本原则，它要求人们在交际活动中互尊互敬、友好相待，对交往对象要重视、恭敬。尊敬是"礼"的本义，是礼仪的重点和核心。在对待他人的诸多做法中最重要的一条，就是要敬人之心长存，处处不可失敬于人，不可伤害他人的个人尊严，更不能侮辱对方的人格。可以说，掌握了"敬人"的原则就等于掌握了礼仪的灵魂。

1–2 拓展阅读：南北朝名仕陆晓慧待人智慧

3. 宽容原则

一般来说，交往双方的心理总存在一定的距离，有不相容的心理状态，这种差异会在交往者之间产生思想隔膜，甚至会使关系僵化。要想缩小这种心理上的差异，使人与人之间能多一分和谐、多一分信赖，就必须抱着宽容之心。要多容忍他人，多体谅他人，多理解他人，而不能求全责备，斤斤计较，过分苛求，咄咄逼人。唯有宽容，才能排除人际交往中的各种障碍，不能宽容他人的人，往往会得理不饶人，使人际关系恶化。共性是寓于个性之中的，人们应该维护和发展共性，以理解和宽容来增强人们之间的凝聚力。

4. 真诚原则

交际礼仪的运用基于交际主体对他人的态度，如果能抱着诚意与对方交往，那么交际主体的行为自然而然地便显示出对对方的关切。因为无论用何种语言表达，行为是最好的证明。在通常情况下，人们可以用假话来掩饰自己的企图，却无法用行为来掩饰自己的空虚，因为体态语是无法掩饰虚假的。因此，唯有真诚，才能使你的行为举止自然得体。

5. 适度原则

俗话说："礼多人不怪。"人们讲究礼仪是基于对对方的尊重，这是无可厚非的，但是，凡事过犹不及。人际交往要因人而异，要考虑时间、地点、环境等条件。施礼过度或不足，都是失礼的表现。比如，见面时握手时间过长，或是见谁都主动伸手，不讲究主次、长幼、性别。告别时一次次地握手，或是不住地感谢，都会让人觉得厌烦。礼仪的施行只是内心情感的表露，只要情感表达出来，就完成了礼仪的使命。如果一味地重复，似乎有别人不理解、不领情，画蛇添足之嫌。

礼仪小常识

2008 感动中国候选人：
吴兰玉——七旬老太讲诚信，为还债拾荒九年

2008 年，吴兰玉老人 74 岁，家住乌鲁木齐市达丰社区。上世纪 90 年代老伴和儿子相继去世，给她留下了为治病欠下的债务——5.4 万余元。当债主们纷纷上门准备讨要欠款时，她的境况却让他们难以张口，但吴兰玉给他们的却是坚定的回答："欠债还钱天经地义，不管有多难，都会还清欠款。"从 1999 年儿子去世后的 9 年时间里，吴兰玉用拾废品赚的钱还了近 5 万元的外债，谱写了一曲感人至深的诚信之歌。还完最后一笔欠款，吴兰玉唱了一整天的歌，两天后她才想起来这些年太不容易，应该犒劳一下自己，于是她拿出 8 块钱到厂区的小市场买了一双布鞋……

1–3 非洲生活礼俗

1–4 本节 1+X 证书技能点测试

6. 平等原则

平等是人与人之间建立情感的基础，是达到最佳交际效果的诀窍，是建立和保持良好人际关系的基础之一。心理学研究表明，人都有友爱和受人尊敬的需要，且非常强烈。人们渴望自立，成为家庭和社会中真正的一员，平等地同他人进行沟通。可以说，凡是正常人，都希望得到别人平等的对待。与人交往只有以平等的姿态出现，不盛气凌人、不高人一等，给别人以充分的尊重，才能形成人与人之间的心理相容，产生愉悦、满足的心境，出现和谐的人际关系。

任务二 礼仪的功能：人际交往的通行证

礼仪、法律与道德，被称为人生幸福的三位守护神。美国近代著名教育家戴尔·卡耐基（Dale Carnegie）曾经说过："一个人的成功只有15%是依靠专业技术，而85%却要依靠人际关系、有效说话、富有爱心等软科学本领及优秀的品质。"换言之，在一个人具备了做事的基本能力之后，成功与否，很大程度上取决于其情商。生活的意义在于不断创造和进取。而文化的价值，则在于为人类生命过程提供解释系统，帮助他们应对未来可能的生存困境。注重礼仪，学习并熟练地运用礼仪，是每一个梦想成长的人都必须要培育的一种素养或能力。

一、弘扬礼仪传统

文明、古老的中华民族，以其聪颖的才智和勤奋的力量，创造了人类历史上最灿烂的文化。中华民族素以礼仪之邦著称于世。几千年来，各族人民创造了一整套独具特色的礼节、仪式、风尚、习俗、节令、规章和典制等，并为广大人民所喜爱、沿袭。这些礼仪、习俗反映了我国各民族的传统美德与优良品质，勾画出了我国各民族的历史风貌。在我国历史上还流传着许多讲究礼仪的佳话，如"廉蔺交欢"（讲究礼让）、"张良纳履"（尊老敬贤）、"程门立雪"（尊敬老师）、"管鲍之交"（交友之道）、"三顾茅庐"（待人以诚）等。这些故事脍炙人口，妇孺皆知，对今人仍有很大的教育意义。讲究礼仪、按照礼仪要求规范我们的行为，对继承我国礼仪传统、弘扬我国优良的礼仪风范，具有十分重要的作用。

二、塑造良好形象

1. 讲究礼仪，有助于提高自身修养，塑造良好的个人形象

讲究礼仪对个人的成功是至关重要的，因为它关系到个人的形象。个人形象是指一个人的相貌、身高、体形、服饰、语言、行为举止、气质风度以及文化素质等方面的综合。这其中有先天构成要素，但更多要素是需要我们通过后天不断努力来加以改善和提高的。礼仪在上述诸方面都有非常详尽的规范。学习礼仪、运用礼仪，无疑将有益于人们更好地、更规范地设计个人形象，维护个人形象，更好地、更充分地展示个人良好的教养与优雅的风度。

2. 讲究礼仪，有助于提高组织形象，塑造良好的社会声誉

良好的形象是所有组织都努力追求的目标。组织形象的塑造处处都需要礼仪。比如，你想和某一单位联系业务，当你拨打对方办公室电话竟无人接听或铃响七八声之后才有人接时，你可能都会对该单位产生一种印象——工作效率不高、制度不健全、员工素质差等。反之，当你拨通电话，就听到对方和蔼可亲的问候、得体的称谓、礼貌的语言、简洁干练的回答、热情的接待，你立即会有一种亲切之感。

组织形象常常是在不经意间体现并塑造出来的。整洁幽雅的环境，宽敞明亮、井然有序的办公室，独具个性、富有哲理的价值观，色彩柔和的服饰，彬彬有礼的员工，富有特色的形象宣传等等，都会给公众留下深刻的印象。礼仪则是通过员工的仪容仪表、言谈举止、礼貌礼节、仪式及活动过程表现出来的，它是塑造组织形象的基础工程。任何不讲究礼仪的组织，都不可能获得良好的社会形象。通过各种规范化的礼仪，组织还可以激发员工对组织的自豪感，增强组织的凝聚力、向心力。目前，我国的许多企业都通过统一企业标识、统一企业服装、统一色彩等，塑造组织统一的社会形象，也使组织员工自觉地维护组织形象。此外，组织还通过开业庆典、周年纪念、表彰大会等仪式，激发员工对本组织的了解、热爱，加深感情，增强组织的凝聚力和向心力。可见，礼仪在塑造组织形象中的作用是十分巨大的。

三、提高道德水平

道德是一个社会中调节人与人之间以及人与社会之间关系的行为规范的总和。它可分为社会公德、职业道德、伦理道德三个方面。道德以善与恶、正义与非正义、公正与偏私、诚实与伪善等概念来规范人们的各种行为，调整人们之间的关系。它通过各种形式的教育、说服、诱导，以及社会舆论的力量，使人们逐渐形成一定的信念、习惯而发生作用。社交礼仪与道德有着密切的联系，礼仪是人类社会为了维系社会的正常生活秩序而共同遵守的最起码的道德行为规范。明确社交礼仪与道德的关系、不断提高道德水平十分重要。

1. 讲究社会公德

礼仪不仅是社会生活的要求，也是每个人甚至一个民族文明程度的体现。人们的非礼仪之举所反映出来的是其公民意识和公德水平的缺失。目前，我国社会正处于由传统向现代转变的时期，这一过程的顺利实现，最终依赖于人的素养的现代化，所以，每个人都应该把自己的道德水平与民族利益联系起来，这样就会产生一种使命感，就会充分认识到培养、提高自身意识的意义，主动追求道德水平的提升。

礼仪小常识

“一米线”礼仪

现在很多单位在办业务时，会实行“一米线”制度。“一米线”实际上要求的是人们对别人隐私权的尊重，对公共秩序的遵守，它是基于道德标准而提出来的一项措施，体现着社会文明的进步。无论那“一米线”划着还是没划着，后一个人永远离前一个人一米开外，仿佛那条线早就刻在了他们的脑子里。买东西交款，你尽可以放心拿出你的钱包，不会有双好奇的眼睛在离你20厘米的地方看着你。就连上洗手间，人们排队也是在大门口，而不是在“小单间”门口。在银行、飞机售票处和海关出入口等处排队时一定要站在“一米线”以外，文明排队隔一米，维护公共文明秩序。特别是疫情防控时期，坚持“一米线”的“社交礼仪”，拉开的只是距离，拉近的却是人心。

2. 遵守职业道德

每一种职业都有其特殊性，都有该职业的从业者所必须了解、掌握并身体力行的各种行为规范。所谓职业道德，就是指各类职员在从事职业活动时所必须遵守的各种行为规范的总和。职业道德与社会公德息息相关，从某种意义上说，职业道德是社会公德的有机组成部分，两者在内容上有着许多相同之处。在各种职业道德中都包含着社会公德的因素。如热情周到、以礼相待、诚实待人等，既是职业道德的要求，也是社会公德的内容。职业道德是人们在长期的职业活动中逐渐总结、积累起来的，它对于协调社会组织与职员之间的关系、约束和规范职业工作者的思想观念和行为，乃至调整职业之间的关系，都起着重要作用。它也是提高社会文明程度的一个重要因素。社会的不断发展、职业范围的不断扩大，使得当今社会各行各业的工作者都有许多背离职业标准的不文明行为，尤其是在社会主义市场经济快速发展的今天，市场竞争日趋激烈，人们的价值观念发生了很大变化，在名誉、金钱和物欲的面前，一些人的道德天平出现了倾斜。这一方面会亵渎职业的尊严和荣誉，另一方面又会使自身的人格丧失，而且还污染了社会风气。比如，医务工作者收受患者的红包；国家公务人员收受贿赂，以权谋私；教师体罚学生；运动员服用兴奋剂；商人弄虚作假、以次充好等，都是违反职业道德的行为。

职业道德会因职业不同而有所差异，但其内容是相似的。无论从事何种职业，都必须忠于职守，爱岗敬业，热情服务，诚实待人，讲求信誉，尊重人权，无私奉献，不谋私利，作风端正，态度和蔼，廉洁奉公，遵纪守法，文明礼貌，互敬互助，谦虚谨慎，仪容整洁等。我国各行各业都指定了相应的职业道德规范，如教师职业道德规范、医生职业道德规范、公务员职业道德规范、科技工作者职业道德规范、商业工作者职业道德规范等。从中我们不难看出，讲究礼仪是职业道德的基本要求。掌握一定的礼仪规范，与提高职业道德修养，是相辅相成不可或缺的统一存在。

1-5 拓展阅读：职业道德的典范——张秉贵

3. 恪守伦理道德

人们在长期的社会交往中，会约定俗成地遵守一套大家所公认的行为准则与规范。在漫长的社会发展进程中，有的行为准则和规范会为统治者以礼制的形式固定下来的，有的则是人民群众从自身的生存和发展需要出发而逐步形成，以系统性的解释、系统的方式服务于人们的生存和发展。尽管如此，传统礼制与农业民族的文化心理、文化性格、政治信仰、宗教信仰等仍存在着千丝万缕的联系，人们的伦理道德规范和道德标准无不打上阶级和时代的烙印。

中国传统礼制中的伦理道德主要体现在三个方面：一是提倡尊长爱幼，二是忠君孝亲、尊卑贵贱的等级制度，三是维护人伦关系。这其中有其消极的因素，同时也有积极进步的因素。至今，这些伦理道德观念仍然对国人有着深远的影响。例如，孟子就提出："老吾老以及人之老，幼吾幼以及人之幼。"他要求人们既要尊敬自己的长辈和爱抚自己的后人，同时，还要这样去尊敬别人的长辈、爱抚别人的后人。人们之间应相互尊重、相敬如宾、和睦相处。直到现在，传统的伦理道德仍然在我们的生活中延续。比如，人们仍然以各种礼仪方式祭奠亡灵，人们对婚外恋情和乱伦深恶痛绝，等级观念仍然不绝于世。我们在日常生活中应汲取传统伦理道德中的合理成分，提倡人人平等、尊老爱幼、弘扬家庭美德等。

1-6 拓展阅读：善待父母——人生的第一礼仪

四、改善人际关系

社会是人们交往作用的产物，没有社交活动，人类的生活是不可想象的。人们参加社交活动，多为调节紧张的生活，建立友谊、交流感情、融洽关系、广结良友、增长见识、获取信息。现代化社会对人们的社交提出了新的要求，社会越发展，物质生活越丰富，人们社交的需要就会越显示出它的价值，而社交活动中每个人的仪表、仪态及对礼仪知识的了解也就变得越来越重要。一个人只要同其他人打交道，就不能不讲礼仪。运用礼仪，除了可以使个人在交际活动中充满自信、处变不惊之外，它还能够帮助人们规范彼此的交际活动，更好地向交往对象表达自己的尊重、敬佩、友好与善意，增进大家彼此之间的了解与信任。

从现实的情况来看，礼仪与礼貌是一种信息传递，它可以以闪电般的速度把你的尊重之情准确地表达出来并传递给对方，使对方立即获得情感上的满足。与此同时，礼貌又反馈回来——对方以礼貌回敬。于是双方的热情之火被点燃了，支持与协作便开始了。假如人人皆如此，长此以往，必将促进社会交往的进一步发展，帮助人们更好地取得交际成功，进而造就和谐、完善的人际关系，取得事业的成功。

五、建设精神文明

世界各国和各民族都十分重视交往时的礼节礼貌，把它视为一个国家和民族文明程度的重要标志。礼义廉耻，国之四维。在社会主义精神文明建设中，讲究礼节礼仪、注重礼貌是最基本的要求，它对建设精神文明的大厦起着基础作用。只有基础打得扎实，大厦才能巩固。

1-7 本节 1+X 证书技能点测试

随着我国改革开放的深入和社会主义市场经济体制的确立，我国的经济发展要和国际接轨，这对我国精神文明建设提出了更高的要求。只有提高中华民族整体的文明礼貌素质，才能营造一个和谐的社会环境，吸引更多的外资和促进国际贸易往来，从而推动我国经济社会的发展。讲究礼仪礼节，做到文明礼貌，必将有力地促进社会主义精神文明建设。

任务三　礼仪的修养：一个人素养的涵化

礼仪修养是指一个人在交际实践活动中，根据一定的交际礼仪原则和规范自觉地进行学习和训练，以使自己养成一种时时事事按礼仪要求待人接物的行为习惯的过程。

礼敬得人，轻慢失人。对个人而言，礼仪在很大程度上会决定一个人成功概率的大小。许多公司的行政人员和专业人士认为，职员只具备专业本领是不够的，还需在交际场合应付自如，懂得适当的礼仪。比如，果断地握手，悦人的微笑，能记下初识者的姓名等，都可以帮你胜出一筹。许多跨国大企业已经认识到，员工的礼仪会影响公司业务的拓展。礼仪就像是交往的通行证，懂得不同民族、不同场合、不同对象交际应酬的各种礼仪，无异于得到了一张通行证。

一、礼仪修养的内容

礼仪修养包括多方面的内容，概括起来主要有以下几个方面：

1. 道德品质修养

交际礼仪行为从广义上说就是一种道德行为。一方面，一个人要拥有一种高尚的道德品质，就应在日常生活中遵从交际礼仪规范，并从这一最基础的层次做起；另一方面，一个时刻注意道德品质修养的人，才会把交际礼仪活动变成一种自觉的和具有道德意义的活动。可见，道德品质修养和交际礼仪行为的养成是一个相辅相成的统一过程，交际礼仪处处渗透和体现着一定的道德精神。一个人要想在交际礼仪方面具有较高的造诣，离开了道德品质的修养是不可能实现的。

2. 文化知识修养

交际礼仪的内涵丰富而深刻，和许多学科都有着密切的联系。一个人如果能够拥有更为广博的文化知识，就可能会更有可能深刻地理解交际礼仪的原则和规范。例如，学习民俗学可以使我们更好地了解一个民族的文化传统、风土人情；学习美学可以使我们更好地懂得什么是美，什么是丑，怎样才能做到内在美与外在美的和谐统一；学习心理学可以使我们更好地理解和尊重他人的人格和情感，提高自我控制能力；学习公共关系学可以使我们懂得协调沟通、塑造组织形象和个人形象的方法等。显然，注重文化知识的学习，对提高礼仪的修养来说是不可或缺的。

3. 心理素质的修养

一个人的心理素质会直接影响到交际质量。一个具有良好心理素质的人在交际活动中遇到各种困难和情况时，都能始终保持沉着稳定的心理状态，根据所掌握的信息，迅速采取最合理的行为方式，化险为夷，争取主动。相反，一些缺乏良好心理素质的人，在参加重大交际活动前，常会出现惊慌惧怕、心神不定、坐卧不安的状况，有的在交际活动开始后，甚至会出现心跳加快、四肢颤抖、说话声调不正常的情况。这充分说明一个人是否具有良好的心理素质，是能否顺利参加交际活动、完美地运用交际礼仪形式的重要因素。因此，心理素质的修养也应成为礼仪修养中的一个重要内容。

4. 行为习惯的修养

习惯在人们生活中有着不可低估的作用。它是一个人后天养成的行为在一定情况下自动地进行某些动作的特殊倾向。交际礼仪是人们交际生活中的一种行为模式，这种行为模式只有通过一个人的长期自觉练习，形成习惯，才能更好地发挥作用。因此，检验一个人礼仪修养如何，很重要的一条标准是看他是否已经把交际礼仪规范化，并成为自身个性中的一种稳定成分，在各种交际场合自然而然地遵守交际礼仪规范。如果一个人只会矫揉造作地做几个礼仪动作，而在日常的交际活动中我行我素，违背礼仪规范，那只能说明此人的个人礼仪修养是不合格的。

二、礼仪修养的方法

礼仪修养，不仅指对礼仪行为的习练，更包括将所习之礼培养成一种习性或者说是品性的过程。提升礼仪修养要注重运用以下方法：

1. 树立学习礼仪的意识

在明确礼仪重要性的基础上，最要紧的就是必须树立长久的“习礼意识”，处处留心，时时经意。礼仪是一个社会文化沉淀的外显方式，经历了传承、变异的过程。需要靠传统，靠有意无意的模仿，靠周围环境的影响，靠在交际实践中不断地学习、探索来逐渐地总结经验教训。对于一些跨文化交往所涉及的不同民族、不同文化的礼仪，需要细心了解和熟悉，并以此调整自己的言行。同时，为适应现代市场经济发展的需要，开办一些礼仪学校，举行短期培训，通过电视、网络等传播媒介开办专题系列讲座，发挥大众传媒的示范作用，都是人们学习礼仪的良好途径。

2. 陶冶尊重他人的情感

在礼仪教育的过程中，情感是由知到行的一个桥梁。陶冶情感就是要使受教育者产生一种尊重他人的真挚感情，能够时时处处替他人着想，对人始终抱有一种热情友好的态度。日常生活中我们大概都有这样的体验：在交际活动中，如果遇到一个热情诚恳的人，那么就能很快与其建立起一种良好的关系；相反，如果碰到的是一个冷冰冰或虚情假意的人，则难以营造融洽交流的气氛。通常，一个人可以很快地了解一些礼仪方面的知识，但若缺少对人的情感，那么他就无法把这些礼仪形式完美地表现出来，这些形式也就成了没有灵魂的、僵死的躯壳。因此，情感比认识具有更大的保守性，改变情感比改变认识要困难得多，陶冶情感是礼仪教育中比较艰巨的一项任务。

3. 养成遵从礼仪的意识

礼仪教育的综合结果就在于使人们养成良好的礼仪习惯，也就是把人们在交际活动中对礼仪原则和规范的遵从变成一种习惯性的行为。衡量礼仪教育的效果如何，主要不是看受教育者了解了多少有关礼仪方面的书本知识，而是看其在交际活动中的行为是否符合礼仪规范的要求，是否能够促进交际活动的顺利进行。因此，在礼仪教育中，要认真组织和指导受教育者的行为演练，通过严格的训练使其掌握调节行为的能力。要使受教育者从一件件具体、琐碎的小事做起，从大处着眼，小处着手，寓礼仪于细微之中。

礼仪小常识

教养的十大特征

（1）守时。无论开会、赴约，有教养的人从不迟到。他们懂得，即使是无意迟到，对其他准时到场的人来说，也是不尊重的表现。

（2）谈吐有节。注意从不随便打断别人的谈话，总是先听完对方的发言，然后再去反驳或者补充对方的看法或意见。

（3）态度和蔼。在同别人谈话的时候，总是望着对方的眼睛，保持注意力集中，而不是翻东西、看报纸，心不在焉，显出一副无所谓的样子。

（4）语气中肯。避免高声喧哗，在待人接物时，心平气和，以理服人，往往能取得满意的效果。扯开嗓子说话，不但不能达到预期目的，反而会影响到周围的人，甚至使人讨厌。

（5）注意交谈技巧。尊重他人的观点和看法，即使自己不能接受或明确同意，也不当着他人的面指责对方是“瞎说”“废话”“胡说八道”等，把“看破不说破，看穿不拆穿”的处世智慧恰到好处地落在行动上，心平气和地陈述己见，分析事物，讲清道理。

（6）尊重对方。在与人交往和相处时，从不强调自身特殊的一面，也不有意表现自己的优越感。

（7）信守诺言。即使遇到某种困难也不食言。对自己谈出来的话，也要竭尽全力去完成，身体力行是最好的诺言。

（8）关怀他人。不论何时何地，对妇女、儿童以及上了年纪的老人，总是表现出关心并给予最大的照顾和方便。

（9）大度。与人相处胸襟开阔，不会为一点小事情而和朋友、同事闹意见，甚至断绝来往。

（10）富有同情心。在他人遇到某种不幸时，尽量给予同情和支持。

课后练习

【课程思政】

1. 礼貌待人有利于构建和谐社会。

2. 在社会中若想增强竞争力，不但要掌握一定的专业技能，还要有良好的礼仪修养。

3. 对一个国家来说，个人礼仪是一个国家文化与传统的象征。

【案例分析】

“我不愿意礼貌上不如任何人”

美国历史上的伟人林肯总统有一次与一位南方的绅士乘坐马车外出，途遇一位老年黑人深深地向他鞠躬，林肯点头微笑并摘帽还礼。同行的绅士问道：“为什么你要向黑人摘帽？”林肯回答说：“因为我不愿意在礼貌上不如任何人。”可见林肯深受美国人民的热爱是有其原因的。1982 年美国举行民意测验，要求人们在美国历届的 40 位总统中挑选一位“最佳总统”，名列前茅的就是林肯。

1–8 拓展阅读：最好的礼仪，从善待父母开始

【思考与讨论】

（1）结合当时的历史背景，林肯向老年黑人脱帽致礼说明了什么？

（2）本案例对你有哪些启示？

【思考与训练】

1–9 本节 1+X 证书技能点测试

1. 向大家讲一个你周围的人发扬中华民族传统美德的故事。

2. 以小组为单位，走访一两位商界人士，了解他们对礼仪修养的看法与经历。

3. 注意观察公共场所中形形色色的人物举止和形象，谈一谈有哪些不雅的行为，下次课阐述各自的观点。

子曰：“恭而无礼则劳，慎而无礼则葸，勇而无礼则乱，直而无礼则绞。君子笃于亲，则民兴于仁，故旧不遗，则民不偷。”

——《论语·泰伯篇》

项目二

礼仪从素养开始：做一个有素养的人

学习目标

- 从校园礼仪开始践行，主动向遇见的每一个老师都问一声“老师好！”
- 做好出行的各项准备，遵守乘坐交通工具的礼仪规范
- 在公共场所讲究文明礼仪，做文明市民

情境导入

礼貌问候

几位大一的同学，肩并肩有说有笑地在校园走着，迎面走来一位老师，他们也不认识，但当这位老师走到这几名同学身边时，其他人都还是只顾说笑，没有跟老师打招 呼。只有一位同学，恭敬地点了一下头，说了声“老师好”。老师当然也很高兴地回答了一句“你好”。等老师过去了之后，有的人就说那个同学咋不认识的老师还打招呼，有的人说他根本是装样子，做给别人看的。那个同学没有反驳他们，只说了一句：做一个有礼貌的人是做学生的最基本要求。我正走在他们身后，听了这句话非常感动，感动于那位同学的礼貌与真诚。一个人懂礼貌，真的是很难得的品质。

2-1 任务设计：霍桑实验分析

【案例思考】

1. 这几个同学的举止行为是否符合礼仪规范？如果不符合，应如何改进？
2. 在公共场合应该注意哪些礼仪？

礼仪小常识

大学里要做的三件事

江西师范大学校长梅国平先生在2015级新生开学典礼上曾经指出，学习、交友和修身是在大学里要做的最重要的三件事。关于修身，他提出四点建议：一是面对他人，养成尊重的习惯；二是面对困难，养成坚韧的习惯；三是面对诱惑，养成自律的习惯；四是克服慵懒，养成进取的习惯。梅国平校长说：“作为一名老师，作为同学们的校长，我最不愿意看到同学们无谓地将青春虚耗在网络和游戏中难以自拔，对家中父母的苦口婆心无动于衷，对教室里老师的悉心授课了无兴趣，对操场上激情飞扬的青春熟视无睹，对社会上的不公不平麻木不仁，这样的青春，黯淡无光，毫无意义。”大学很美好，且行且珍惜！

任务一　塑心立行：只有良好的道德素养，才能成就良好的礼仪

良好的道德素养，是良好礼仪的基础。中国人历来都高度重视道德素养的培养，修身之道自古就为文人墨客所推崇。曾子曰："吾日三省吾身，为人谋而不忠乎？与朋友交而不信乎？传不习乎？"（《论语·学而》）讲的就是关于诚信、学习的修身之道。

"修身齐家治国平天下"，是古代中国文人修身之道的高峰，也是儒家思想传统中知识分子尊崇的信条。它出自于"四书"中的《大学》。《大学》是一部中国古代讨论教育理论的重要著作，其所提出的"三纲领"（明明德、亲民、止于至善）和"八条目"（格物、致知、诚意、正心、修身、齐家、治国、平天下），强调修己是治人的前提，修己的目的是为了治国平天下，说明治国平天下和个人道德修养的一致性。"古之欲明明德于天下者，先治其国；欲治其国者，先齐其家；欲齐其家者，先修其身；欲修其身者，先正其心；欲正其心者，先诚其意；欲诚其意者，先致其知，致知在格物。物格而后知至，知至而后意诚，意诚而后心正，心正而后身修，身修而后家齐，家齐而后国治，国治而后天下平。"（《大学》）即要想在天下弘扬光明正大品德的人，先要治理好自己的国家；要想治理好自己的国家，先要管理好自己的家庭和家族；要想管理好自己的家庭和家族，先要修养自身的品性；要想修养自身的品性，先要端正自己的思想；要端正自己的思想，先要使自己的意念真诚；要想使自己的意念真诚，先要使自己获得知识，获得知识的途径在于认知研究万事万物。通过对万事万物的认识研究，才能获得知识；获得知识后，意念才能真诚；意念真诚后，心思才能端正；心思端正后，才能修养品性；品性修养后，才能管理好家庭家族；家庭家族管理好了，才能治理好国家；治理好国家后天下才能太平。

从对万事万物认识研究—获取知识—意念真诚—心思端正—修养品性—管好家庭家族—治理好国家—天下太平，《大学》通过朴素的思维，为我们揭示了修身（或者说修养）来自生活的点点滴滴这一朴素道理。换句话说，对于修养身性而言，要进行这样的过程并不难，也不高深，不需要特别的经历或顿悟，而是从生活的点滴做起，从对生活周边的"万事万物认识研究"做起，从遵守社会的基本伦理道德做起。每个人只有遵守基本的社会道德伦理，将修身之道铭记心间，才有可能培养出谦谦君子、窈窕淑女的言行举止和良好礼仪，塑造出高尚人格。

2-2 拓展阅读：欲成事 先养气

一、道德的概念

从伦理学的角度而言，每个人从来到这个世界上的那一刻起，就被抛进了行为规范之中。所谓道德，就是依靠社会舆论、传统习惯、教育和人的信念的力量去调整人与人、个人与社会之间关系的行为规范。《道德经》中“善者，吾善之；不善者，吾亦善之，德善。信者，吾信之；不信者，吾亦信之，德信，”说的就是这样的道理。社会通过各种形式的宣传教育、社会舆论、行为规范等，使人们具有善和恶、真和伪、荣誉和耻辱、正义和非正义等概念，规训人的言行以合乎当时社会的需要，并逐渐形成一定的习惯和传统，以指导或约束人们的行为。

二、道德的功能和社会作用

1. 道德的功能

一是道德的认识功能。所谓道德的认识功能，是指道德运用善恶、荣辱、义务、良心等特有的概念和范畴反映社会现象，尤其是反映人类的道德实践活动和道德关系，从中揭示出其内在规律，为人们进行道德选择提供指南。道德上的认识功能同科学上的有明显的差别，它的目的不在于认识客体本身，而在于通过客体来找出它与社会、与他人的相互关系和价值取向，从而做出合乎实际的道德选择。道德的认识功能使道德成为人们社会实践的一股强大的精神激励力量，又服从于道德调节职能，它为人们提供了理想的道德原则。

二是道德的调节功能。调节功能是道德最主要的功能。道德的调节功能是指道德具有通过评价等方式来指导和纠正人们的行为和实际活动，以达到协调人际关系、维护社会秩序的能力。道德调节主要以两种形式进行：一是社会调节，即以社会的道德原则、规范为尺度来评价人们的道德行为，协调人们的道德关系，这是最基本的道德调节方法。比如，对那些不赡养父母、遗弃老人的行为，可以通过婚姻家庭的道德规范以及社会舆论和传统习惯进行调节。二是道德的自我调节，即以个人的道德思想为尺度来评价社会的道德行为，协调自我在社会中的道德角色及与他人、与社会的道德关系。比如，社会上一些犯罪分子侥幸逃脱法律的制裁长达十几年，却由于受到良心的谴责，长期处在精神折磨的痛苦中而主动投案自首。这种行为可以说是道德的自我调节产生的结果。道德的社会调节和自我调节是互相联系、互相影响的。

道德的调节功能与法律的调节功能是不同的。道德的调节功能反对用一种外在的强制力来迫使人们接受某种道德观念或某种道德意识，它表现为一种内在的强制性。例如，改革开放和社会主义现代化建设中涌现出来的先进集体、先进人物，就是实践社会主义道德的榜样，他们的感人事迹和优秀品质感染了整个社会，推进了道德建设。

2–3 拓展阅读：快递小哥汪勇的“疫”后新篇

2. 道德的社会作用

所谓道德的社会作用，简单来说，就是指道德的能动作用。具体地说，就是指道德作为上层建筑和社会意识形态对其赖以产生的经济基础的反作用。

一是道德对社会经济关系的重大能动作用。某种道德一经形成，就会对产生它的社会经济关系发生这样或那样的影响。当一种新的经济关系发展起来并力图取代旧的经济关系时，作为由这种新的经济关系所产生的道德，一方面，会以其特有的善恶标准，从道义上为产生它的经济关系做辩护，论证它的合理性和正义性；另一方面，又会以自己的善恶标准，去评价、谴责和否定与之相对立的经济关系，以加速其灭亡，从而唤起人们为消灭旧的经济关系，建立和发展新的经济关系而斗争。当这种新的经济关系取得了统治地位，并建立了相应的政治制度，由它产生的道德便会形成新的规范体系，将人们的行为尽可能纳入一定的社会范围内，从而保障和促进与这一经济关系相适应的政治制度的巩固和发展。与此同时，新道德还必须与遗留下来的与旧的经济关系和政治制度相适应的传统心理和旧道德进行反复较量，消除其对新的经济关系及政治制度的巩固和发展所起的阻碍甚至是破坏作用。

二是道德的社会作用具有不同的性质。道德反作用于经济关系是社会普遍的现象，但在作用的性质上却有进步与反动、革命与保守之分。要判断一定的道德对社会发展究竟起什么性质的作用，主要取决于它维护和反映的是怎样的经济关系，以及在什么条件下反映和维护某种经济关系。一般说来，凡是符合历史发展规律和社会前进方向，有利于解放和发展生产力的道德，其作用便是进步的或革命的；相反，凡是违背历史发展规律和社会前进方向，阻碍和束缚生产力的道德，其作用便是反动的或保守的。

三是道德是影响社会生产力发展和科技进步的重要精神动力。人是生产力中最活跃的因素，是进行物质生产的主体。生产工具的改进和劳动对象的扩大是由参加生产的人来实现的，而人的活动总是要受一定思想，尤其是道德观念的支配。人的道德面貌和精神状态直接影响人们的劳动态度、工作效率和生产积极性；在科技发展中，进步的道德是科技人员协作攻关的凝聚力，它能端正科技人员的劳动态度，协调他们的相互关系，激发他们的劳动热情和为真理而献身的勇气。相反，没落和腐朽的道德不仅不能成为推动生产力发展和科技进步的动力，反而会成为障碍。在这一方面，德国社会学家马克斯·韦伯（Max Weber）的《新教伦理与资本主义精神》为当代的社会科学提供了富于启迪的思路，并开辟了多线研究的途径。在该书中韦伯致力于探讨这样一个问题，即近代资本主义为什么仅仅出现在西方，而在同时期的东方却呈现停滞之势。该书的独到之处在于，极为注重对资本主义经济兴起过程中非经济因素的重要意义的深究。通过对大量经验的归集与分析，论述了新教伦理与近代理性资本主义发展之间的生成发育关系，并对东西方宗教文化传统进行了深入的比较研究。[①] 著名美籍奥地利政治经济学家约瑟夫·熊彼特（Joseph Alois Schumpeter）也在其巨著《经济发展理论》中对类似问题进行了深入研究，认为企业家就是“经济发展的带头人”，而市场经济的“原动力”就是企业家的创新。企业家与只想赚钱的普通商人或投机者不同，个人致富充其量仅是其部分目的，而最突出的动机来自于“个人实现”的心理，即“企业家精神”。[②] 因此，我们要辩证地看到道德作为精神动力的积极一面，既要发挥进步道德对生产力发展和科技进步的推动力，又要消除落后腐朽道德的消极作用，为培养和提高全民思想道德觉悟提供强大的精神武器。

四是道德对其他社会意识形态也有重大影响，并通过这些影响反作用于社会经济的发展。道德作为一种特殊的社会意识形态，同其他诸如政治、法律、宗教、文艺等社会意识形态之间是相互联系、相互影响的。在阶级社会中，统治阶级总是给政治和法律披上道德外衣，力图从道德上论证其合理性和正义性，以获得“道义”上的支持。道德不仅给政治、法律以重要影响，而且也对文艺的发展有重要作用。正是在这个意义上，俄国文艺评论家尼古拉·车尔尼雪夫斯基曾经指出，艺术是人的一种道德活动。[③] 道德正是通过与其他社会意识形态的交互作用，以自己独特的方式反作用于社会经济的发展。

2–4 拓展阅读：元代学者许衡——“我心有主”

三、道德修养的途径和方法

（一）道德修养的途径

高尚道德的形成，不是一蹴而就的，而是刻苦进行道德修养的结果。道德修养，虽然是道德品质和思想素质方面的自我锻炼，但绝非“闭门思过”，而是在社会实践中的自我锻炼。只有把道德修养真正纳入社会实践中，在社会实践中不断磨炼，才能不断提高道德修养。

1. 只有亲自参加实践，才能深刻理解和接受道德的原则和规范

马克思说，不是人的社会意识决定社会存在，而是社会存在决定人们的精神生活和政治生活领域。[④] 社会存在决定了社会意识，人们的正确认识都只能从社会实践中来，这是人们从长期社会实践经验中总结出来的真理。离开社会实践，人们的行为就无所谓善恶，自然也就谈不上道德修养了。我们只有置身于实践，才能把理论与实践有机地结合起来，才能认识这些关系的本质，了解道德的原则

---

① ［德］马克斯·韦伯，于晓和等译．新教伦理与资本主义精神［M］，上海：三联书店，1987.

② ［美］约瑟夫·熊彼特，王永胜译．经济发展理论［M］，上海：立信会计出版社，2017.

③ ［苏］尼古拉·车尔尼雪夫斯基．艺术与现实的审美关系［M］，北京：人民文学出版社，1979.

④ 马克思恩格斯选集（第 2 卷）［C］．北京：人民出版社，1972：82.

和规范的必要性、合理性，从而才有可能接受它。在理解和接受道德的原则和规范的基础上，才能培养出相应的道德情感、意志和信念，形成相应的道德行为和习惯。也只有在实践的接触中，才能深刻认识人们之间的道德关系，才能暴露自己的思想矛盾，才能认识到自己哪些行为是道德的，哪些职业行为是不道德的，从而提高道德修养，克服自己不道德的行为。

2. 只有亲身参加实践，才能检验道德品质

道德从本质上说是一种实践的道德，它要求人们严格遵守言行一致的原则。所谓听其言，观其行。在现实生活中，有的人说得很漂亮，而做得却很差；或者只是用道德原则对别人进行道德说教，而自己却根本不准备去实行。这种人只把道德修养停留在口头上，即“言论的巨人，行动的矮子”。判断一个人当然不是看他的声明，而是看他的行动；不是看他自称如何如何，而是看他做些什么和实际是怎样一个人。

3. 只有亲身参加实践，才能不断地提高道德修养水平

客观事物是不断发展变化的，实践也是不断发展变化的，在实践过程中所遇到的诸多关系也是发展变化的。新情况、新问题不断涌现，要求及时做出新的、科学的、全面的回答。这样，也就相应推动人们在职业道德修养方面永不满足、永不停步，随着实践的发展而发展。人们在实践活动的过程中，不断地进行道德修养，不断地提高自己的道德认识，再付诸行动，在行动中不断地提高道德认识，这样的循环往复，不停顿地学习和锻炼，道德修养才会提升到更高的境界。

（二）道德修养的方法

1. 修学

修学不仅能使人获得必需的知识和技能，也是进行道德修养的重要方法。我国古代的思想家们都十分重视学习在道德修养中的重要作用。例如，孔子就明确地提出过“笃信好学，守死善道”。（《论语·泰伯》）他认为，不爱好学习，缺乏应有的知识，即使主观上好爱仁道，也不会有完善的道德品质。他主张“博学”“多闻”“志于学”，这样才能有完善的道德品质。

要使修学达到目的，首先必须联系实际，活学活用，才能不流于形式，使所修所学的内容内化为自己的信念和行动。其次必须诚心诚意，只有诚心诚意，才能发现可学之处，否则，居高临下，无法找到自身不足，就无法找到修学的目标。要有决心有毅力，要与功利和私心搏斗，要学会正视自己，将对道德的追求上升为对人生幸福的需要。将高尚情怀的追求看成是生命本质的追求，以违反道德作为人生的最大痛苦，这样才可能在各种非道德的物质引诱面前不动心，使自己的道德内涵不断得以丰富和升华。

2. 内省

内省是对自己内心的审视和参悟，是一种自律的行为。它要求用道德标准在自己内心深处进行检查、反省，找出错误思想和行为之所在，并加以克服。三省吾身、见贤思齐，就是要勇于解剖自己，坚决改正自己的缺点和不足，扬长避短，去恶从善，从而完善自己的德行。由于种种原因，每一个人不可避免地存在这样那样的弱点、缺点和错误，而且社会上种种不良观念和现象也会通过各种渠道影响人们的道德思想和行为。因此，在进行道德修养时一定要严肃认真、自觉主动，只有这样，才能做到严格剖析和纠正自己的错误，才能再接再厉，坚持不懈地改造自己；反之，必然得过且过，因循苟且，容忍恶德。在与人相处中，要善于发现别人的优点，而不是一味去指责别人的不足，放大别人的缺点。

3. 积善

积善就是要精心地保持自己的良好道德行为，精心培养自己身上已有的良好的道德，经过长期的积累，使其不断壮大。脚踏实地地在活动中严格遵守道德的原则和规范，同时要精心地保持自己的善心和善行，使其积聚起来，并发扬光大。积土成山，风雨兴焉；积水成渊，蛟龙生焉；积善成德，而神明自得，圣心备焉。故不积跬步，无以至千里；不积小流，无以成江海。高尚的道德品质，不是一年半载能够养成的，它需要一个长期的积善过程。只有不弃小善，从大处着眼，从小处着手，才能积成大善。倘若平时在工作和生活中不积善、不修德，却幻想有朝一日，一下子成为一个道德深厚之人，是根本不可能的。在积善的同时，还要防微杜渐。三国时代的刘备在他的遗嘱里叮嘱儿子“勿以恶小而为之，勿以善小而不为”，指的就是这种防微杜渐的修养方法。要养成良好的道德品质，必须意志坚强，立场坚定，泾渭分明。善虽小，仍然不失其为善，我们要积极地去做。相反，恶虽小，但也终究是恶，所以对自己任何不符合道德的言行，都务必注意克服，将其消灭在萌芽状态。所谓“千里之堤，溃于蚁穴”，讲的就是这个道理。

4. 慎独

“慎独”是我国古代儒家创造出来的具有我国民族特色的自我修身方法。最先见于《礼记·大学》和《礼记·中庸》。“道也者，不可须臾也，可离非道也。是故君子戒慎乎其所不睹，恐慎乎其所不闻，莫见乎陷，莫见乎微，故君子慎其独也。”意思是在独立工作、无人监督或在做了坏事也难以被人发现时，仍能坚持自己的道德信念，依据一定的道德原则去行事，而不做任何坏事。

充分发挥自觉性在道德修养中的作用是慎独最基本的特征。其主要表现在：

一是以高度自觉性为前提，对高尚道德情操热烈追求，处理事情包括对待最隐秘、最细微的事情都要按道德准则行事。

二是要求人们在独立工作、无人监督的环境下，也能够严格按照道德原则和道德规范行事。要达到这个境界，不仅要求对道德的原则、规范要熟知，而且要自觉地接受，使其成为 自己的内心信念，并用这种信念支配和约束自己的行动。

2–5 拓展阅读：人最大的修养，就是和颜悦色

任务二　礼行天下：把校园礼仪压实为成功人生的第一块试验田

2–6 本节 1+X 证书技能点测试

校园与职场单位的本质区别，或许就在于学校培养人的时候可以允许试错，通过近乎不计成本的一次次试错让学生建立起基本的人生框架。而职场单位（尤其是企业）在培养人的时候，更多着眼于其成长后所能创造的价值，因此几乎不给员工试错的机会。对于还在校园即将进入职场的“新鲜人”，从基本的校园礼仪做起，把校园礼仪压实为成功人生的第一块试验田，不失为一种明智的选择。

一、对老师的礼仪

教师是一种特殊的职业。它的特殊性不仅在于它所从事的是与人交流的工作，更在于它接触的是成长过程中的人。教师的人格魅力对学生的性格和发展具有非常大的影响，正如教育家加里宁所说，“教师的世界观、品行、对每一现象的态度都这样 或那样地影响着学生，可以大胆地说，如果教师很有威信，那么这个教师的影响会在某些学生身上永远留下痕迹”。对于大多数的学生而言，教师往往是除父母外对自己成长影响最大的群体。善于把握与老师相处的礼仪，从老师身上获取更多的方法、知识和各种人生成长经验，是每一个学生学有所成的非常重要的渠道。作为深受教师教诲之恩的大学生，在与教师交往的过程中应尊重教师的劳动，虚心接受教师的批评教育，严格遵循有关的礼仪规范。

1. 尊重老师的劳动

老师的辛苦劳动体现在教学上，学生虚心学习，认真上好每一堂课，取得良好的学习成绩，这是对老师最大的尊重，没有什么比这更能使老师感到安慰和喜悦的了。老师的希望都寄托在学生身上，小树成材、桃李天下，是对老师辛苦劳动的最大报答。在具体礼仪上，我们需要：①为教师做好课前准备。如擦干净黑板、讲台，搬教学仪器等。②上下课要和老师相互致礼。校园里遇见每一个比自己大几岁以上的人，主动问候一声“老师好”，或者微笑着点个头，都是为生者尊重为师者最好的一种体现。

2. 尊重老师的人格

古人云：一日为师，终身为父。可见老师在人们心中的地位。作为学生应从心里敬重老师，尊重老师的人格。学生和老师交谈时，应主动请老师就坐，若老师不坐，学生应该和老师一起站着说话。同老师交谈，要集中精神，姿势端正。双目凝视老师，有不同看法时，可及时向老师请教、探讨。要虚心接受老师的批评，不可顶撞老师。

3. 注重请教老师的礼仪形式

见到老师应主动问好、行礼；上下课要起立迎送；进老师办公室时要轻轻叩门，然后开门进去，行礼后说明来意；在老师的办公室，不要乱翻乱动老师的物品；在休息时间最好不打扰老师；在办公室或老师家不宜逗留过久，办完事应尽快离开等。

请教老师问题时应注意的礼节，具体内容有：

（1）事先把请教的问题考虑清楚，以便明确地向老师提出。

（2）请教的态度要谦虚，不要随便打断老师的讲述，若遇观点不同，可用征询语气委婉地说出自己的不同意见，谦虚地与老师探讨。不要反问或质问老师。

4. 到老师家拜访应注意的礼节

2–7 节日拜访礼仪小视频

（1）有约在先。如果有事需要拜访老师，应事先约好时间，临时拜访有失礼貌。预约时间要尽量准确，并且要照顾老师的时间。拜访时间不宜太早，白天避开吃饭和休息时间，晚上不要太晚。约时间的同时讲明拜访事由，让老师事先有所准备。

（2）守时守约。拜访老师要准时，不要提前，更不要迟到。若提前到可在外面转转，到时再进去。因为到居室拜访，提前去，别人没准备好，容易引起难堪。迟到是很不礼貌的，因不可避免的原因不能按时到达，应想办法通过手机短信、微信或电话提前通知老师并诚恳致歉；通知不了老师，过后一定要专门道歉，争取谅解。

（3）礼貌登门。到了老师家门口应先按门铃或敲门，门即使是开着的，也要敲门。按门铃或敲门注意动作要轻，要有节奏的停顿，仔细听是否有回音。不要连续不停地用力拍门。

（4）见面礼节。老师开门后，要问候老师。若去不认识自己的老师家拜访，应先确 认老师的身份，然后再问候，做自我介绍。如说“你好！请问这是张老师的家吗？”“张老师在家吗？”“张老师，您好！打扰您了，我是 ×× 系的学生，叫 ×××”。如果敲错门，别忘了道歉。老师请你进门后，你再进门。进屋后，屋里若有其他人应与其他人点头致意。

（5）拜访中的礼节。进屋后，东西不要乱放，老师请坐后再坐下，并向老师谢座。与老师交谈时注意交谈礼节。

（6）告辞礼节。拜访时间不宜太长，一般不超过20分钟为好。到吃饭、休息时间应告辞，有其他客人来访时也应告辞。不要老看表，让人觉得你急于想走，也不要在老师说完一段话或一件事后，立即提出告辞，这样会使老师认为你不耐烦或不感兴趣。告辞时一般遵从“先辞后谢”的原则。如恭敬地对老师说“打扰多时了，我该告辞了，谢谢您的帮助指教，再见”。老师相送，应及时请老师留步。

学生不仅要尊重自己的班主任、任课老师，对学校其他教育工作者，比如校医、清洁工、保安、门卫、宿舍管理员、食堂师傅等也应讲礼仪。

2-8 拓展阅读：程门立雪

二、对同学的礼仪

对于还在校园的各位同学而言，人脉的来源主要是老师、同学、朋友和亲戚四种渠道。可以说，同学或许是每一个人一生中最珍贵的人脉之一。在学校生活中，同学相互之间要以礼相待，互相帮助，和睦相处。应注意以下几个方面：

1. 相互尊重

同学之间的相互尊重体现在以下两方面：

（1）见面要主动与同学打招呼问候。与同学打招呼一方面表示对同学的尊重，另一方面表明自己自信健康的心态。因此，要积极融入学校的“问早行动”“礼貌运动”等活动中，自觉地培养自己主动与同学打招呼问候的意识和技巧。

（2）当同学遇到困难（如学习暂时落后）、遭遇不幸，或面临偶尔的失败，不应嘲笑、讽刺、歧视，而应热情帮助，真诚地伸出援助之手。

2. 互相帮助

同学之间朝夕相处，难免会产生矛盾，这时态度一定要冷静，虚心听取对方意见，多为对方着想，不要伤害彼此的自尊心。不管对错在谁，都要以真诚、友善的态度去解决。当同学有困难或生病时，大家应安慰、探望和鼓励他，祝愿他早日战胜困难、恢复健康。

3. 宽容理解

虽然同学之间关系密切，但也不要忘记兼顾他人。同学之间，个人在兴趣、爱好、个性、生活习惯、为人处世等方面都有差异，因此，理解是化解差异、沟通与协调的润滑剂。人人都不以己好去苛求他人，不在小事上挑剔，不影响团结。

4. 礼貌相待

同学之间也要讲礼貌，使用书面用语、日常生活用语等都要注意礼貌，与同学交往、活动的行为举止也要文明。有求于同学时，须用“请”“谢谢”“麻烦你”等礼貌语言。借用学习用品时，应先征得同意后再拿，用后及时归还并致谢。

5. 和睦相处

和睦相处体现在以下几方面：

（1）在学生宿舍里，同学要自觉遵守作息时间，按时起床，按时熄灯就寝，起床、就寝动作要轻，说话声音要小，尽量避免打扰别人。

（2）自觉保持宿舍内的清洁卫生，既要搞好个人卫生，又要热心主动搞好室内的清洁卫生。

（3）不要随便在他人床上坐卧。未经主人允许不要随便动用他的茶具、碗筷、毛巾等用具。不要随便翻阅别人的书信、日记等。

（4）带朋友来宿舍玩，不要在室内喧哗、嬉笑、打闹，以免影响同室人的学习、休息。

（5）对来拜访的同学要热情礼貌友善。对同学家长的造访要礼貌周到地接待。

（6）爱护宿舍的公共财物及各种用品，主动打开水，搞好宿舍同学之间的团结，严于律己，宽以待人。

（7）参加校内各项集体活动，要遵守有关的规章制度，同学之间要相互谦让有礼，相互照顾帮助。

6. 男女同学交往注意事项

男女同学交往，要以礼相待，要相互尊重、相互帮助。男同学应彬彬有礼，女同学应文雅大方，接触的地点要公开，举止、言谈要大方有礼，相互不要靠得太近。男女生之间不宜过分亲昵，过分亲昵不仅显得太轻佻，引起对方反感，还容易造成不必要的误会。

男女同学之间，不能互起绰号，不能讲粗话、脏话和庸俗的传闻，不能久久凝视对方，不能打打闹闹。

对异性同学的容貌、身体和衣着，不应评头品足。对异性同学的弱点、缺陷，不可进行嘲讽，而应热心帮助。

三、课堂礼仪

学生应在课前 5 分钟进入教室，做好课前准备，脱帽端坐恭候老师到来。如果遇到特殊情况，不得已在老师上课后才进入教室时，需礼貌道歉：应先在教室门口轻轻叩门或喊“报告”，得到允许后，才能进入教室，然后要诚实地向老师说明迟到的原因，得到老师的谅解和允许后，迅速而轻声地归座。

老师走进教室，学生应主动向老师问好。课堂中应保持肃静的气氛，这一方面可为老师教学创造良好的环境，另一方面也有利于自己安心学习。课堂上应集中精力，用心听课，积极发言。有问题未经老师允许不要在座位上大喊，回答老师的问题时，表情要大方，声音要清晰，不要扭扭捏捏或故意做出滑稽的举止引人发笑。

下课铃响，老师说“下课”后，全班同学起立站好，说“老师再见”。应注目老师离开后再自由活动。

四、宿舍礼仪

宿舍是学生在校期间居住的场所，也是学生离开家庭住进学校后的“家”。与自己的家庭相比，这个“家”的成员来源更广，范围更大。因此，学生在宿舍应该注重礼仪。

1. 遵守作息制度

作息制度是学校为了确保学生睡眠充足，也是为了便于统一管理而制定的行为准则，遵守作息制度是对学生的起码要求。

（1）夜间应按时回宿舍，自觉接受门卫人员的检查。各学校都规定了宿舍区的出入时间，夜间学生必须在规定的时间以前回到宿舍，如有特殊原因未能及时回到宿舍的，要如实向门卫人员讲明原因。

（2）要按时作息。宿舍各成员应在熄灯后就寝，切忌在走廊、宿舍大声喧哗。休息时间要尽力避免使桌、椅发出声响，以免影响他人休息，与其他宿舍产生矛盾。早晨要按时起床，坚持做早操，养成良好的作息习惯。

（3）熄灯后不卧谈。熄灯后谈话是目前学生宿舍内较为普遍存在的一种不良现象。有这一不良习惯的同学既影响他人正常休息，也养成自己不良的作息习惯，影响自身健康，于人于己都是有害的。因此，有卧谈习惯的同学应改掉这一不良习惯。

2. 保持环境整洁

整洁卫生的生活环境，不仅有利于宿舍成员的身心健康，而且也给同学们创造了良好的生活条件。养成良好的个人习惯，要按时洗脸、洗脚，经常洗澡，勤洗衣服，勤刷鞋，认真整理内务，保持个人身体卫生和生活用品的整洁。

（1）要做好宿舍的整体卫生清扫工作。轮到值日的同学，要认真做好整个宿舍的整理、清洁等工作。其他同学也应积极予以配合。

（2）切忌随意向窗外乱抛杂物、泼水。随意向窗外乱扔杂物、泼水是不尊重他人劳动、破坏公共优美环境的极不文明的行为。

（3）要保持宿舍楼公共场所卫生。有些同学注意了宿舍内卫生，却忽视了宿舍外卫生，以至于在盥洗室内乱倒剩余饭菜，在楼梯、过道扔杂物、泼脏水等，这些都是极为错误的行为。

3. 遵守各项规定

（1）严禁私自撕毁或拆装宿舍设备。宿舍里配备的各种用具是学生正常生活、学习、休息的物质保证，违章撕毁或拆装，到头来只能是害人害己。

（2）严禁留宿异性。留宿异性行为不仅是违法乱纪，也是个人不文明、不道德的表现。

（3）严禁随意留宿外来人员。随意留宿外来人员会给其他同学的学习、生活带来诸多不便，有时还会对宿舍区的安全产生不良后果。因此，未经学校有关部门的批准登记，学生不可留宿外来人员。

（4）严禁在宿舍内酗酒、吸烟或看不健康的视频。这些行为不仅是学校明令禁止的，而且是易引发火灾和意外事故的不文明生活方式。

4. 热情接待客人

对于来访的学校领导、老师、同学家长和外宿舍的同学要热情接待。如果遇到不认识的来访者，要认真询问其情况，并及时将异常情况报告辅导员、班主任或宿舍值班老师，以免出现上当受骗的情况。

5. 坚持厉行节约

在盥洗室洗刷完毕，要随手关好水龙头。在光线充足或离开宿舍时，要随手关灯。切不可因水电是学校的，对长明灯、长流水听之任之，造成不必要的浪费。

6. 互相尊重、宽容

高校学生来自全国各地，在生活习惯、行为处世上各不相同，在集体生活中提倡养成自觉和宽容这两种美德，自觉地淡化生活中自己与大多数成员相异的习惯，学会宽容别人，宽容他人有意或无意的过失。只有求大同存小异，整个宿舍才能形成和谐、宽松的气氛。同时，要尊重他人的独立性，不要将自己的思想强加于人。

2004 年，云南大学学生马加爵因与同学在宿舍生活发生的争执，残忍地杀害了 4 名同学。该案件由于作案者是大学生，且手段残忍，而吸引社会各界的关注，惊动了整个中国。宿舍生活，是大学生必须学会的一堂课。在此，编者特整理中国人民公安大学公安业务基础课教研部李玫瑾教授在《中国人民公安大学学报》上对该事件的学术分析，以对同学们如何更好地把握宿舍礼仪、在宿舍里如何与同学友好相处有所启发。

2-9 拓展阅读：马加爵犯罪心理分析

五、食堂礼仪

1. 自觉排队

要有秩序地进入餐厅，不要冲、跑、挤。学生在食堂就餐时，应自觉排队，以保持井然有序的次序。在每天开饭时间，食堂里的人非常多，有的同学喜欢在排队等候的时候打打闹闹，有的同学则用勺子或筷子敲打饭碗，个别不自觉的同学插队，使原本已喧闹的餐厅显得更加嘈杂和混乱。因此，每位同学都应该按照先来后到的顺序自觉排队，养成良好的文明习惯。

2. 勤俭就餐

就餐时，不要铺张浪费，要勤俭节约。“锄禾日当午，汗滴禾下土。谁知盘中餐，粒粒皆辛苦。”就餐时，要根据自己的食欲和饭量购买饭菜，丰俭由人，而不是讲攀比之风，为了所谓的“面子”点菜，结果造成浪费。应该爱惜食物，不要随便剩饭、剩菜。如果有无法吃的饭、菜，要倒在指定的地方，不要往洗碗池、洗手池里倒。

3. 礼让座位

在就餐高峰时，食堂里人满为患，找到空位子的确很难。如果餐桌上已经有了一位就餐的同学，还有一个空位子的时候，后来者可以礼貌地问先来的同学：“请问这里可以坐吗？”得到肯定的回答后再入座。入座时，抽出椅子的动作要轻，还要注意和邻桌保持距离，留出空道。先到的同学对于后来的同学要求同桌用餐，应该表示欢迎，同时不妨酌情移动一下座位，方便他人入座。如果和师长一起吃饭，要请师长先入座。

4. 文明进餐

吃饭时，要细嚼慢咽，不可狼吞虎咽。咀嚼食物时，嘴里不要发出太大的声音。骨刺以及无法吃的其他东西，不要随地乱吐，可以放在餐具里或吐到自己准备的替代盛具里。不能当着别人的面剔牙，如果非剔不可时，也需要用一只手或其他物品遮挡，用另一只手拿牙线剔牙。此外，进餐时不要大声喧哗，更不要肆意打闹。和师长、同学以及熟悉的人在一起吃饭，先吃完的要说“大家慢慢吃”。

5. 保持清洁

在食堂就餐，大家都希望就餐环境清洁、卫生。保持食堂的清洁卫生，不仅仅是食堂工作人员的责任，广大同学也应该自觉地维护就餐环境。因此，在就餐过程中，注意不要把饭菜洒到桌面上或地上。如果有鱼刺、鸡骨之类的东西，要暂时把它们放在一边，而不要放在别人的眼前，以免影响他人就餐。就餐结束时，应清理好自己的餐具及遗弃物品。吃完饭后应自觉地把餐具放在指定的地方。

六、教室 / 实训室礼仪

1. 教室礼仪

教室是进行教学的主要场所，也是学生校内活动的重要场所之一。同学们每天大部分时间都是在教室里度过的，它应是一个严肃的场所。为此，同学们应严格遵守教室的礼仪规范要求。

一是不得携带与学习无关的物品如早餐、零食、宠物、电子玩具等进入教室。

二是整洁的仪容穿着。同学进入教室要面容清洁，头发整齐，男同学不要胡子拉碴，女同学不要化浓妆。衣服要整洁。夏天不能穿背心、拖鞋到教室，也不能敞胸露怀。

三是举止得体。听课时不能扇扇子，冬天课堂上不能戴口罩。不能吃东西、喝水、嚼口香糖、玩手机。坐姿要端正。具体要求：

（1）入座时要轻要稳。先走到座位前，再转身轻稳地坐下。女生入座时，若是裙装，应用手将裙装轻轻拢一下。

（2）坐下后，嘴唇微闭，下颌微收，面容平和自然。不要随意挪动椅子，发出巨大的声响。

（3）双肩平正放松，两臂自然弯曲放在课桌上。两手不要交叉在胸前，不要抱起肩膀，也不要摊开双臂趴在桌子上或放在臀下。

（4）立腰、挺胸，上体自然垂直。不要前倾后仰或歪歪扭扭，东摇西晃，也不要斜靠在椅子上。

（5）双膝自然并拢，双腿正放，垂直于地面。双腿不要过于叉开，也不要长长地伸开，脚也不要不停地抖动。

（6）坐在椅子上时至少要坐满椅子的2/3。离座时，要自然稳当，轻声离位。

2–10 坐姿礼仪小视频

四是注意保持教室的卫生和秩序。不要在黑板、墙壁、课桌椅上乱写乱画，不要在教室里乱扔果皮、纸屑，不随地吐痰。在教室里随时保持安静、整洁，维持教室的良好学习环境。课间不要追逐打闹，以免影响同学的学习和休息。课间休息时，在楼道内行走要靠右慢行，不要快速奔跑。

2. 实训室礼仪

实训室是实践教学的主要场所。因实训室环境的特殊性，在实训室要注意其特别的要求。

（1）要自觉遵守实训室的各项管理规定，尤其是注意不随意乱动各种仪器设备，要爱护各种设施及公物。

（2）使用和操作仪器设备要按规程和指导教师的要求去做。有不清楚的地方，一定要向指导教师请教后再做，以免损坏仪器设备，造成安全事故。

（3）业余时间自行在实训教室训练，更要遵守实训室管理和仪器操作使用的各项规定。

（4）要尊重实训指导教师和管理人员，要协助指导教师和管理人员交清仪器设备及相关物品，协助指导教师和管理人员整理好实训场所。

（5）与教室要求相同，不得携带与学习无关的物品如早餐、零食、宠物、电子玩具等进入实训室。

七、图书馆礼仪

图书馆是人们追求精神文化生活的地方，要求每位读者在求知的同时，爱护图书，遵守图书馆的各项规章制度。

（1）出入图书馆、阅览室要保持安静，说话要轻，不可大声喧哗，也不得热烈讨论或大声争论问题，不吃零食，不吸烟，不随地吐痰，入座时移动椅子要轻挪轻放，不要发出声音。

（2）借阅图书时，要自觉遵守借阅规定，主动出示证件，使用文明用语。要按次序凭借书证借书。检索卡片时，用力要轻缓，不要弄丢、弄坏。去书架找书，要轻取轻放。图书看完后要放回原处。阅毕或借期已到，应及时归还，以便别人借阅，充分发挥图书的利用价值。

（3）进入阅览室应寄存背包，不要一个人占几个人的位置。在电子阅览室要爱护仪器设备，服从管理人员的管理，不能利用图书馆计算机进行网上非法及不道德的活动。借阅高峰期人员拥挤时要自觉遵守公共秩序和维持公共卫生。

（4）在阅览室要文明阅览，要维护阅览室的安静，阅览时要轻轻地翻书页，尽量不发出声音，翻页时不要蘸唾沫。要爱护图书，不折叠、污损，不乱涂、乱画。对自己有用的资料可以用笔记本抄录或者复印。撕坏书或“开天窗”，甚至将书据为己有，都是不道德的行为。对于珍贵书籍要倍加珍惜，如有损坏，应主动按规定赔偿。对开放书刊应逐册取阅，不要同时占有多份。阅后立即放回原处，以免影响他人阅读。

八、手机礼仪

手机是现代人必备的移动设备之一，也是大学校园学生生活、学习中不可或缺的生活媒介。不论是在家还是出门，手机几乎不会离开我们的视线。无论是在社交场所还是工作场合，手机礼仪越来越受到关注。

2-11 手机使用礼仪小视频

1. 手机的放置

在校园乃至一切公共场合，手机在没有使用时，都要放在合乎礼仪的常规位置。不要在没使用的时候放在手里或是挂在上衣口袋外。放手机的常规位置有：随身携带的公文包里，这种位置最正规；上衣的内袋里；有时候，还可以将手机暂放腰带上，也可以放在不起眼的地方，如手边、背后、手袋里，但不要放在桌子上，特别是不要对着对面正在聊天的客户。女士则要注意，手机就算再好看和小巧，也别把它挂在脖子上。

2. 手机的使用要注意场合

注意手机使用礼仪的人，在公共场合或座机电话接听中、开车中、飞机上、剧场里、图书馆和医院里接打手机都会注意，尽量不要影响到他人。

公共场合特别是楼梯、电梯、路口、人行道等地方，不可以旁若无人地使用手机，应该把自己的声音尽可能地压低一下，而不能大声说话。

在一些场合，比如在图书馆或在剧院打手机是极其不合适的，如果非得回话，采用静音的方式发送手机短信是比较适合的。

3. 必要时应关掉手机

开会、上课或其他重要集会时应关机或设置静音。非经同意，不能随意动别人的手机或代别人接听手机。不要用手机偷拍。

在会议中和别人洽谈的时候，最好的方式还是把手机关掉，起码也要调到震动状态，这样既显示出对别人的尊重，又不会打断发言者的思路。

在餐桌上，关掉手机或是把手机调到震动状态也是必要的。避免正吃到兴头上的时候，被一阵烦人的铃声打断。

4. 打手机前要考虑对方是否方便

给对方打手机时，尤其当知道对方是身居要职的忙人时，首先应想到这个时间他 / 她是否方便接听，并且要有对方不方便接听的准备。在给对方打手机时，注意从听筒里听到的回音来鉴别对方所处的环境。如果很静，应想到对方在会议上，有时大的会场能感到一种空旷的回声；当听到噪音时对方就很可能在室外，开车时的轰隆声也是可以听出来的。有了初步的鉴别，对能否顺利通话就有了准备。但不论在什么情况下，是否通话还是由对方来定为好，所以“现在通话方便吗？”通常是拨打手机的第一句问话。

5. 工作期间不要用搞笑彩铃

手机在职场上起着举足轻重的作用，但有的人往往忽略手机的使用礼仪，这主要体现在手机不分场合地响起铃声以及在与人交谈中频频接打电话。此外，不恰当的铃声设置和彩铃也会令你失礼于人。公务员、公司管理人员等由于岗位性质的需要，应该以稳重的形象示人。

因此，在工作场合中，如果响起“爸爸，接电话”“汪、汪”这样的手机铃声不仅会显得很不严肃，而且与自身身份不符。同样，在工作期间，如果有人拨打手机联系公事时，却听到“我就不接电话呀，我就不接电话呀，别人的电话我都接，我就不接你电话”这样的搞笑彩铃也是会令人反感的。

6. 收发短信的注意事项

不要在别人能注视到你的时候查看短信。一边和别人说话，一边查看手机短信，是对别人不尊重的表现。

在短信的内容选择和编辑上，应该和通话文明一样重视。因为通过你发的短信，意味着你赞同或至少不否认短信的内容，也同时反映了你的品位和水准。所以不要编辑或转发不健康的短信。

2–12 拓展阅读：做人要懂得“人情世故”

QQ 与微信中常常会有班委、学长、老师发来的消息，我们看到消息一定要第一时间回复，并及时通知同学们，错过消息有时候对自己来说或许也会有很严重的后果。

7. 能打座机就不打手机

不要利用公司的座机去打自己的私人电话，另外在事先没有告知或者约定陌生客户时，尽量不要打对方的私人手机（当然业务销售除外），因为我们不清楚对方现在是否方便接听你的电话，所以这也是我们需要注意的职场礼仪。

2–13 本节 1+X 证书技能点测试

任务三　赢在细节：
你在公共场合的一举一动都会暴露你的修养

公共场所，是指人群经常聚集、供公众使用或服务于人民大众的活动场所，是人们生活中不可缺少的组成部分，是反映一个国家、民族物质条件和精神文明的窗口。由于我国幅员辽阔，社会经济发展水平差异较大，即使同一城市或地区不同阶层人群的经济收入、消费需求、生活方式也各不相同，因此各种公共场所的档次也很悬殊，既有平价旅舍，也有星级酒店；既有简朴的理发店，也有高档的美容美发厅等。丰富多彩的公共场所，也对我们的礼仪修养提出了不同的要求。你在公共场合的一举一动，不经意间都会暴露你修养的本来面目。

一、娱乐场所的礼仪

1. 剧院的礼仪

对歌剧、芭蕾舞剧院来说，开演后迟到者应该要等到幕间休息时才能进场，这期间只能在场外的闭路电视中看演出。其次，应等歌声、精彩唱段或舞蹈结束时再鼓掌。在一些国家，还伴有喝彩声，精彩时会激动得站起来，但这要看当时的情况，如大家都不站起来，也不要一个人站起来。演出片断后的鼓掌，也应视情况而定，应尽快止息，以免打断或影响后面的演出。

2. 音乐会的礼仪

人们把出席音乐会视为一件高雅而庄重的事。因而出席音乐会的服饰很讲究，男士西装革履、打领带，女士则要穿上礼服并化妆。衣冠不整进入音乐厅，必定会令人侧目。

听众均应于音乐会开始前入座。一旦演奏开始，听众就将被禁止入内，而只能在门外静听，等候中场休息时方可入内。音乐会上不允许中途退场。

音乐会上要保持肃静。观众来到音乐厅入口处应停止说话，脚步放轻，任何惊动场内观众的言行都是失礼的。因而在音乐会上不许交谈、打哈欠，甚至是咳嗽和翻动节目单的声音也不允许有。

一支乐曲演奏完毕，听众应以掌声向演奏者致谢。但一曲未了或乐章之间不应鼓掌，否则就如同中途打断别人的讲话一样，只会显示出自己的无知。如果某人或某组器乐演奏特别精彩，观众经久不息的掌声要求再来一个也是可以的，但不宜连续多次。

演出结束后可向演奏者献花，但在音乐会演出中途登台献花是不适宜的。演出结束后，听众应在座位上停留片刻，不要急于退场，待演奏者谢幕时，全场应起立鼓掌，以示尊敬，然后方可有秩序地退场。

3. 电影院的礼仪

在电影院看电影较在剧院、音乐会上的礼仪要求相对松一些，但仍要求言行举止文明。一是在售票处购票时要排队；二是进入电影院时，主动出示门票，并对号入座；三是影院中不允许穿背心、短裤、拖鞋；四是不要随地乱扔瓜果皮核，不要吸烟；五是情侣们不要过分亲热，既不雅又挡他人视线；六是看电影过程中不要喧哗、交谈、叫好或拍照；七是应等影片结束、影院亮灯时再起身离开。

二、商场购物的礼仪

商店营业员的工作是服务性的，我们应当以平等的关系文明相待、互相尊重。

1. 考虑周详

如果到商店购物，应在确定欲购买商品后再招呼营业员去取。若无意购买，就不要随便让营业员拿商品给自己。如果是营业员主动推荐某种商品，也应视情况礼貌地给予答复。

2. 态度友善

到柜台前购物，招呼营业员时语气应和善，说明自己的购物要求，不要“喂、喂”地叫人，更不能盛气凌人，用命令式的口气说话。如果当时营业员正在为别的顾客服务，应在旁边稍候片刻，不要高声喊叫，更不应敲击柜台。选购商品时，不要说话尖刻，过分挑剔，浪费时间，影响营业员为其他顾客服务。挑选容易污损的商品要轻拿轻放，若不慎损坏，应主动赔偿。如实在难以选出满意商品，应向营业员打招呼交还，并表示歉意。顾客多时，要按顺序购买，并注意照顾老弱病残者，对于外宾也要礼让。

3. 排队购物

有时商场里顾客较多，特别是在节假日或卖紧缺商品时，顾客更是拥挤，这时我们应注意礼貌，自觉遵守秩序，排队购物，不要加塞或乱挤。如果自己有急事需要先买，应向营业员和排在前面的顾客说明，征得他们同意后，方可购买。如遇外宾、老弱病残孕者，或有急事的旅客时，应该主动让他们先买。

4. 宽宏大量

当营业员出现差错时，顾客应给予谅解并善意提示，切忌争吵。如果遇到个别营业员态度不好，可找商店有关领导解决，不要当场大吵大闹，出言不逊。如果需要退换商品，应向营业员耐心地说明原因。态度应平和，不要把对质量有问题的火气冲营业员发泄。按规定属于不能退换的商品则在购物前要仔细考虑，一旦买下，不应再退。

5. 真诚道谢

应理解和尊重营业员的工作，购买完物品，应向营业员道谢。尤其是营业员帮助解决特殊困难时，更要真诚致谢。

6. 爱护环境

在商店购物时，要自觉维护环境卫生，不要随地吐痰和乱扔果皮、包装纸，要使用环保购物袋购物，充分体现自己的文明修养。

三、超市购物的礼仪

进入超市随身携带的较大的背包要寄放在卖场入口处。不要为货物搬家，这是自选式商场中最基本的规则。可以想象，成为“流浪儿”的货物将给商场带来巨大的麻烦，浪费了人力、物力。要爱护超市中陈列的商品。不要为贪图小便宜违反规定试吃试用，这种行为难登大雅之堂。

在超市，要学会为他人着想，当我们的购物车横在通道上的时候，要想到别人该怎么走过；当我们把价格牌弄倒的时候，要考虑其他顾客怎样了解价格；当我们把毛巾和服装一条条抖开的时候，要想到工作人员折叠的辛苦；当孩子们在超市顽皮地乱跑的时候，要预见到他可能会撞落商品或撞痛别人，而且这样对自身也是不安全的……

礼仪小常识

乘坐电梯的基本礼仪

我们每天上班、下班、外出、回家基本都会乘坐电梯。乘坐电梯除了安全问题，礼仪问题也是我们应该关注的。对职场人更是如此。和同事、前辈、客户、老板一起乘坐电梯时，你该做些什么？注意什么？说些什么呢？

一、职场乘坐电梯基本礼仪

（1）伴随客人或长辈来到电梯厅门前：先按呼梯按钮；轿厢到达厅门打开时，若客人不止一人时，可先行进入电梯，一手按开门按钮，另一手按住电梯侧门，礼貌地说“请进”，请客人们或长辈们进入电梯轿厢。

（2）进入电梯后：按下客人或长辈要去的楼层按钮；若电梯行进间有其他人员进入，可主动询问要去几楼，帮忙按下。电梯内可视状况是否寒暄，没有其他人员时可略做寒暄，有外人或其他同事在时，可斟酌是否有必要寒暄。电梯内尽量侧身面对客人。

（3）到达目的楼层：一只手按住开门按钮，另一只手做出请出的动作，可说“到了，您先请！”客人走出电梯后，自己立刻步出电梯，并热诚地引导行进的方向。

二、平日乘坐电梯基本礼仪

（1）等候电梯时，不要站在电梯门口正前方，以免阻碍别人的出路。电梯门开了，等待电梯内所有的人出来后，才可以进入。即使有急事，也不应争先恐后。

（2）如果有陌生人或客户，应该让他先进电梯，看见有人赶电梯，要帮他开门，如果已经满员，要向他说明。

（3）进电梯后，最靠近控制板的人要长按开门键。

（4）在电梯内不要肆意交谈、喧哗。无论公务私事，均不宜在此谈论。

三、男女同乘电梯的礼仪

（1）升降电梯：男士应该主动按电梯开启键；待电梯门开启后，男士应该手挡电梯边门，让女士先进。进电梯后，男士应站在按键旁边，询问女士到几楼，得到答案后帮忙按楼层键。

（2）扶手电梯：应该让女士先上，站在靠右边的扶手的位置。

四、乘坐电梯其他方面的礼仪

（1）乘坐自动扶梯，应靠右侧站立，空出左侧通道，以便有急事的人通行；应主动照顾同行的老人与小孩踏上扶梯，以防跌倒；如需从左侧急行通过时，应向给自己让路的人致谢。

（2）乘坐厢式电梯，应先出后入。如果电梯有司机，应让老人和妇女先进入；如无电梯司机，可先进入轿厢操控电梯，让老人和妇女后进电梯以确保安全。先进入轿厢的人要尽量往里站。与同乘电梯人不相识时，目光应自然平视电梯门，在电梯里不高声谈笑，尽量保持安静。

（3）在没有明令禁止宠物乘电梯的地方，小宠物应由主人抱起乘梯；大宠物只有在没有其他乘客的情况下方可由主人带乘电梯。

（4）如果你是一位接待人员，经常接待尊贵客人，那你还必须牢记，电梯里也有上座和下座之分。所谓上座，就是最舒适、视野最好、最尊贵的位置。越靠里面的位置，越尊贵。上座是电梯操作板之后最靠后的位置，下座就是最靠近操作板的位置了，因为这个人要按楼层的按钮，相当于司机。

（5）电梯内不能抽烟，不能乱丢垃圾。

（6）在电梯里，尽量站成“凹”字形，留出空间，以便让后进入者有地方可站。

（7）进入电梯后，应正面朝向电梯口，且特别拥挤时，仍应与他人保持少许距离，以免造成面对面的难看；如果电梯内乘客多，如果在无意中碰撞到别人，应当即向对方道歉。

电梯礼仪虽小，但有时候这些细节会深刻地反映一个人的个性与素养。

2–14 拓展阅读：网购礼仪小知识

四、就医探视的礼仪

1. 在医院看病的礼仪

“走进医院声要轻，候诊不要围医生；有序就诊必要静，不能再得烦躁病。”人们到医院就医，就是为能得到良好、及时的治疗，早日康复。因此，应该遵守以下几点礼仪规范：

（1）轻声说话，保持安静。医院是病人集中的场所，很多人身体不适，如果有人在医院旁若无人地说话、打电话，其他人会感觉到不舒服，会感到烦躁。在医生身边大声喧哗或打电话，更会影响医生的诊治。同样，到病房探视病人，也不宜在病房内夸夸其谈，影响其他病人休息。

（2）遵守秩序，文明候诊。在医院，无论是病人还是病人家属，都要遵守公共场所的秩序。比如不能在候诊室内吸烟、随地吐痰，不能随地乱扔棉签、果皮、纸屑，也不能让孩子随地大小便。挂号应依次排队。不要大声喧哗和随意走动。保持一个安静、清洁和舒适的诊治环境，既有利于医务人员的工作，又可减少对候诊病人的不良刺激。如果有病人在看病，应在门外等候，当医务人员叫到自己的名字时，应该礼貌地回应，再到指定的座位坐下候诊。

（3）如实陈述病情。当医生询问病情时，要如实陈述。对病情和症状，既不可缩小、隐瞒，也不可以夸大，更不允许弄虚作假和无中生有。如果为了骗取病假，千方百计地欺骗医生，甚至不择手段伪造体温、心率、血压、血尿和血便的检查结果，乱涂化验单等，不仅不道德，而且也会伤害自己，贻误对疾病的诊断和治疗。

（4）妥善处理医疗纠纷。如果偶尔遇到不负责任的医生，对疾病做出了自己认为可疑的处理时，作为病人也切忌随便发火，而应该耐心地询问医生有关处理的依据，请医生采取必要的措施帮助解释疑虑。如果当时不能解决问题，可向其他医生或医院领导反映情况，请他们根据医务工作者的工作准则判断是非，并做出处理。如果已肯定是医生失职，病人也不应随意吵闹，更不能纠集家属或同事、好友一起围攻医生，扩大事态，而应该通过正当途径妥善解决问题。

2. 到医院探视的礼仪

2–15 医院探视送花礼仪小视频

当亲友、同事、同学患病时，前往探望、慰问是人之常情，也是一种礼节。但如果探望者言行举止失当，则会给病人造成不利影响。拜访是一门学问，看望病人更是一门艺术，在生活中，看望病人时需要注意以下几个方面的礼仪规范：

（1）做好探望前的准备。在探视前，应先向其家属、友人了解一下病人的病情、心情以及饮食起居，以便到病房后做些针对性的安慰。送给病人的礼品要精心挑选，鲜花、水果、书刊是普遍受欢迎的。如果送食品或营养品要先考虑病人的病情。

（2）选择时机，提前预约。这一点在普通拜访时是一个基本礼仪，而在看望病人时则更显重要。探望病人应选择适当时机，尽量避开病人的休息和医疗时间。由于病人的饮食和睡眠比常人更为重要，所以不宜在早晨、中午、深夜以及病人吃饭或休息时间前往探视。若病人在家静养，一般以下午探望为宜，其他时间最好不要去打扰。如果是探望住院的病人，应在规定的探视时间内前往，特别是在一些传染病医院、妇产医院，更要严格按照医院规定探视。同时，探望病人一定要提前预约，在了解清楚探视时间和病人接受治疗的安排情况后再去探望，若病人正在休息，应不予打扰，可稍候或留言相告。

（3）准时到达，举止文明。住院期间，病人的生活相当有规律，接受治疗和休息时间都安排得很规范。因此，在探望病人时，一定要准时到达，严格按照约定的时间去看望，避免影响病人休息或者耽误其接受治疗，否则不仅失礼，也容易空跑一趟。在进入病房前要先轻轻敲门，然后进去。到病床前，先把礼物放下，看到病人要同往常一样自然、平静、面带笑容，主动上前握手，不能握手时，可探身以示招呼，如有椅子，可在病人身旁坐下。不要大大咧咧，以免影响其他病人，或造成医疗设备损坏。

（4）语言轻松自然，多鼓励病人。同病人交谈，语言要讲究分寸。说话时不可以兴高采烈，也不要表现出紧张、厌恶的表情，神情应该保持轻松和关切。一般应先询问病人的身体状况及治疗效果。在病人讲述病情时，要认真地听，不要心不在焉，左顾右盼。不要详细地向病人询问其病情，或当着病人的面向主治医生询问医疗方法。不要向病人介绍道听途说的偏方、秘方，不要推荐未经临床实验的药物。如病人的病情需要保密时，不要和病人一起去乱猜测。已知道应保密的病情，更不能对病人进行暗示。要避免谈论可能刺激对方或忌讳的话题，而要多说些安慰、开导的话，多说些以往的美好时光。也可以说一些逸闻趣事、社会新闻、战胜疾病的事例，让病人开心而暂时忘却病痛，安心休息，恢复自信，战胜病魔，早日康复。

（5）适时结束访问。探望时间一般以十几分钟为宜，最多不超过半个小时，最好能够适时地、婉转地结束探望。一方面要避免因为自己探视时间过长影响了病房里的其他病人休息，另一方面也可以让病人早点休息，避免疲劳影响身体恢复。在离开时，询问一下病人有什么事情需要帮助，再嘱咐病人安心治疗，表示过两天再来探望。告别时，一般应谢绝病人送行，祝其早日康复。

五、体育运动的礼仪

1. 观看体育比赛的礼仪

（1）衣着。体育场所中的衣着一般是非正式的，以穿着适时、舒适为主，尤其是秋冬季的室外赛场，优先考虑的应是保暖。在室内体育馆里，坐在包厢里的观众通常比坐在看台上的观众要穿得正式，如果着运动装，也要求整洁大方。场内观众的着装可适当随意。

（2）入座。应准时到场，以免入座时打扰别人。观看比赛时，不能因情绪激动而用脚踩着座位看。

（3）遵守秩序。观看体育比赛时要注意讲文明。可以在比赛中为自己所喜爱、支持的运动员和运动队呐喊助威，但不要辱骂对抗的一队，以免和另一队的支持观众发生争执，或被警察“保护”出场，更不要因不满赛况而向比赛场中投掷杂物、攻击裁判等。

（4）照顾他人。和在其他公共场所一样，在体育比赛中若想吸烟，要注意场内是否允许并要取得周围人的同意。比赛期间不要频繁进出买饮料、如厕等，以免影响其他观众。啦啦队、球迷队进行欢呼助威也要照顾到他人的观看。

（5）退场。如果赛后有要事，可在终场前几分钟悄悄离去。若等到赛完才离去，就要按顺序退场，不要互相拥挤，以免人多发生意外。

2. 观赏体育表演赛的礼仪

不少体育明星的表演赛由于云集国内、国际高手，因而颇为精彩，更容易调动人的情绪。观赏表演赛应注意四个环节：

（1）着装。观看体育表演赛要求穿着非正式的服饰，但在看一些国际性的表演赛时，应比看一般比赛要注意打扮，工作装、沙滩装和奇装异服一般是不适宜的。

（2）入场。注意车辆要在指定地点存放，按时入场，不要在人群拥挤的入场处逗留，进场后应尽快找到座位坐下。由于体育明星的表演赛入场券比较难买，如果想在入场口等退票，注意不要妨碍他人入场，不可纠缠他人。

（3）文明观赏。观看表演赛要支持、鼓励运动员的表演，随着比赛高潮的出现，看台上的气氛也会热烈起来，可以鼓掌和文雅地加以赞扬，有时运动员表现反常，没有发挥出应有的水平，也要予以热情鼓励，不能吹口哨、怪叫，甚至喊带侮辱性的话。在观看国际性表演赛时，要注意表现出大国的胸怀，坚持友谊第一，比赛第二。

（4）退场。表演赛结束同看比赛一样要按秩序退场。但要注意退场时不要尾追、堵截体育明星和名人，不要拦住明星的汽车或纠缠明星签名留念。

3. 参加群众性体育活动的礼仪

目前我国群众性体育活动项目繁多，许多正式比赛项目和非正式比赛项目都成为体育爱好者参加的项目。参加体育活动中应注意如下方面：

（1）遵守比赛规则。虽然体育活动不同于正式比赛，但大家仍应遵守各种比赛的规则要求，才能使活动有秩序。运动比赛瞬息万变，比赛中裁判员难免失误，对这种情况，应支持裁判员工作，不要起哄。

（2）讲求运动道德。以健身、娱乐、陶冶性情、社交等为目的的体育活动，如板球、网球、高尔夫球、台球、保龄球等，多以增进友谊为目的，所以更讲究运动道德。进行活动时行为不可粗鲁，不可与对手冲突，不可嘲笑、挖苦对方的技艺。赛前、赛后都要与对手握手、拥抱致意。

2–16 拓展阅读：会议临场发言小技巧

（3）保证安全。以猎奇和冒险为乐趣的活动，一定要事先准备充分，措施得当，以保证活动时的人身安全。例如，在打猎活动中，要正确使用枪支，对打猎的枪支管理要严格，打猎时要按组织者的计划与说明行动，只能向规定的方位射击，切记不能向其他猎手方向射击。另外，不可猎取野生保护动物。

六、洗手间的礼仪

洗手间是我们日常使用极为频繁的地方。由于公共场所的洗手间为众人共用，所以在使用时就必须遵守规则，以免影响下一位使用者的情绪。洗手间的使用礼仪特别能体现出文明程度的高低。

不论男女，在洗手间都有人使用的情况下，后来者必须排队等待，应该是在洗手间最靠外处排队。一般是在入口处排队，按先来后到依序排成一列，一旦其中某一间空出来时，排在第一的自然拥有优先使用权，这是国际惯例。而不是每个人分别排在某一间门外，以赌运气的方式等待。如果不按国际通用习惯排队，可能会引起其他人的不满。

洗手间最忌讳脏乱。所以在使用时应尽量小心，如果有污染也应尽可能加以清洁。有些人有不良习惯，不愿意去善后，那就会殃及下一位使用者。女性卫生用品千万不要顺手扔入马桶，以免马桶堵塞；并且最好将脏污的那面朝下丢入垃圾桶。大量浪费卫生纸等，也是相当不妥的行为。

在飞机、轮船、游览车、火车等交通工具上，如果洗手间是不分男女的，此时也须讲究“女士优先”。

每个地方的标记各不相同，一般除用各国不同的文字注明外，也有不少地方是用图案来标识的：男厕多用烟斗、胡子、帽子、拐杖、男士头像等来表示；女厕则多以高跟鞋、裙子、洋伞、嘴唇、女士头像等来表示。

在欧洲一些国家，上洗手间是需付小费的。客气一点的是在出口处的桌子上摆着一个浅碟子，使用完毕可以随意放一些硬币等当作清洁费。严格一点的，则在入门处清楚地标识使用卫生间的费用，若不付费，看守者就不打开锁着的厕门。还有一些用机械投币式，即在入口设有一个自动投币机门，投下一枚硬币，旋转栅门就可以开一次。

原则上，使用完洗手间必须洗手。洗手台也会有擦手纸与干手机。一般习惯是先用擦手纸巾擦干手，把用完的纸丢入垃圾桶后，再用干手机把手吹干。干手机多为自动感应式并有自动定时装置，所以不用考虑如何关闭电源的问题。清洁工会不断巡视各洗手间并进行清洁。在清洁时有时会拖地板，此时就可能会停止使用洗手间，并会放上“Wet Floor”等显眼的黄色告示牌。如果遇到此情形，不可强行使用，以免影响清洁工的正常工作，但可以询问最近的洗手间在何处。

七、交通出行的礼仪

1. 旅行装备礼仪

（1）精简原则。合理选择旅行服装是旅行轻松愉快的前提。外出旅行不需要太多的衣饰，即使要保持一贯的风格和形象，也应只准备用得着的衣饰。否则，去时一大箱行李，回来时又添几件行李，好不辛苦。

（2）美观原则。注重组合系列化、多样化及时装化，体现潮流的服饰审美要求和消费观念，注重美观及情趣是旅行服饰的新特色。有了这种全新观念，就可以在衣橱中找出相对漂亮方便的衣饰作为旅行装束了。

（3）舒适方便原则。旅行服饰要注意面料的舒适性。一般来说，丝、棉、麻这些天然纤维，透气滑爽，适于在夏天及长途旅行中贴身穿着。外衣面料则应以混纺人造纤维及合成布等不易皱、弹性佳、牢度强且洗涤方便的面料为主。

通常旅行可分为两种，一种是结合工作目的的旅行，另一种是纯粹的度假旅游。旅行目的不同，装备也不一样：

（1）工作性质的旅行要多带正式感强的衣服。如果有很多应酬场合，就必须带足应付各种场合的服装，同时又不杂乱和累赘。如果是女士，两件职业女装对于商务谈判和业务沟通就很必要。可以给这次旅行定一个主色调，如蓝色系列，再稍带点粉红和黑色的服饰，这样就可以搭配出统一风格的形象来。

如果每天要见的是不同的人，就可以放心大胆地穿同一套自己最得意的衣服，而不必每天都换装，这样就相当轻松和简单了。

正式的酒会服装必须带一套，因为现在相当多的生意或公事是在酒会、晚宴等场合进行的。所以，晚礼服及相应的首饰、内衣、鞋、包应备齐。

（2）专为度假休息的旅行装相对比较随意。一般应根据地形、气候、时间长短、行程特点来挑选服饰。度假是为了解除平时的疲劳而舒展身心的，行李越轻越好。要选那些可叠得很小的、轻软的衣物，如T恤、休闲裤、丝衬衣等。

春秋两季出游可带些天然质料的内衣、短风衣、毛衣、夹克和T恤衫及运动装的外衣；夏季旅行则带丝麻衬衫、方便搭配的T恤、裙子、长短裤等宽爽的衣服更适合；冬季旅行，可带组合配套的羽绒装或皮衣裤，保暖又方便。

2-17 拓展阅读：飞机携带化妆品小知识

行李箱也是旅行中的重要配件。传统的硬壳箱虽然重些，但固定性好，衣物及其他重要物品不易受损。如果是短时间的公事旅行，可选择这类行李箱，也可选用容量大而软的行囊。一般以鲜艳夺目的尼龙防水面料拼接而成，有圆角的长方形、圆筒形等，轻捷方便，不同的隔层可有多种用途，亮丽的色彩平添旅行情趣，特别适合休闲旅行时使用。

2. 步行礼仪

无论外出到什么地方，借助何种交通工具，都离不开步行。在公共场所无处不在的步行，更能体现一个人的礼貌修养程度。

（1）注意安全。遵守交通规则是步行安全的重要保障。城市的交通法规对行人和各种车辆的行驶均有严格的规定，人人都应自觉遵守。穿越马路时，一定要从人行横道走过去，并注意红灯停、绿灯行，不可随意穿越，不可低头猛跑，更不可翻越栏杆。要注意避让来往车辆，确保安全。在有信号指示或交通警察指挥的地方，一定要遵守信号、听从指挥。

（2）行路文明。在行走之时，走路的姿势要端庄，不要弓腰、低头，不要东张西望，不要摇头晃脑，也不要哼着小调或吹着口哨。两人走路时不要勾肩搭背。多人走路时不要依仗人多而无所顾忌，高声说笑或横占半个马路而影响他人行走，应自觉排成单队或双队。男女同行时，通常男子应走在女子的左侧，需要调换位置时，男子应从女士背后绕过，不要胳膊相挽而行，更不要亲热地拥在一起行走。在街上遇到熟人不可聊个没完，交谈时不要站在马路中央，以免影响他人通行。如果遇到的是异性，更不要长时间交谈，确需长谈，应另约地点。在拥挤狭窄的路上行走，应自觉礼让，特别是对年长者、妇女、患病体弱者一定要主动让路。

行走时以中速为宜，正常情况下不要猛跑。如果不小心碰到别人或踩了别人的脚，要主动向对方道声“对不起”，即使对方的态度不好，也不要与对方发生口角。别人撞了自己或踩了自己的脚，应大度宽容，对主动道歉者说声“没关系”，不可以口出怨言，斥责对方。如果遇到残疾人，不仅要主动让路，必要时还要主动上前搀扶一把，绝不可与其抢道，更不能以强欺弱，无视公德。行路时要维护马路卫生，不要边走边吃东西，更不要把瓜果皮核往马路上扔，应自觉地扔到马路边的垃圾桶里。

（3）问路礼貌。需要问路时，首先，应选择合适的对象，最好不要去问正在急于行走的人、正在与人交谈的人以及正忙碌的人。如果民警正在指挥车辆，也应尽量不去打扰。可以另找那些不是很忙，或比较悠闲的人进行打听。其次，问路时要礼貌地称呼对方，可根据对方的年龄、性别和当地的习惯来称呼，绝不能用“喂”“哎”等不礼貌用语呼叫对方。最后，当别人给予回答后，要诚恳地表示感谢，若对方一时答不上我们的提问，也应礼貌地说声“没关系，再见”。

礼仪小常识

用伞的小规则

垂直打开伞，而且应在户外打开伞而不是室内。

四周无人时才能将伞撑开，以免碰到他人。

经过比自己矮的行人时将雨伞略微举起。同样，经过比自己高的行人时应将雨伞拿低一些。

到达建筑物的前厅等干燥地方后，轻轻地前后晃动雨伞，甩掉伞上的水珠，要注意不要甩到周围人的身上，然后合上伞并扎紧。

拿着伞行走时，应让伞竖直垂放在身边，不要水平地将其夹在腋下，或将伞尖朝后一边走一边抡伞。

打伞和别人擦肩而过时要将伞侧倾避让一下。

在拥挤的公共汽车或地铁车厢里，不要将湿淋淋的伞高高举起造成雨滴落到别人的身上或脸上，更不要用伞把钩住车厢内的吊环来维持身体的平衡。

乘坐电梯时不要用伞尖摁电梯按钮。

到酒店或商店、饭店时，如果门口有收纳雨伞的小桶或塑料袋，要及时把雨伞放进小桶或用塑料袋把雨伞套装收起。

3. 乘公交地铁 / 轻轨的礼仪

以车代步讲究效率，是现代社会的一个显著特点。乘坐车辆的类型不同，注意事项也有差异。

公交地铁 / 轻轨是城市中主要的交通工具，同时又是公共场所之一。大多数市民，尤其是朝九晚五的上班族及学生，几乎天天都需要搭乘此类大众运输工具。别小看这小小的车厢，方寸之间应对进退的礼貌大有学问。有的人可能因为一早搭公交就惹了一肚子的气，使得一整天的情绪低落。其实，只要掌握礼让、无我的原则，做一个快乐的乘车族是不难的。

（1）按顺序上下车。车到站时，要先下后上，自觉排队，不要拥挤。一般情况下，“男女有别，长幼有序”是一种公众准则。遇有残疾及行动不便者，应主动给予帮助。绝不可凭借自己身强力壮，车尚未停稳便推开众人往上挤，这样不仅显得十分野蛮，而且极不道德。

（2）注意文明细节。上车后应主动买票、打卡或投币。上车后应尽量往里走，不要堵在车门口。一般情况下，一上公交地铁，如果车上仍有很多座位，应该避免坐老弱妇孺专座；如果只剩下老弱妇孺专座，那么暂且坐下也无妨，但在下一站若有老弱妇孺上车时，第一个必须起立让座的是这个座位上的乘客。搭乘公交地铁是市民生活的一部分，因而，即使是小小的不礼貌行为，都可能会影响他人，引起不悦。诸如，在车上大声聊天、谈论别人的隐私；放任幼儿在车上啼哭、嬉戏，妨碍同车者的情绪，甚至影响司机开车的注意力；在车厢内吸烟、随地吐痰、乱扔废弃物等。人人都应该争做净化乘车环境的使者。

（3）提前做好下车准备。车到站以前，应提前做好下车准备。如果自己不靠近车门，应先礼貌地询问前面的乘客是否下车，如前面的乘客不下车，要设法与其调换一下位置。

4. 乘坐火车 / 高铁的礼仪

火车 / 高铁是重要的交通工具之一。良好的乘车环境需要大家共同维护，因此在乘车过程中，要讲文明、懂礼貌，多一分宽容，多一分礼让。这样，不仅能减少许多不必要的麻烦，还能保持良好的心情，减轻旅途疲劳。

（1）讲究候车规则。乘客在候车时，要爱护候车室的公共设施，不要大声喧哗，携带的物品要放在座位下方或前部，不抢占座位或多占座位，更不要躺在座位上使别人无法休息。要保持候车室的卫生，瓜果皮核等废弃物要主动扔到果皮箱里，不要随手乱扔，不随地吐痰。检票时自觉排队，不乱拥乱挤，有序上下车。

（2）维护车厢秩序。要有秩序地进入车厢并按要求放好行李，行李应放在行李架上，不应放在过道上或小桌子上。放、取行李时应先脱掉鞋子后站到座位上，以免踩脏别人的座位。自己的行李要摆放整齐，尽量不要压在别人的行李上，如果实在不行，也应征得他人的同意。不在车厢内吸烟，不随地吐痰，不乱扔废弃物，不在车厢内大声说话。到达目的地后，拿好自己的物品有礼貌地与邻座旅客道别，有序下车，不要抢道拥挤。

（3）注意礼貌交谈。长途旅行，与邻座的旅客有较长的时间相处，有兴趣时可以共同探讨一些彼此都乐于交谈的话题。但应注意交谈礼貌：交谈前应看清对象，与不喜欢交谈的人谈话是不明智的，和正在思考问题的人谈话也是失礼的。即使与旅伴谈得很投机，也不要没完没了，看到对方有倦意就应立刻停止谈话。注意谈话中不要问对方的姓名、住址及家庭情况，这些不是火车 / 高铁上好的交谈话题。

5. 乘坐轿车 / 出租车的礼仪

在交际中，乘坐轿车 / 出租车已成为大家日常生活的一部分。在乘坐轿车 / 出租车时应注意如下礼仪：

（1）讲究上下车顺序。同女士、长者、上司或嘉宾乘双排座轿车 / 出租车时，应先主动打开车后排的右侧车门，请女士、长者、上司或嘉宾在右座上就座，然后把车门关上，自己再从车后绕到左侧打开车门，在左座坐下。到达目的地后，若无专人负责开启车门，则自己应先从左侧门下车后绕到右侧门，把车门打开，请女士、长者、上司或嘉宾下车。

（2）注意车上的谈吐举止。在轿车 / 出租车行驶的过程中，乘车人之间可以适当交谈，但不宜过多与司机交谈，以免司机分神。话题一般不要谈及车祸、劫车、凶杀、死亡等晦气的事情，也不要谈论隐私内容以及一些敏感且有争议的话题，可以讲一些沿途景观、风土人情或畅叙友情等能够使大家高兴的事，使大家的旅行轻松愉快。举止要文明，不要在车内脱鞋赤脚，女士不要在车内化妆。不要在车内乱吃东西、喝饮料，不要在车内吐痰或向车外吐痰，更不要通过车窗向车外扔东西，这是有损形象和社会公德的，有些行为还很危险。

6. 自驾车的礼仪

如果亲自驾车，应自觉遵守交通规则，文明开车，表现出良好的驾车风度。要注意礼让、考虑别人，要了解各路段的时速限制，注意路上的交通标志，集中精力、谨慎驾驶。要遵守交通信号，不抢行，不乱按喇叭。下雨天开车，要尽量慢行，尽量避开水坑，以免使污水溅到行人身上。道路拥挤或车辆堵塞时，应自觉循序而进或耐心等待，不可随意超车堵道。在快、慢车道分明的公路上行车，应根据自己的情况合理选择，既不要在快车道上开“蜗牛车”，也不要在慢车道上开“飞车”，不要频繁变换车道，影响后面的车辆行驶。夜晚开车时要适时变换远近灯光，绝不可一直用远光直射对方。需要停车，应到允许停车的地方停放，停车不挡车道及出入口。车内的废弃物等，不能往车外扔，要放在一起，到达目的地时集中处理。在高速公路行车时，应适当播放舒缓的音乐或电台节目。特别是在夜间行车时，不要随意使用远光灯或闪灯，以免影响对向车辆的行驶。

礼仪小常识

停车场与加油站的礼仪

在停车场应谨慎慢行，留意各种标志和车辆行进方向。不要违反车辆通行标志的要求逆向行驶。穿过两行车中间的通道到停车场另一侧时，要多加小心，因为与之交叉的通道上的司机很难看到你在行驶。应把车停在车位的正中间。切忌不切实际地试图把运动型多功能休闲车或其他大型车辆硬塞进小型车的专用车位。

进入多岛加油站后，应减缓车速并谨慎驾驶，避免将站在加油泵前面的人挤在角落，或者阻碍在商店和加油泵间来来往往的人员。尽可能将车靠近自己正在使用的机油泵，以免妨碍其他司机使用别的加油泵。请特别留意加油泵上“只收现金”或“只收信用卡”的标志，这样就不会麻烦工作人员到其他加油泵上帮你交费，以便节省工作人员和其他司机的时间。

将车停在停车场后，再去商店买东西，或者在车内处理一些事情（你只有在车内付款才可以把车停在加油泵旁），切记加油站是一个存在潜在危险的地方。加油未结束前不要发动引擎，而且未离开加油站不要吸烟。

7. 乘飞机的礼仪

飞机是目前世界上最快捷的交通工具，具有速度快、时间短、乘坐舒适等特点，很适合人们的旅行。由于空中旅行与地面旅行有很多差异，必须注意以下礼仪：

（1）登机前的礼仪。乘坐飞机要求提前一段时间去机场。国内航班要求提前一小时到达，而国际航班至少需要提前两小时到达，以便留出托运行李、检查机票、身份证和其他旅行证件的时间。大多数机场的登记行李和检查制度效率很高，等待时间很短。但有时飞机的起飞时间快到了，而自己却排在长长的队伍后面，会使我们心生焦虑。一方面这时要注意礼节，耐心等候，另一方面也要提醒自己以后要提前到机场。

乘坐飞机需要尽可能轻便。手提行李一般不超过 5 千克，其他能托运的行李要随机托运。

乘坐飞机前要取到登机卡。大多数航班都是在托运行李时由工作人员选择座位卡。登机卡应在安检时和登机时出示。

领取登机卡后，乘客要通过安全检查门。乘客应先将有效证件（如身份证、军官证、警官证、护照、台胞回乡证等），机票、登记卡交安检人员查验，放行后通过安检门时需将电话、传呼机、钥匙等金属物品放入指定位置，手提行李放入传送带。乘客通过安检门后，要注意将有效证件收好以免遗失，只持登机卡进入候机室等待。

上下飞机时，均有空姐站立在机舱门口迎送乘客。她们会向每一位通过舱门的乘客热情地问候。此时，作为乘客应有礼貌地点头致意或问好。

（2）登机后的礼仪。登机后，乘客要根据飞机上座位的标号按秩序对号入座。飞机座位分为两个主要等级，也就是头等舱和经济舱。经济舱的座位设在靠中间到机尾的地方，占机身的3/4空间或更多一些，座位安排较紧；头等舱的座位设在靠机头的部分，服务较经济舱好，但票价较高。所以登机后购买经济舱票的人不要因头等舱人员稀少就抢坐头等舱的空位。找到自己的座位后，要将随身携带的物品放在座位头顶的行李箱内，较贵重的东西放在座位下面，自己管理好，注意不要在过道上停留太久以免影响其他人。

飞机起飞前，乘务员通常会给旅客示范表演如何使用降落伞和氧气面具等，以防意外。当飞机起飞和降落时要系好安全带。在飞机上要遵守“请勿吸烟”的信号，同时停用手机等电子产品，或根据航空公司要求打开飞行模式。

飞机起飞后，乘客可看书报或与同座交谈。飞机上的座椅可调整，但应考虑前后座位的人，不要突然放下座椅靠背，或突然推回原位，或跷起二郎腿摇摆颤动，这些行为都会引起他人的反感。

在飞机上使用洗手间的规则与在其他交通工具上是相同的。要注意按次序等候，注意保持清洁。尽量不要在供应饮食时去洗手间，因为有餐车放在通道中，其他人无法穿过。如果晕机，可想办法分散注意力，如若呕吐，要吐在清洁袋内，如有问题，可打开头顶上的呼唤信号，请求乘务员的帮助。

（3）停机后的礼仪。停机后，乘客要带好物品，按次序下飞机，不要抢先出门。国际航班下飞机要办理入境手续，通过海关便可凭行李卡认领托运行李。许多国际机场都有传送带设备，也有手推车以方便搬运行李。还有机场行李搬运员可协助乘客。在机场除了要给行李搬运员小费外，其他人可不给小费。下飞机后，如一时找不到自己的行李，可通过机场行李管理人员查寻，并可填写申报单交航空公司。如果行李确实丢失，应按照规程主动联系航空公司，申请航空公司赔偿。

8. 乘坐客轮的礼仪

人们出差、旅行经过江河湖海时需乘坐客轮，有时观光游览还会乘坐专门的游览船或游艇。乘坐客轮较飞机、火车的活动空间大，因而更舒适、自由。当然为了旅行更舒畅，依然要强调礼仪。

客轮的舱位是分等级的。我国的客轮舱位一般分特等舱、一等舱、二等舱、三等舱、四等舱、五等舱等几种。客轮实行提前售票，每人一个铺位，游船也实行对号入座。因船上的扶梯较陡且会摇晃，所以上下船大家应互相谦让，并照顾年老者、小孩和女士。

乘客轮时要注意安全，风浪大时要防止摔倒；到甲板上要小心；带孩子的乘客要看管好自己的孩子；吸烟的乘客要避免火灾；不要在船头挥动丝巾或晚上拿手电晃动，以免被其他船误认为是在打旗语或灯光信号。

船上一般服务设施齐全，有餐厅、阅览室、娱乐室、歌舞厅和录像厅等可供就餐或休闲，也可以去甲板散步，享受浪漫的诗情画意。如邀请其他乘客一起娱乐，一定要两相情愿，不可强求。若房中的其他乘客出门，也不要好奇地去翻动同房乘客的物品。

乘船时要注意小节，不要在船上四处追逐，忘乎所以；不要在甲板上将收录机放到很大声；不要在客房大吵大嚷；晕船呕吐要去卫生间；遇上景点拍照不要挤抢等。另外要注意船上的忌讳，如不要谈及翻船、撞船之类的话题，不要在吃鱼时说“翻过来”或说“翻了”“沉了”之类的词语。

礼仪小常识

中国公民国内旅游文明行为公约

营造文明、和谐的旅游环境，关系到每位游客的切身利益。做文明游客是大家共同的义务，请遵守以下公约：

维护环境卫生。不随地吐痰和口香糖，不乱扔废弃物，不在禁烟场所吸烟。

遵守公共秩序。不喧哗吵闹，排队遵守秩序，不并行挡道，不在公众场所高声交谈。

保护生态环境。不踩踏绿地，不摘折花木和果实，不追捉、投打、乱喂动物。

保护文物古迹。不在文物古迹上涂刻，不攀爬触摸文物，拍照摄像须遵守规定。

爱惜公共设施。不污损客房用品，不损坏公用设施，不贪小便宜，节约用水用电，用餐不浪费。

尊重别人权利。不强行和外宾合影，不对着别人打喷嚏，不长期占用公共设施，尊重服务人员的劳动，尊重各民族宗教习俗。

讲究以礼待人。衣着整洁得体，不在公共场所袒胸赤膊；礼让老幼病残，礼让女士；不讲粗话。

提倡健康娱乐。抵制封建迷信活动，拒绝黄、赌、毒。

2-18 案例分析：王先生乘车

课后练习

2–19 拓展阅读：人生是一次博弈，一生气你就输了

2–20 本节 1+X 证书技能点测试

【运用判断】

1. 某女士一边欣赏音乐会，一边吃爆米花。

2. 芭蕾舞演出已经开始五分钟了，剧院里吵吵嚷嚷的，很多人还在找自己的位置。

3. 小王自驾车去市内办事，驾驶途中，他把烟头从车窗扔出去，还朝外吐了口痰。

4. 邱女士在北京音乐厅听一场由著名大师指挥的交响乐。音乐演奏到高潮处，全场鸦雀无声，凝神聆听，突然手机铃声响起，在宁静的大厅中显得格外刺耳。

子曰："不知命，无以为君子也。不知礼，无以立也。"

——《论语·尧曰》

项目三

微笑是你最美的名片：仪容、仪表与仪态

学习目标

- 结合自身特点修饰、美化自己的仪容
- 根据自身特点以及交际场合等的不同，有针对性地选择合适的服饰
- 在交际中表现出优雅的仪态，符合站姿、坐姿、走姿、蹲姿、鞠躬标准要求举止文明的仪态，表现出优雅的气质风度和素养

情境导入

初次交往的第一天

张帆，男，25 岁，身材瘦长，脸色较苍白，是王总经理的私人秘书。

王总，男，46 岁，身材偏矮偏胖，肤色较黑。

一个晴朗的春日，张帆随同王总经理接待梅总经理。

梅总，女，36 岁，体型较丰满，圆脸型，脸色红润。梅总的陪同人员是秘书白云，22 岁，身材苗条，瓜子脸型，肤色偏黑。双方约好中午 12 点一起吃午饭，下午 3 点去打保龄球，晚上 8 点一起参加一个酒会。

中午 12 点，当张帆和王总西装革履地出现在餐厅时，引来不少人好奇的目光。梅总和白云也有点忍俊不禁。原来，张帆穿了一套黑色竖条纹的西装，整个人显得又细又长；西装里面穿了一件白色硬领衬衫，系了条带花纹的领带，但衬衫的第一个纽扣没扣上。王总穿的是一套纯白色的西服，整个人显得更富态。见面时，王总热情地用两只手紧紧握住梅总的手，梅总颇不自在，并一眼就看到了王总衣袖上的金利来商标。张帆一见到白云就觉得她很像自己中学时的一个同学，于是死死盯住她看了好一会儿，弄得白云颇有几分别扭。席间，他们交谈得还算愉快，在轻松的氛围中，白云委婉地指出了两位男士着装的问题。

午饭后，梅总和白云回宾馆休息，王总和张帆则利用这个机会迅速回去各换了另一套西装，并按白云的意见认真穿好。他们信心倍增地开车前往保龄球馆。见面时，他们很诧异地发现梅总和白云一改中午的装扮，换了一身休闲服装。梅总和白云见到他们这副装扮颇感意外。坐了一会儿，王总和张帆起身打球，这才发现活动起来不太方便，只好看着两位女士玩，弄得两位女士也觉得不尽兴，只好提早结束活动，多留出点时间为赴晚上的酒会做些更细致的准备。

晚上酒会上的见面总算给王总和张帆赢回了些面子，他们终于得体地出现在酒会上，而梅总和白云也因为高雅的气度、得体的装扮和妆容而成为酒会上令人瞩目的人。双方在愉快的氛围中又谈成了一笔生意。

经过这次经历，王总回去后专门让张帆请来了一位礼仪老师给员工们上课，他自己也在百忙中抽时间去听课。

【案例思考】

1. 王总和张帆与两位女士刚见面时的表现有何不妥之处？请替他们指出来。

2. 梅总和白云在保龄球馆见到两位男士时，觉得意外的原因是什么？

3. 如果请你做梅总和白云的形象设计师，你会如何设计她们的酒会形象？（包括发型、化妆、服饰等）

3-1 任务设计

任务一　仪容：让大家一眼就喜欢你

所谓仪容，通常是指人的外观、外貌。其中的重点，则是指人的容貌。在社交中，每个人的仪容都会引起交往对象的特别关注，并将影响到对方对自己的整体评价。交往对象对自己发自内心的好恶亲疏，往往都是根据其在见面之初对于自己仪容的基本印象“有感而发”的，这种对他人仪容的观感除了先入为主之外，在一般情况下还往往不易变化，其作用往往被人们称之为“眼缘”。在人际交往中，仪容是重点之中的重点，其巨大作用是不可忽视的。

首先，是要求仪容自然美。它是指仪容的先天条件好，天生丽质。尽管不提倡以貌取人，但先天美好的仪容相貌，无疑会令人赏心悦目，感觉愉快。

其次，是要求仪容修饰美。它是指依照规范与个人条件，对仪容施行必要的修饰，扬其长，避其短，设计、塑造出美好的个人形象，在人际交往中尽量令自己显得有备而来，自尊自爱。

最后，是要求仪容内在美。它是指通过努力学习，不断提高个人的文化、艺术素养和思想、道德水准，培养出自己高雅的气质与美好的心灵，使自己秀外慧中，表里如一。

真正意义上的仪容美，应当是上述三个方面的高度统一。忽略其中任何一个方面，都会使仪容美失之于偏颇。在这三者之间，仪容的内在美是最高的境界，仪容的自然美是人们的心愿，仪容的修饰美则是仪容礼仪关注的重点。要做到仪容修饰美，自然要注意修饰仪容。修饰仪容的基本规则，是美观、整洁、卫生、得体。

一个人的仪容，一般都受两大因素左右。其一，是本人的先天条件。一个人相貌如何，通常主要受制于血缘遗传。其二，是本人的修饰维护。每个人的先天条件固然头等重要，但这并非意味着一个在仪容方面先天条件优越的人，可以过分地自恃其长，而不去进行任何后天的修饰或维护。事实上，修饰与维护，对于仪容的优劣而言往往起着一定的作用。一个正常人倘若不注意对本人的仪容进行合乎常规的修饰与维护，往往在他人的心目中也难有良好的个人形象可言。所以，我们在平时必须时刻不忘对自己的仪容进行必要的修饰和整理，做到“内正其心，外正其容”。

仪容美的基本要素是貌美、发美、肌肤美，主要要求整洁干净。美好的仪容一定能让人感觉到其五官构成彼此和谐并富于表情，发质发型使其英俊潇洒、容光焕发；肌肤健美使其充满生命的活力，给人以健康自然、鲜明和谐、富有个性的深刻印象。

一、讲究仪容卫生

个人卫生可以反映社会的文明程度，体现社会风尚。讲究仪容卫生，要求做到干净整洁，这是对现代人仪容的基本要求。那么，如何做到仪容干净整洁呢？

1. 仪容要干净

要勤洗澡、勤洗脸，脖颈、手都应要干干净净，并经常注意去除眼角、嘴角及鼻孔的分泌物。要勤换衣服，消除身体异味，有狐臭要搽药品或及早治疗。坚持洗澡、洗脸。洗澡可以除去身上的尘土、油垢和汗味，并且使人精神焕发。有条件的话要每天洗澡，如果条件不允许，至少也要坚持每星期洗一次。在参加重大礼仪活动之前还要加洗一次。若脸上常有灰尘、污垢、泪痕或汤渍，难免会让人觉得此人又懒又脏。所以，除了早上起床后、晚上睡觉前洗脸之外，只要有必要、有可能，尽量抽出一点时间洗脸净面，随时注意擦拭掉脸上多余的油脂。注意修饰体表毛发，没有特殊的宗教信仰和民族习惯，男士不要留胡子，要养成每日剃须的习惯，以保持面部的清洁。鼻毛和耳毛要适时地加以修剪。作为职业女性，尤其要注意要注意修饰腋毛、腿毛、手毛等。

2. 保持手部卫生

在每个人的身上，手是与外界直接接触最多的一个部位，它最容易沾染脏东西。所以，必须勤洗手。除饭前、便后外，还要在一切有必要的时候洗手。此外，还要常剪手指甲，绝不要留长指甲，因为它不但不符合礼仪人员的身份，还会藏污纳垢，给人留下不讲卫生的印象。手指甲的长度以不长过手指指尖为宜。如果女士需要涂指甲油修饰，又忌讳标新立异，“一鸣惊人”，以简练、朴素的颜色搭配最好。

3–2 七步洗手法小视频

3. 注意口腔卫生

坚持每天刷牙，消除口腔异味，维护口腔卫生，是非常必要的。刷牙应坚持“三三原则”，即每天三餐后刷三次牙，每次刷唇颊面、舌面、咬合面三个面，每次刷三分钟。切勿用饮水漱口和咀嚼口香糖一类无效的方法来替代刷牙。此外，还要养成平日在公共场合不吃生蒜、生葱和韭菜一类带刺激性气味的食物的良好习惯，免得在工作中担心自己说话“带味”，或是使接近自己的人感到不快。更切忌当着客人面嚼口香糖。

4. 保持发部整洁

头发是人体的制高点，颇受他人的关注。

首先，要清洗头发。只有经常洗头，方可确保头发不粘连、无发屑、无汗馊气味。一般认为，每周至少应当清洗头发两到三次。

其次，要修剪头发。与清洗头发一样，修剪头发同样需要定期进行，并且持之以恒。在正常的情况下，通常应当每半个月左右修剪一次头发，至少也要确保每个月修剪头发一次。否则，头发便难有“秩序”可言。

最后是梳理头发。梳理头发是每天必做之事，而且往往不止一次。按照常规，在下述情况下皆应自觉梳理头发：一是出门上班前，二是换装上岗前，三是摘下帽子时，四是下班回家时，五是其他必要时。

5. 保持脚部清洁

脚作为支撑人体的重要部位，每天要进行运动。它会分泌出大量汗液，恶化脚底环境，为真菌繁衍提供温床，如不及时改善，就会导致各种脚部疾病，如脱皮、脚癣、脚部溃烂等。所以，平时要注意清洗脚部，保持脚部干燥，涂抹护脚霜，还要加以适当保健按摩，美化脚部肌肤。如果不想晒出难看的黑印子，又没有耐性涂抹防晒霜，就尽量少穿凉鞋。每次用过的织布面膜还会残留很多精华液，用在双脚完全没有问题，在脚上擦拭 2~3 分钟，其保湿、美白的效果非常理想。涂过防晒霜的脚记得要清洁，在洗澡时多用一遍沐浴液擦拭。

6. 保持衣裳整洁

服装并非一定要高档华贵，但须保持清洁，并熨烫平整，穿起来才能大方得体，显得精神焕发。整洁并不完全是为了自己，更是尊重他人的需要，这是良好仪态的第一要务。要勤换内衣，外衣也要定期清洗、消毒。要勤换鞋袜，保持鞋袜舒适干净，不要在集会或演出等公众场合脱鞋。

此外，要使用自己的毛巾、口杯、脸盆、牙刷和香皂，要注意养成良好的卫生习惯。

二、注重规范妆容

1. 护肤得法

正常的健康人皮肤有光泽、柔软、细腻、富有弹性；而当人处于病态或衰老的时候，其皮肤就会失去光泽和弹性，出现皱纹或色斑。对皮肤进行经常性的护理和保养，有助于保持皮肤的青春活力。护肤得法是仪容美的关键。皮肤，尤其是面部皮肤的经常护理和保养，是实现仪容美的首要前提。

（1）分类型保养皮肤。

皮肤一般分为干性皮肤、中性皮肤、油性皮肤、混合性皮肤和敏感性皮肤。对于不同类型的皮肤，需用不同的方法加以护理和保养。

①干性皮肤。干性皮肤红白细嫩，油脂分泌较少，经不起风吹日晒，对外界的刺激十分敏感，极易出现色素沉着和皱纹。有些干性皮肤的人苦于自己的皮肤少了一份“亮光”，使劲往脸上涂抹“增亮”的油脂。殊不知，此举减少了皮肤的透气性。其实对于这种皮肤，每天在洗脸的时候，在水中加入少许蜂蜜，湿润整

个面部，用手拍干。坚持一段时间，就能改善面部肌肤，使其光滑细腻。保养的要点是补充油脂和保湿。

②中性皮肤。中性皮肤比较润泽细嫩，对外界的刺激不太敏感。这种皮肤比较易于护理，可以在晚上用水洗脸后，再用热水捂脸片刻，然后轻轻抹干。保养要点是维持水油平衡。

③油性皮肤。油性皮肤肤色较深，毛孔粗大，油光满面，易生痤疮等皮脂性皮肤病，但适应性强，不易显皱。洗脸时可在热水中加入少许白醋，以便有效地去除皮肤上过多的皮脂、皮屑和尘埃，使皮肤富有光泽和弹性。保养要点是控制油脂分泌和保湿。

④混合性皮肤。混合性皮肤看起来很健康且质地光滑，但 T 型区（额头、鼻子、下巴的区域）有些油腻，而两颊及脸部的外缘有一些干燥的迹象。混合性皮肤在护肤时可考虑分区护肤的法则，对于干燥的部位除了更多 地补水保养外，可以适当选择一些营养成分较丰富的护肤品，而偏油部分可以使用清爽护肤品。保养要点是控制 T 型区的油脂分泌，消除两颊的干燥现象并保湿。

⑤敏感性皮肤。敏感性皮肤的表皮较薄，毛细血管明显，使用保养品时很容易过敏，易出现发炎、泛红、起斑疹、瘙痒等症状。保养要点是适度清洁，不过度去角质，不频繁更换保养品，不使用含有致敏成分的化妆品。

礼仪小常识

确定皮肤类型的简单方法

在早晨起床前，准备三张干纸片，分别贴在额头、鼻子、面颊上，两分钟后揭下，放在亮处观察，就可判断自己的皮肤类型。如果满纸油迹即为油性皮肤，极少油迹即为干性皮肤；如果额头、鼻子有油迹，脸颊上几乎没有即为中性皮肤；额头、鼻子有较多油迹，脸颊上没有则为混合性皮肤。

（2）坚持日常护肤正确步骤。

3-3 日常护肤常识小视频

第一步：弱酸性的洁面产品用于晚上洁面，不过一定要牢记洁面之前做好卸妆的工作。洗脸的时候很多人都不太注意水温的问题，其实不同的水温对面部清洁的效果不同，一般来说 32℃左右的温水和冷水交替洗脸可以让清洁效果更加好。

第二步：具有保湿效果的化妆水同样有清洁的效果，在洁面之后使用化妆棉沾上化妆水擦拭脸部可以达到二次清洁的作用。保湿加清洁需双管齐下。保湿对于皮肤来说是十分重要的，一定要及时补水，不要让肌肤极度“饥渴”之后才保湿。

第三步：眼睛是极脆弱也是人体最容易老化的部位，对其保养更加不能掉以轻心，选择适合自己的产品，使用的时候注意顺时针按摩，增强吸收效果。

第四步：选用适合自己肤质的精华液，保湿、美白、抗老化……不同肤质的人对于精华液有不同要求，一般在 20 岁之后就可以使用了。

第五步：面霜的使用有助于锁住水分，在冬天干燥的时节使用面霜可以有效防止水分流失。

（3）注意饮食合理。

保持合理的饮食是美容保健的根本。人体需要多种养分，有了养分，皮肤才有自然健康的美。因此，我们在日常生活中应注意保持饮食的多样性，多吃富含维生素的食物，少吃刺激性食物，保持消化系统的畅通。研究表明，美好容颜的养成，内在营养占 80%，外在营养占 20%。常吃四类食物可延缓肌肤衰老：

①软骨素类食物，可增强皮肤的弹性。如猪骨汤、牛骨汤、鸡皮、鸡骨汤等。人体皮肤分为表皮、真皮、皮下组织三层，影响皮肤美容的主要是真皮。真皮是由弹性纤维构成的，而组成弹性纤维的最主要物质是硫酸软骨素。人体内如若缺乏这种软骨素，皮肤即失去了弹性，出现皱纹。所以，多吃些含硫酸软骨素丰富的食物，就可以延缓皮肤皱纹的发生，使皮肤保持弹性和细腻。

②核酸类食物，可消除老年斑。如鱼、虾、牡蛎、蘑菇、银耳、蜂蜜等。近年来研究发现，补充核酸类食物，既能延缓衰老，又能阻止皮肤皱纹的产生。曾有媒体报道，研究人员以 30 名女性作为对象，让她们每日服用核酸 800 毫克和适量的维生素 C。一个月后观察，9 个人脸上的老年斑消失，5 个人脸上的皱纹消失，8 个人粗糙的皮肤变得较为丰润，其他人的肌肤均比以前有所改善。

③碱性类食物，减轻对皮肤的伤害，酸性、碱性食物不是任凭口感决定的，而是指食物进入人体后最终呈酸性或碱性。碱性食品包括绝大部分蔬菜、水果、豆制品和海产品等。研究表明，过量的酸性食物则使血液呈酸性，使血液里的乳酸、尿酸含量相应增加。这些物质随汗液来到皮肤表面，就会使皮肤变得没有活力，失去弹性，尤其会使面部的皮肤松弛无力，遇到冷风或日光暴晒，容易裂开。多吃些碱性食物，可使血液呈弱碱性，减少乳酸、尿素的含量，减轻对皮肤的侵蚀、损害。

④胶原蛋白类食物，使人体皮肤长得丰满、白嫩，使皱纹减少或消失。例如，猪皮、猪蹄、甲鱼等。据营养学家们分析，每百克猪皮中含蛋白质 26.4%，为猪肉的 2.5 倍，而脂肪却只有 2.27 克，为猪肉的一半。特别是肉皮中的蛋白质，主要成分是胶原蛋白。这种胶原蛋白具有增加皮肤贮水的功能，滋润皮肤，保持皮肤组织细胞内外水分的平衡。胶原蛋白是皮肤细胞生长的主要原料，能使人体皮肤长得丰满、白嫩，使皱纹减少或消失，使人显得年轻。

（4）保持乐观的情绪。

乐观的情绪是最好的“润肤剂”。笑一笑，十年少。笑是一种化学刺激的反应，它激发人体的各种器官，尤其是激发头脑、内分泌系统的活动。笑的时候，脸部肌肉舒展，使面部皮肤新陈代谢加快，促进血液循环，增强皮肤弹性，起到美容的作用。经常笑能使人面色红润，容光焕发，给人以年轻、健康的美感。放松是保持乐观情绪的一剂良药，每天平躺在床上，使脚高于头，什么也不想，可以听轻音乐，10 分钟后，即可增加面部的供血量，起到护肤的功效。若是睡不好，敏感又烦躁，就该多放松，先从生活作息调节起。

（5）保证良好的睡眠。

保持卧室的良好环境，卧室的温度、床垫和枕头的软硬，都要适合自己入睡的要求。如有可能，特别是在北方的冬季，可在室内装置加湿器，防止皮肤干裂。良好的睡眠使皮肤可以获得更多的氧气，满足代谢的需要。整个夜间都是身体的“排毒阶段”，所以晚间的休养生息是相当重要的。21：00~23：00 是淋巴排毒时段，如果你还没有睡，可以多做淋巴排毒按摩；23：00~1：00 则是最重要的“肝”排毒时段，全身上下的废物都在此时清出去。无论如何，在这段时间一定要熟睡。

（6）保持皮肤适度的水分。

皮肤的弹性和光泽是由含水量决定的，要使皮肤滋润，每天要保证喝水 2000 毫升。有的人看上去一天到晚都不喝水，那是因为由食物中摄取的水分已经足够应付所需。食物也含水，比如米饭，其中含水量达到 60%，而粥呢，就更是含水丰富了。翻开食物成分表不难看出，蔬菜水果的含水量一般超过 70%，即便一天只吃 500 克果蔬，也能获得 300~400 毫升水分。每天晚上临睡前饮一杯凉开水，睡眠时，水分会融入细胞，为细胞所吸收。早晨起床后，也要饮一杯凉开水，清晨补水润肠通便，降低血黏度，让整个人看上去水灵灵的。不过消瘦、肤白、体质寒凉的人，早晨不适合饮用低于体温的牛奶、果汁或冷水，可以换作温热的汤、粥，使胃肠畅通，使水随血液循环分布全身，滋润皮肤。皮肤角质层水分也可以从体外吸收，保持环境湿度，在护肤时配合使用保湿产品，是保持皮肤水分的好方法。坚持每天用冷水浸脸一次，约 2 分钟，坚持必有成效。

（7）坚持正确地洗脸。

正确洗脸，保持皮肤的清洁和卫生是不可或缺的。

洗脸的水温不要太高，一般应低于 35℃；洗脸应按从下往上、由里向外方向洗，这样有助于皮肤血液循环；要使用温和的洗面奶，少用或不用香皂；洗脸的动作要轻柔。换季的时候，最好用温水洗脸。要注意洗脸的水温。有的人就是比较懒，懒得去弄点热水就直接用冷水洗脸，也有的人是油性皮肤，于是用很热的水洗脸。其实，最适合用来洗脸的还是温水，不要太冷也不要太烫。这样可以保证毛孔充分张开，又不会使皮肤的天然保湿油分过分丢失。洗完脸后，皮肤会一下子变得干燥，这时候就要注意保湿使用护肤品，可以使用保湿爽肤水再用保湿霜或乳液，滋润皮肤。干性皮肤的人不要用含酒精的化妆水，油性皮肤最好选择清爽不油腻的保湿乳液。

（8）注意护肤的其他方法。

①避免不良刺激。紫外线对皮肤有破坏作用，过度暴晒会使皮肤变黑、粗糙并出现皱纹。因此阳光太强时，要注意防晒。应化淡妆，不要浓妆艳抹，以减轻对皮肤的刺激。不要使用伪劣化妆品。

②按摩皮肤。具体方法是：两手掌相互摩擦发热，然后两手掌由前额顺着脸的两旁，轻轻向下擦，擦至下巴时，再上擦至前额，如此一上一下将脸的各处均擦到，上下共 36 次，每天早晚洗脸后进行。按摩时手法要轻柔，不可过分用力。

总之，只有自觉地、习惯地在日常生活和工作中保养皮肤，坚持皮肤“锻炼”，才能使皮肤细腻、光泽、柔嫩、红润，富有弹性，青春永驻。

礼仪小常识

世界卫生组织的十项健康标准

· 精力充沛，能从容不迫地应付日常生活和工作；

· 处事乐观，态度积极，乐于承担责任；

· 善于休息，睡眠良好；

· 应变能力强，能适应外界环境的各种变化；

· 能抵抗一般性疾病，如感冒等；

· 保持标准体重，身材匀称，站立时头、肩、臂位置协调；

· 反应敏捷，眼睛明亮、不发炎；

· 牙齿完整、整洁、无龋齿、不疼痛，牙龈颜色正常，无出血现象；

· 头发有光泽，无头皮屑；

· 骨骼健康，肌肉丰满，皮肤有弹性，走路轻松。

2. 适度化妆

（1）化妆的原则。

第一，美化原则。每一个化妆的人都希望化妆能使自己变得更美丽，这是无疑的，但如果认为把各种色彩涂抹在脸的相应部位就自然美了，则是错误的。美化的原则是从效果上来说的。要使化妆达到美的效果，首先必须了解自己脸的各部位特点，孰优孰劣要心中有数；还要清楚怎样化妆和矫正才能扬长避短，变拙陋为俏丽，使容貌更迷人。这些要在把握脸部个性特征和正确审美观的指导下进行。

第二，自然原则。自然是化妆的生命，它能使化妆后的脸看起来真实而生动，而不是一张呆板生硬的面具。化妆失去了自然的效果，那就是假，假的东西就没有生命力和美。自然的化妆要依赖于正确的化妆技巧和合适的化妆品；要一丝不苟，井井有条；要讲究过渡，体现层次；要点面到位，浓淡相宜。总之，要使化妆说其有，看似无，就像被化妆的人确确实实长了这样一张美丽的面容，像真的一样。化妆时不讲艺术技法手段，胡来一气，敷衍了事，片面追求速度，都有可能使妆面失真。

第三，协调原则。具体包括妆面协调、身份协调、全身协调、场合协调等，要根据不同的场合、不同的身份进行妆容设计，注意色彩搭配，浓淡协调，与发型、服装、饰物协调。

3-4 化妆程序小视频

（2）化妆的方法。

化妆前要认真掌握化妆的方法。化妆大体上可分为打粉底、画眼线、施眼影、描眉形、上腮红、涂唇彩、喷香水等步骤。每个步骤均有一定的方法，必须认真遵守，讲求化妆的技巧。化妆的操作程序与要求见表 3–1。

表 3–1 化妆的操作程序与要求

步骤	目的	操作要点	注意事项
1. 打粉底	调整面部肤色，使之柔和美丽	（1）选择粉底霜 （2）用海绵取适量粉底，细致均匀地涂抹	（1）粉底霜与肤色的反差不宜过大 （2）勿忘记在脖颈部打粉底，以免面部与颈部“泾渭分明”
2. 画眼线	使眼神生动有神，并且更富有光泽	（1）笔法先粗后细，由浓而淡 （2）上眼线从内眼角向外眼角画 （3）下眼线从外眼角向内眼角画	（1）一气呵成，生动而不呆板 （2）上下眼线不可在外眼角处交汇
3. 施眼影	强化面部立体感，使双眼明亮传神	（1）选择与个人肤色适合的眼影 （2）由浅而深，施出眼影的层次感	（1）眼影的色彩不宜过分鲜艳 （2）工作妆应选用浅咖啡色眼影
4. 描眉形	突出或改善个人眉形，以烘托容貌	（1）修眉，拔除杂毛无序的眉毛 （2）逐根眉毛描眉形	（1）使眉形具有立体感 （2）注意两头淡、中间浓，上边浅、下边深
5. 上腮红	使面颊更加红润，轮廓更加优美，显示健康和活力	（1）选择适宜的腮红 （2）延展晕染腮红 （3）扑粉定妆	（1）注意腮红与唇膏或眼影应属于同一色系 （2）注意腮红与面部肤色的过渡要自然

续表

步骤	目的	操作要点	注意事项
6. 涂唇彩	改变不理想的唇形，使双唇更加娇媚	（1）以唇线笔描好唇线 （2）涂好唇膏 （3）用纸巾吸去多余的唇膏	（1）先描上唇，后描下唇，从左右两侧沿唇部轮廓向中间画 （2）描完后检查一下牙齿上有无唇膏的痕迹
7. 喷香水	掩盖不雅体味，散发清香怡人的香气	（1）选择适宜的香水类型 （2）喷涂于腕部、耳后、颌下、膝后等适当之处	（1）香水切勿使用过量 （2）香水的气味应淡雅清新

礼仪小常识

化妆水介绍

化妆水是爽肤水、紧肤水、调理水、柔肤水和洁肤水的统称。

（1）爽肤水。涂抹后感觉比较清爽，能为肌肤充分补水。

（2）紧肤水，也称收敛水。其最大的功效在于细致毛孔，有效平衡油脂分泌。特别针对需要收敛毛孔的油性皮肤或缓和性肌肤的T字部位设计，其他肌肤并不适合使用，因为它通常含有酒精成分。

（3）调理水。其作用是调整肌肤的酸碱值，肌肤在正常状态下呈弱酸性，洗完脸后，可用调理爽肤水将肌肤恢复到弱酸性。

（4）柔肤水。同其他化妆水比较起来，它比较滋润，给予肌肤细致的呵护，可以软化角质层，增强肌肤吸收滋润护肤品的能力。

（5）洁肤水。除了洗脸可以清洁肌肤之外，有一些“水”还能再次清洁脸部的残余污垢，是洁肤的保障。

购买化妆水的时候可以这样区分：油性皮肤使用紧肤水，健康皮肤使用爽肤水，干性皮肤使用柔肤水。对于混合皮肤来说，T字部位使用紧肤水，其他部位使用柔肤水和爽肤水皆可。敏感皮肤则可以选用敏感水或修复水，而要想美白的话可以选用美白化妆水。

（3）妆后检查。

化妆之后，如何检查是否得体美丽，一般主要通过以下四个维度进行检查。

一是检查左右是否对称。眼、眉、腮、唇、鼻侧等，两边的形状、长短、大小、弧度是否对称，色彩浓淡是否一致。

二是检查过渡是否自然。脸与脖子、鼻梁与鼻侧、腮红与脸色、眼影、阴影层次等过渡是否自然。

三是检查整体与局部是否协调。各局部是否缺漏、碰花，要符合整体要求，该浓该淡是否达到了应有的效果，整个妆面是否协调统一。

四是检查整体是否完美。化妆要忌“手镜效果”，即把镜子贴近脸部检查。虽然这样会看清细小的部分，但一般人是在一米之外的距离与你面谈或打招呼，所以要在镜前 50 厘米处审视自己，对脸部整体的平衡做出正确的判断。

（4）重视卸妆。

如果不卸妆，化妆品的残留会沉淀在皮肤内，造成皮色暗淡没有光泽。如果长期不卸妆会使皮肤变得粗糙、暗黄，并造成毛孔阻塞、变大。日积月累下会使角质层过厚，皮肤松弛。长时间不卸妆，还会导致毛孔堵塞，进一步影响肌肤对外排毒，使有害的毒素长时间残留在体内。

礼仪小常识

如何卸妆？

（1）卸除睫毛膏。首先将假睫毛取下，如果你戴了假睫毛或隐形眼镜，一定要先将其取下。将化妆棉用眼部专用卸妆液沾湿后对折，闭上双眼，两手各用两根手指将化妆棉上下压住眼睫毛，夹紧包住，注意，睫毛根处也不要忽略。等待三至五秒后，让化妆棉上的眼部专用卸妆液将睫毛上的睫毛膏完全溶解，然后轻轻将化妆棉往前拉出，以便顺势将溶解的睫毛膏拭去。通常睫毛膏无法一次完全去除，你可以更换化妆棉后将上面的步骤再重复一次，直至完全清除为止。

（2）卸除眼影凌眼线。取一片化妆棉，同样以眼部专用卸妆液将其沾湿。闭上眼，将化妆棉用食指、中指与无名指夹紧，覆盖于眼皮上两三秒钟。然后将化妆棉轻轻地往眼尾拉走，以顺势拭去眼皮上的眼影。如果因为使用了防水眼线而没有去除干净，可再重复一次。

（3）卸除不沾杯唇膏。用面纸按压嘴唇，吸掉唇膏里的油分。将两片蘸满卸妆液的片叠在一起轻敷嘴唇，微笑使唇纹舒展。由外围向唇部中心垂直卸除，不要来回搓。打开嘴角，将棉片对折，清理容易遗落的残妆。

（4）卸除面部妆容。将卸妆产品适量涂抹于脸上，用指腹轻轻按摩脸部，让卸妆产品将脸上的彩妆充分溶解。注意细小的地方，如鼻梁两侧、嘴角、发际等处也要彻底卸除。用面纸将脸上所有的东西拭去，如果一次卸不干净，同样的步骤可再来一次。

三、掌握发型要领

发型是构成仪容美的重要内容。美观的发型能给人一种整洁、庄重、洒脱、文雅、活泼的感觉。发型的选择要与性别、发质、服装、身材、脸型等相匹配，还要与自己的气质、职业、身份相吻合，这样才能扬长避短、和谐统一，显现出真正的美。在工作岗位上不应在头发上滥加装饰之物，不宜使用彩色发胶、发膏，若非与制服配套，职场人士在工作岗位上是不允许戴帽子的。

1. 发型与性别

在工作岗位上，男士做到：前不覆额，侧不盖耳，后不触领，不留长发、大鬓角，不留络腮胡子和小胡子，不剃光头发；女士做到：头发长度不宜挡住眉毛，而且不应随意披散下来。在上岗之前将头发盘起来、束起来，不应披头散发，要做到前无齐眉刘海、侧无碎发。

2. 发型与发质、服装

一般来说，直而硬的头发容易修剪得整齐，故设计发型时应尽量避免花样复杂，应以修剪技巧为主，做成简单而又高雅大方的发型。比如梳理成披肩长发，会给人一种飘逸秀美的悬垂美感；用大号发卷梳理成略带波浪的发型或梳成发髻等，会产生一种雍容典雅的高贵气质。

细而柔软的头发，比较服帖，容易整理成型，可塑性强，适合做小卷曲的波浪式发型，显得蓬松自然，也可以留俏丽的短发，充分体现你的个性美。

3. 发型与身材

一般而言，如果身材长得洒脱，修长、苗条，或者个头较高，可以留一副雅致的发型，长发尤宜，烫发，直发皆可取得较好的效果。但头发若留得太短或盘得太高，会使人的脸看起来太小，而且与人的身体比起来，似乎显得太不重要。身材高大威壮者，应选择大方、健康洒脱的发式，以避免给人大而粗、呆板生硬的印象。身材高大的女士，选择发型时必须记住“简练”等字眼，直发或大波浪的卷发都可以考虑，切忌过于卷曲、蓬松。最好留简单的短发，切忌花样复杂。烫发时，不应卷小卷，以免造成与高大身材的不协调。身材高瘦者，适合留长发，并且应适当增加发型的装饰性。如若梳卷曲的波浪式发型，对于高瘦身材有一定的协调作用。但高瘦身材者不宜盘高发髻，或将头发削剪得太短，以免给人一种更加瘦长的感觉。

身材矮小者，发型应以秀气、精致为主，以保证小巧玲珑美的特色。不管头发有多长，宁可选择旋转而不要许多富有弹性的卷曲，卷发或卷曲太多并且太高的话，将会显得头部过大，给人以头重脚轻之感。当然，身材矮小者适宜留短发或盘发，宜露出脖子可以使身材显得高些，并可以根据自己的喜爱，将发式做得精巧、别致些，追求优美、秀丽。但身材矮小者不宜留长发或粗犷、蓬松的发型，那样会使身材显得更矮。

身材较胖者，适宜梳淡雅舒展、轻盈俏丽的发式，尤其注意应将整体发式向上，将两侧束紧，使脖子亮出。但若留长波浪，两侧蓬松，则会显得更胖。处理发型时，尽量让头发向高度发展，亮出脖子，以增加长度；头发不要过于蓬松，而要紧俏利索；卷发不要过于卷曲，过多的圆线条会增加胖感。

另外，如果上身比下身长，或上下身等长，发式可选择长发以遮盖其上身；如肩宽臀窄，就应选择披肩发或下部头发蓬松的发式，以发盖肩，分散肩部宽大的视角；若颈部细长，可选择长发的发式，而不宜采用短发式，以免使脖颈显得更长；若颈部短粗，则适宜选择中长发式或短发式，以分散颈粗的感觉。总之，选择发式时，必须根据自己的体型，选择一个与之相称的发型。

4. 发型与脸型

用合适的发型配不同的脸型，不但可以掩饰脸型的缺陷，还可使脸型与发型相得益彰、凸显魅力（见表 3–2）。

表 3–2　　脸型与发型对应表

脸型	椭圆形	长方形	方形	圆形	倒三角形	三角形
发型	任何发型	横向发型：两侧蓬松，有波浪，顶部头发压低，可留刘海	以圆破方：顶部头发应高耸，两侧以波浪形掩住轮廓	增加纵向感：顶部头发高而蓬松，两侧收紧，不要刘海	顶部头发分缝，遮住大额头，两侧头发略松	顶部头发要蓬松、柔和，两侧头发收紧

5. 职场盘发

作为职业女性，不仅穿衣搭配上要显得干净利落，一款干练的盘发发型也可以增加气质，让人在看起来优雅的同时，更具专业的风格。学习盘发，有助于自身第一印象的加分。

3–5 女性职场盘发小视频

在盘发之前要做的基本动作，就是把头发弄多、弄卷，这样盘起来的头型才会好看，如果头发还是不够多，可以利用简单的刮蓬头发来增加分量。

（1）职场简单盘发（见图 3–1）

Step1: 将头发扎成马尾	Step2 : 将马尾盘旋成髻	Step3 : 把盘旋的马尾梢塞进皮筋
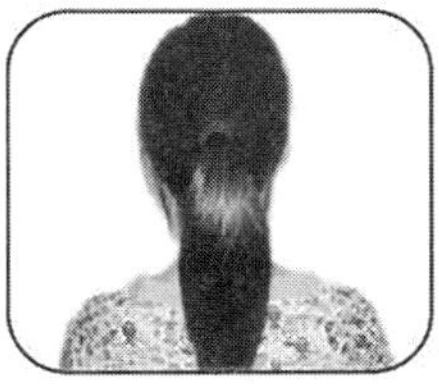	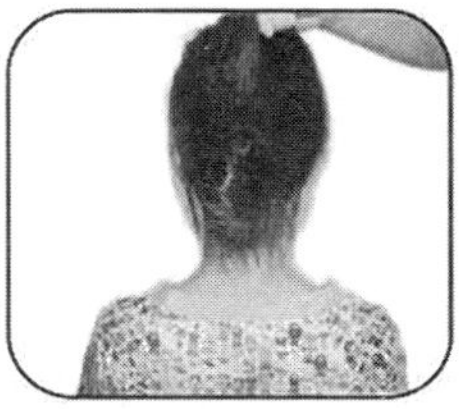	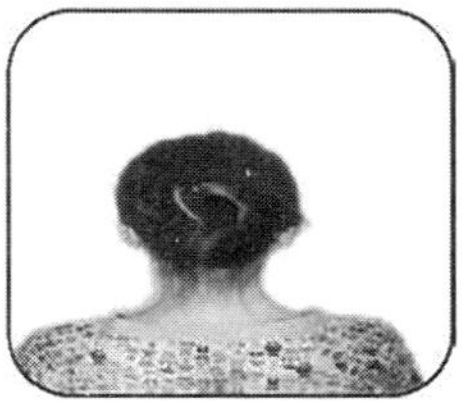

图 3–1　职场简单盘发

（2）职场标准盘发（见图 3–2）

Step1：将头发扎成马尾	Step2：在皮筋上方戴好发网	Step3：把多余的头发塞进发网内
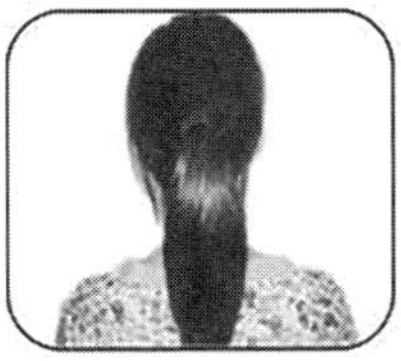	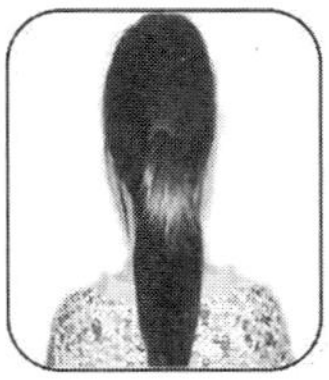	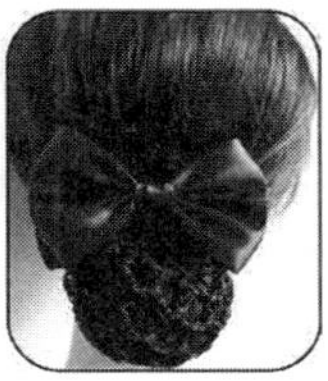

图 3–2　职场标准盘发

（3）职场优雅盘发（见图 3–3）

Step1：将头发整齐地梳理于脑后，中长的发型最好扎	Step2：将头发扎成一个马尾	Step3：在头发中间挖一个洞将发尾全部往里面穿过去

Step4：开口处用夹子固定	Step5：接着将散下来的头发编一个简单的三股辫	Step6：编到发尾处用黑色橡皮筋扎好

Step7：将编好的头发塞进皮筋处，并用夹子固定	Step8：最后再好好整理一下整个造型	

图 3–3 职场优雅盘发

（4）职场发饰盘发（见图 3–4）

Step1：将头发扎成马尾，发梢留在橡皮筋内	
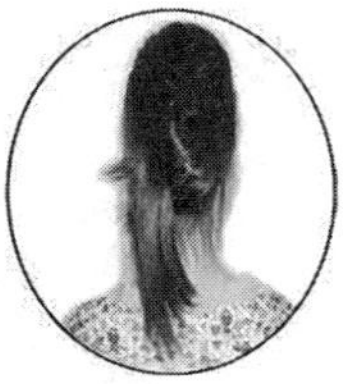	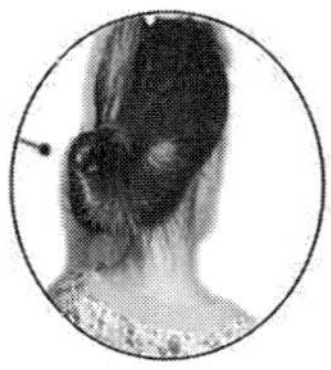
Step2：将发圈、发梢塞进头发	
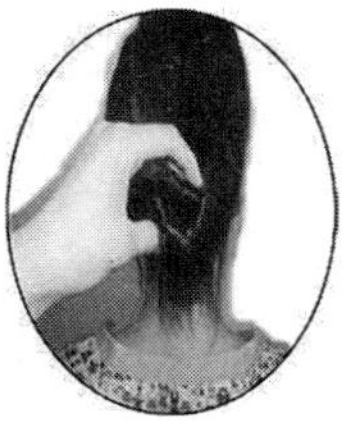	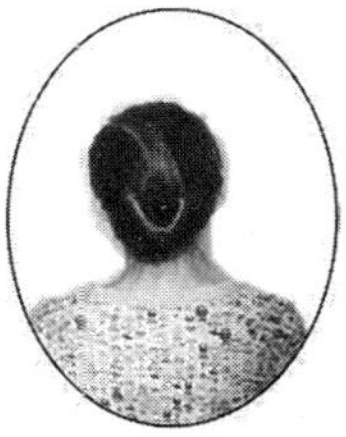
Step3：塞进去后，夹上发卡	
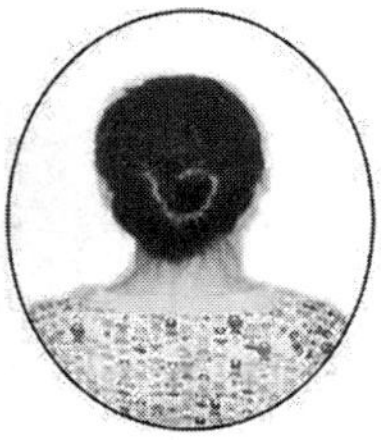	

图 3–4 职场发饰盘发

四、注重手部修饰

现代社交中要经常与人握手，要做各种手势，所以健康美观的双手和手上的指甲都是不可忽视的部分。

1. 护理指甲

与保持身体其他部分的健康一样，护理指甲也必须从营养方面着手，才可保持其健康。指甲会反映疾病或不良饮食习惯的症状，如果它们的健康被忽视，便会出现干燥、起薄片和脆裂的现象，因此必须注意日常的营养和定期护理。定期修剪指甲，将其修剪成椭圆形不仅使之变得美观，而且可保持它们的健康。手指简单的按摩运动，可促进指尖血液循环，有利于营养和氧气输至指甲。

2. 滋润双手

拥有一双美丽的纤纤玉手对女性来说是非常重要的。在端茶给对方时，或在签字仪式上众目注视时，如果自己的手非常漂亮，不但可展现出自己的魅力，同时也会让他人觉得非常舒服。因此，平时就要多多注意手部的保养。

3-6 拓展阅读：职场上自卑的人如何增强自己的气场

手部肌肤的油脂腺较少，又经常暴露于空气中，较身体的其他部位更易变得干燥。因此需要细心呵护，尤其是以下几点：

（1）每晚用滋润的润手霜按摩双手；

（2）经常除去手上的死皮；

（3）做家务或粗活时戴上手套；

3-7 本节 1+X 证书技能点测试

（4）经常运动，使之保持柔软；

（5）偶尔可敷上一些现成或自制的护手膜。

任务二　仪表：一种无声的语言

仪表即着装，是一种无声的语言，能透露一个人的个性、身份、涵养、经济状况、审美水平及其心理状态等多种信息。生活中人们的仪表非常重要，它反映出一个人的精神状态和礼仪素养，是人们交往中的“第一形象”。天生丽质，风仪秀整的人毕竟是少数，然而我们却可以靠化妆修饰、发式造型、着装佩饰等手段，弥补和掩盖容貌、形体等方面的不足，并在视觉上把自身较美的方面展露、衬托出来，使形象得以美化。在人际交往中，着装直接影响到别人对你的第一印象，关系到对你个人形象的评价，因此，所谓三秒定乾坤的说法也不无道理。得体规范的服饰，可以更好地表现出对交际对象的尊重，它反映了自身良好的素质和修养，进而展示出企业良好的精神面貌和管理水平。仪表应当端庄。仪容庄重大方，斯文雅气，不仅会给人以美感，而且易于赢得他人的信任。

一、着装的个性协调

所谓穿着的个性协调，是指一个人的穿着要与他的年龄、体形、职业和所处的场合等吻合，表现出一种和谐，这种和谐能给人以美感。近年来，国际上正逐渐以黑色西装套服和灰色西装套服取代男士礼服，我国女士则常将中式旗袍作为礼服参加正式活动。在穿着正式服装时，除了要考虑穿着的时间、地点、场合外，还要注意与自身条件相协调，并慎重选择款式和面料。参加结婚仪式的宾客应穿正式的酒会礼服，但应注意不要色彩过于抢眼，以免喧宾夺主。

1. 穿着要和年龄相协调

在穿着上要注意与你的年龄相协调，不管是青年人还是老年人，都有权利打扮自己，但是在打扮时要注意，不同年龄的人有不同的穿着要求。年轻人的穿着可以鲜艳、活泼、随意一些，这样可以充分体现出青年人的朝气和蓬勃向上的青春之美。而中老年人的着装则要注意庄重、雅致、整洁，体现出成熟和稳重，透出成熟美。无论你是青年人、中年人，还是老年人，只要你的穿着与年龄相协调，都会使你显现出独特的美来。

2. 穿着要与体形相协调

关于人体美的标准，古今中外众说纷纭。有关专家综合我国人口的健美标准，提出两性不同的体形标准。女性的标准体形是：骨骼匀称、适度。其具体表现为：站立时头颈、躯干和脚的纵轴在同一垂直线上。肩稍宽，头、躯干、四肢的比例以及头、颈、胸的连接适度。以肚脐为界，上下身的比例符合“黄金分割”的1.618∶1，也可用近似的8∶5来表示。若身高是160厘米，则其较为理想的体重是50~55千克，肩宽是36~38厘米，胸围是84~86厘米，腰围是60~62厘米，臀围是86~88厘米。男性的标准体形应基本遵循两臂侧平举等于身高的原则，若身高是167~170厘米，则其较为理想的体重是68~70千克，胸围是95~98厘米，腰围是75~78厘米，颈围是30~40厘米，上臂围是32~33厘米，大腿围是55~56厘米，小腿围是37~38厘米。然而在现实生活中，并非每个人的体形都十分理想，人们或多或少地存在着形体上的不完美或欠缺，或高或矮，或胖或瘦。若能根据自己的体形挑选合适的服装，扬长避短，则能实现服装美和人体美的和谐统一。

三分长相、七分打扮。把握自己的体形特点，扬长避短，会让服饰弥补缺憾。具体应注意以下几点：

（1）体型较胖的人，应用冷色调的、小花型的、质地较软的面料。因为粗呢、厚毛料、宽条绒等会造成增加面积的效果，使胖人看起来更胖，给人一种笨重感。大花型面料有扩张效果，暖色、明亮的颜色也有扩张感，这都是体型较胖者所不宜选取的。

（2）身材矮小的人，宜穿一色服装，最好鞋袜也同色。如爱穿花布，可选择清雅的小型花纹，衣领式样可取方领、V字领。裤子宜选用式样简单的传统式西裤，令腿显长。女士穿高跟鞋与颜色略深的丝袜，也能使双腿看上去较长，但不宜穿下摆有花纹的裙子。

（3）腰粗的人，可选择剪裁自然、曲线不明显的款式，或选肩部较宽的衣服。不宜穿紧腰式的裤子，或是把上衣掖在里面，避免使人特别注意你的腰部。不要穿松紧带裙子，以免看起来更胖。

（4）腿型不佳的人，可选择裙装与宽松的裤子。腿胖的女士可选有蓬松感的裙子和宽大的裤子，不宜穿对褶裙，以免更显腿粗；腿短的女士，穿裙装时选高腰设计加宽腰带，长裤则与上装同色为好。O 型腿的人，应避免穿紧身裤，可穿质地优良的长裤或八分裤。裙长保持在膝盖以下。

3. 穿着要和职业相协调

穿着除了要和身材、体形协调之外，还要与你的职业相协调，这一点非常重要。不同的职业有不同的穿着要求。例如，教师、干部一般要穿得庄重一些，不要打扮得过于妖艳，衣着款式也不要过于怪异，这样可以给人留下一个良好的印象；医生穿着要力求显得稳重和富有经验，一般不宜穿着过于时髦，那样会给人以轻浮的感觉，不利于对病人进行治疗；青少年学生穿着要朴实、大方、整洁，不要过于成人化；而演员、艺术家则可以根据他们的职业特点，穿得时尚一些。

二、着装的色彩搭配

色彩，是服装留给人们记忆最深的印象之一，而且在很大程度上也是服装穿着成败的关键所在。色彩对他人的刺激最快速、最强烈、最深刻，所以被称为服装的第一可视物。一般来讲，不同色彩的服饰在不同场合所产生的效果是不同的。人们在穿着服装时，在色彩的选择方面既要考虑个性、爱好、季节，又要兼顾他人的观感和所处的场合。明代卫泳在《缘饰》中曾经说过，“春服宜清，夏服宜爽，秋服宜雅，冬服宜艳。见客宜重装，远行宜淡服，花下宜素服，对雪宜丽服。”古人对服饰的讲究的确值得我们借鉴。对一般人而言，在服装的色彩方面要想获得成功，最重要的是掌握色彩的特性、搭配，以及正装色彩的选择这三个方面。

1. 色彩的特性

色彩具有冷暖、轻重、缩扩等特性：

（1）色彩的冷暖。使人产生温暖、热烈、兴奋之感的色彩为暖色，如红色、黄色；使人有寒冷、抑制、平静之感的色彩叫冷色，如蓝色、黑色、绿色。

（2）色彩的轻重。色彩的明暗变化程度称为明度。不同明度的色彩往往给人以轻重不同的感觉。色彩越浅，明度越强，会使人有上升之感、轻感。色彩越深，明度越弱，会使人有下垂之感、重感。人们平日的着装，通常讲究上浅下深。

（3）色彩的缩扩。色彩的波长不同给人收缩或扩张的感觉有所不同。一般来讲，冷色、深色属收缩色，暖色、浅色则为扩张色。运用到服装上，前者使人苗条，后者使人丰满，两者皆可使人在形体方面避短扬长，运用不当则会在形体上出丑露怯。

礼仪小常识

颜色的象征意义

黑色——象征神秘、悲哀、静寂、死亡，或者刚强、坚定、冷峻。

白色——象征纯洁、明亮、朴素、神圣、高雅、恬淡，或者空虚、无望。

黄色——象征炽热、光明、庄严、明丽、希望、高贵、权威。

大红——象征活力、热烈、激情、奔放、喜庆、福禄、爱情、革命。

粉红——象征柔和、温馨、温情。

紫色——象征谦和、平静、沉稳、亲切。

绿色——象征生命、新鲜、青春、新生、自然、朝气。

浅蓝——象征纯洁、清爽、文静、梦幻。

深蓝——象征自信、沉静、平静、深邃。

灰色——是中间色，象征中立、和气、文雅。

2. 色彩的搭配方法

（1）统一法。即配色时尽量采用同一色系之中各种明度不同的色彩，按照深浅不同的程度搭配，以便创造出和谐感。例如，穿西服按照统一法可以选择这样搭配：如果采用灰色系，可以由外向内逐渐变浅，深灰色西服—浅灰底花纹的领带—白色衬衫。这种方法适用于工作场合或庄重的社交场合。

（2）对比法。即在配色时运用冷色、深色这明暗两种特性相反的色彩进行组合的方法，它可以使着装在色彩上反差强烈，静中求动，突出个性。但有一点要注意，运用对比法时忌讳上下 1∶1 对比，那样会给人拦腰一刀的感觉，要找到黄金分割点，即身高的 1/3 点（穿衬衣时从上往下数第四、第五个扣子之间），这样才有美感。

（3）呼应法。在给衣服配色时，在某些相关部位刻意采用同一色彩，以便使其遥相呼应，产生美感。例如，在社交场合穿西服的男士讲究“三一律”。所谓“三一律”，就是男士在正式场合时应使公文包、腰带、皮鞋的色彩相同，这就是呼应法的运用。

3. 正装的色彩

非正式场合所穿的便装，在色彩方面要求不高，往往可以听任自便，而正式场合穿的服装，在色彩方面却要多加注意。总体上要求正装色彩应当以少为宜，最好控制在三种色彩之内。这样有助于保持正装的总体风格，显得简洁、和谐。正装若超过三种色彩则给人以繁杂、低俗之感。正装的色彩，一般应为单色、深色，并且无图案。最标准的正装色彩是蓝色、灰色、棕色、黑色。衬衣的色彩宜为白色，皮鞋、袜子、公文包的色彩宜为深色（黑色最为常见）。

3-8 着装色彩搭配技巧小视频

此外，肤色也关系到着装的色彩，浅黄色皮肤者，也就是我们所说的皮肤白净的人，对颜色的选择性不那么强，穿什么颜色的衣服都合适，尤其是穿不加配色的黑色衣裤，会显得更加动人。暗黄或浅褐色皮肤（也就是皮肤较黑）的人，要尽量避免穿深色服装，特别是深褐色、黑紫色的服装。一般来说，这类肤色的人选择红色、黄色的服装比较合适。肤色呈暗黄色或苍白色的人，最好不要穿紫红色的服装，以免使脸色呈现出黄绿色，加重病态感；肤色黑中透红的人，则应避免穿红、浅绿等颜色的服装，而应穿浅黄、白等颜色的服装。

礼仪小常识

服装穿着与搭配技巧

遵循从头到脚一般不能超过三种颜色的原则，搭配技巧如下：

上深下浅；

上浅下深；

突出上衣时，裤装颜色要比上衣稍深；

突出裤装时，上衣颜色要比裤装稍深；

绿色难搭配，可与咖啡色搭配；

上衣有横向花纹时，裤装不能穿竖条纹或格子；

上衣有竖纹花型，裤装不能穿横条纹或格子；

上衣有杂色，下装应避开杂色；

裤装有杂色，上衣应避开杂色；

上衣花型较大或复杂时，穿纯色下装。

三、着装的场合选择

所谓穿着要注意场合，是指要根据不同的场合来进行着装。注意区分场合：参加宴会，要注意自己的衣着同宴会场所的色彩相和谐，而且要考虑同自己男伴的衣着相得益彰。参加婚礼时，不要穿同新娘的礼服同色的服装。参加丧礼时，宜穿黑色或颜色柔和的衣裙。作为女主人招待宾客的话，衣着应当比女宾的衣着朴素一点，这是体现自己作为主人对宾客的礼貌。内衣不能外露，更不能外穿。

在交际中，不同的场合有不同的着装。

1. 正式场合

它指的是商务谈判、重要的商务会议、求职面试等正规、严肃的场合。男士在正式场合通常应穿西服套装（上下装面料相同、颜色相同）。纯黑色西服在西方通常用于婚礼、葬礼及其他极为隆重的场合。而正式的商务场合最常使用的西服套装的颜色为深蓝色和深灰色，并搭配白衬衫，这是商务场合男士的必备服装。女士在正式的商务场合当中，与男士的西装相对应的是西服套裙（上衣的领子与男士西装的领子相似）。

2. 半正式场合

它指的是无重大活动、无重要严肃事务的商务场合（需要注意的是，有些着装要求非常严格的公司只有周五允许穿半职业装）。男士在半正式场合，不用系领带，可以选择不太正式的西服上衣，比如亲切感更强的咖啡色西服，以及其他权威感较弱的明快色彩的衣服。面料可以选择更随意舒适的粗花呢等。上装和长裤可采用不一样的面料和不一样的颜色，看上去更加轻松。搭配的时候要注意颜色与面料的平衡感。男士半职业装可以搭配高品质的针织衫以及时尚感、休闲感较强的衬衫，衬衫的领型可有较多变化。长裤的面料和颜色可以更加自然随意。需要注意的是，长裤的款式还是以西裤款式为主，不可出现宽松裤、萝卜裤、牛仔裤等休闲时尚的裤型。女士半职业装的款式变化与组合非常丰富，可以将正装的西服套裙与套裤分开来穿，搭配经典款式的连衣裙、针织衫、短裙、衬衫。各个款式的细节处理可以更加富有创意，颜色可以更加明亮，但仍然要保持躯干线条的清晰干练。

3. 休闲场合

所谓休闲，指的是“停止工作或学习，处于闲暇轻松状态”。在这种休闲状态下，服装应当舒适，使人轻松、愉快，因此在款式上，男士和女士都可采用宽松的款式，比如夹克衫、T恤衫、棉质休闲裤、牛仔装等，可以选择鲜艳新奇的色彩。女士连衣裙、短裙或衬衫的款式细节、图案和色彩都可以更大胆、更丰富。

4. 商务酒会场合

西方男士在特殊场合穿的礼服分为晨礼服、晚礼服等，但近年来有逐渐简化的趋势。在国内一般公司的小型商务酒会、聚会上，男士穿深色西装即可，但是领带的图案和颜色都需要更加华丽一些。女士的服装应尽量以小礼服风格的款式为主，但不宜过于暴露肌肤，领、袖、肩既不可过于裸露又不可过于严实，千万不要过于隆重、夸张，裙长在膝盖上下比较妥当。女士可以穿带丝缎的短裙、纱裙等，也可穿无领无袖的单色连衣裙。穿连衣裙应以个人爱好、流行时尚而定，但职场穿着的连衣裙还应以大方典雅为宜。要避免受时髦潮流的影响，不得过于流行或趋于怪异。不要不顾及环境而穿着过低的领口，过紧的衣裙，过透的面料。半身裙应以窄裙为主，年轻女性的裙子下摆可在膝盖以上 3~6 厘米，但不可太短；中老年女性的裙子应在膝盖以下 3 厘米左右。可以搭配亮丽的首饰、富有质感的毛皮围巾、丝巾等增强闪光点和华丽感。在酒会上可以穿丝缎面料、露趾的晚装鞋，并配小巧一些的晚装包。

5. 晚宴场合

在国际商务场合，如参加隆重的晚宴需要穿晚礼服。晚礼服是晚上 8 点以后穿的正式礼服，是档次最高、最具特色、最能充分展示个性的礼服。女士的晚礼服常与披肩、外套、斗篷等相搭配，与华美的装饰手套等共同构成整体装束效果。西方传统的晚礼服款式强调女性窈窕的腰肢、夸张的臀部以及裙子的重量感，肩、胸、臂的充分展露，为华丽的首饰留下表现空间。面料通常选用闪光缎、丝光面料，充分展现华丽、高贵感，多配高跟凉鞋或修饰性强、与礼服相宜的高跟鞋。

中国女性的身材和西方女性有所不同，因此可以选用面料华丽、制作精美的旗袍式晚礼服，同样能够产生惊艳的效果。旗袍款式上，一般采用紧扣的高领、贴身、衣长过膝，两旁开叉、斜式开襟、袖口至手腕上方或肘关节上端的款式，领、袖、衣襟、衣摆处装饰有花卉、蝴蝶等吉祥图案。颜色和花色的种类很多，建议选用较鲜艳的花色，可配以刺绣。夏季旗袍可用棉布、丝绸、麻纱等做面料，在秋冬季可采用锦丝绒、五彩缎制作。穿着旗袍时，要注意以下几个方面：第一，在正式场合穿着的旗袍，其开衩不宜太高，应到膝关节上方一到两寸为最佳。第二，着旗袍可配穿高跟鞋或半高跟皮鞋，或配穿高级面料、制作考究的布鞋。第三，鞋子、饰物要配套，应当戴金、银、珍珠、玛瑙等精致的项链、耳坠、胸花等。裘皮大衣、毛呢大衣、短小西装、开襟小毛衣和各种方形毛披肩可与旗袍配套穿着。男士参加晚宴的时候可以根据自身的喜好选择正式晚礼服或黑色西装，但一定注意细节处理要恰到好处。

6. 运动场合

商务人员会经常参加公司组织的体育比赛或观看体育赛事，参加此类活动应当穿运动装。运动装与休闲装都具有宽松、舒适的特点，但是运动装比休闲装更加适宜人体运动。不同的体育比赛有不同的运动装款式，参加活动之前应当准备好相应的服装。

7. 家居场合

我们下班回家之后通常会换上家居服。家居服也有晨衣、睡衣等诸多款式，但其一致的特点是舒适、宽松、随意。需要提醒商务人员注意的是，假如有客人来访，只要不是非常熟悉的人，就一定要换上休闲服或半职业装会见客人。即使是在家里，穿着睡衣之类的家居服见同事或客户也是非常不礼貌的。有些家居服的款式是会客时穿的，但也只适用于见很熟的私人朋友或邻居等。需要提醒的是，家居服不可以穿到自家大门以外，哪怕只是去楼下小店买瓶酱油，穿着睡衣也是非常失礼的。

四、男士西装的穿着

西装是男士最常穿的办公服装，也是现代社交中男士最得体的着装。国外很多机构，包括一些大企业，规定工作人员不能穿休闲短裤、运动服上班，要求男士必须穿西服、打领带。一些剧院也规定了观看者必须西装革履。为了塑造良好的个人形象，男士必须学会穿西装。

1. 男士西装的选择

（1）选择合适的款式。西装的款式可以分为英国、美国、欧洲三大流派。尽管西装在款式上有流派之分，但是各流派之间的差异并不大，只是在后开衩的部位、扣子单排还是双排、领子的宽窄等方面有所不同。不过，在胸围、腰围的胖瘦，肩的宽窄上还是有所变化的。因此，男士在选择西装时，要充分考虑到自己的身高、体形。如身材较胖的人最好不要选择瘦型短西装；身材较矮者最好不要穿上衣较长、肩较宽的双排扣西装。

礼仪小常识

西装的3种领子

西装的领子按照驳头的宽窄和外观分类，可以分为平驳领、枪驳领、青果领等。

（1）平驳领：平驳领通常是属于钝领的一种，其领子的下半片和上半片通常有一个夹角。场合：这是一种适合穿着场合

（1）平驳领　（2）枪驳领　（3）青果领

比较广的西装类型，商务，婚礼，休闲都可。气质：文质彬彬。

（2）枪驳领：枪驳领属于尖领，枪驳领有着双尖头和笔直折现的设计。场合：枪驳领既有平驳领的稳重、经典，又有礼服款的精致、优雅。在西装中，尤其是晚宴西装中，出现的频率最高。气质：更凸显出男人的硬气与阳刚。

（3）青果领：青果领又名大刀领，也是礼服领中的一款，领子柔顺。场合：青果领适合在隆重场合穿，多用于比西装套装更正规的礼服上。但是经过改良的小驳领不但适合在正式婚礼中穿着，也可以通过混搭平时休闲的时候穿。气质：青果领因为整个领子的弧度关系显得柔和。

（2）选择合适的面料和颜色。西装的面料要挺括一些。作为正式礼服的西装可采用深色（如黑色、深蓝、深灰等）的全毛面料制作。日常穿的西装颜色可以有所变化，面料也可以不必讲究，但必须熨烫挺括。如果穿着皱巴巴的西装，是会损坏自己的交际形象的。

（3）选择合适的衬衣。穿着西装时，一定要穿带领的衬衣。花衬衣配单色的西装效果比较好，单色的衬衣配条纹或带格的西装比较合适；方格衬衣不应配条纹西装，条纹衬衣也不要配方格西装。衬衫款型要分清。正式场合配穿西装或礼服时，应选穿内穿型衬衫；衬衫穿在夹克衫或中山装里面时，以内穿型最好，内外兼穿型次之。当衬衫仅作外衣穿着时，外穿型或内外兼穿型是比较适当的选择。正规场合应穿白衬衫或浅色衬衫，配之以深色西装和领带，以显庄重。衬衫袖子应比西装袖子长出 1 厘米左右，这既体现出着装的层次，又能保持西装袖口的清洁。

（4）选择合适的领带。在交际场合穿西装时必须打领带，领带的颜色、花纹和款式要与所穿的西装相协调。领带的面料以真丝为最优。在领带颜色的选择方面，杂色西装应配单色领带，而单色西装则应配花纹领带；驼色西装应配金茶色领带，褐色西装则需配黑色领带等。

2. 男士西装的穿着

（1）合体的上衣与衬衣。合体西装的上衣应长过臀部，四周下垂平衡，手臂伸直时上衣的袖子恰好过腕部，领子应紧贴后颈部。当衬衫搭配领带穿着时（不论配穿西装与否），必须将领口纽和袖口纽全部扣上，以显男士的刚性和力度。

穿西装必须搭配长袖衬衣，衬衣最好不要过旧，领子一定要挺括，外露的部分一定要平整、干净。衬衣下摆要掖在裤子里，领子不要翻在西装外，衬衣袖子应长于西装袖子 2 厘米左右。衬衫款型要分清。正式场合配穿西装或礼服时，应选穿内穿型衬衫；衬衫穿在夹克衫或中山装里面时，以内穿型最好，内外兼穿型次之。当衬衫仅作外衣穿着时，外穿型或内外兼穿型是比较适当的选择。正规场合应穿白衬衫或浅色衬衫，配之以深色西装和领带，以显庄重。

（2）注意内衣不可过多。穿西装时切忌穿过多内衣。衬衣内除了背心之外，最好不要再穿其他内衣，如果确实需要穿内衣的话，内衣的领圈和袖口也一定不要露出来。如果天气较冷，衬衣外面还可以穿上一件毛衣或毛背心，但毛衣一定要紧身，不要过于宽松，以免显得过于臃肿，影响穿西装的效果。

（3）打好领带。正式场合的领带以深色为宜，非正式场合的领带以浅色、艳丽为好。领带的颜色一般不宜与服装颜色完全一样（参加凭吊活动穿黑西装系黑领带除外），以免给人以呆板的感觉。具体做法：

一是领带底色可与西装是同色系或邻近色，但两者色彩的深浅明暗不同，如米色西装配咖啡色领带；

二是领带与西装同是暗色，但色彩形成对比，如黑西装配暗红色领带；

三是一色的西装配花领带，花领带上的一种颜色尽可能与西装的颜色相呼应。

3–9 男士领带系法小视频

商务活动中，难免要西装革履，领带也是必不可少的。一般来说，商务活动领带的系法主要有三种（见图 3–5）：

①普通系法　　②双环系法　　③半温莎系法

图 3–5　商务领带系法

①普通系法。普通系法因为是最正统的系法，也是最实用且最方便的系法。领带系法重点是打结，不要太紧也不要太蓬松。

②双环系法。适用于细领带，质地细致的丝质领带加上双环结能营造时尚感，适合年轻的上班族。

3-10 拓展阅读：领带的来历

③半温莎系法。半温莎结是一个形状对称的领带结，它比温莎结略小。半温莎结适合大多数的衣领及场合。

领结需靠在衣领上，但不能勒住脖子，也不能太往下，显得松松垮垮，不精神。领带系好后，垂下的长度应触及腰带，超过腰带或不及腰带都不符合要求。领带用领带夹固定。西装上衣左胸部的装饰袋，有时用来插放绢饰，但不可用来放钢笔之类的其他东西，钢笔应放在衣服内袋中。

（4）裤子合体。西装的裤子要合体，要有裤线，裤长要距离脚面 1~2 厘米。西服套装要配穿皮鞋，式样要稍保守，颜色与衣服相协调。西装裤兜内不宜放过沉、过厚的东西。

（5）鞋袜整齐。穿西装时一定要穿皮鞋，而不能穿布鞋或旅游鞋。皮鞋的颜色要与西装相配套。皮鞋应擦亮，不要蒙满灰尘。穿鞋时应尽量避免穿后跟用带系住的或露脚趾或后跟的鞋。鞋跟高度以 3~4 厘米为宜，不要穿鞋跟太高太细的高跟鞋。鞋的颜色应与衣服的颜色搭配得当，一般要与衣服下摆一致或再深一些。皮鞋要求线条简洁，无过多的装饰和亮物。要注意保持皮鞋的光亮清洁。穿皮鞋时还要配上合适的袜子，袜子的颜色要比西装稍深一些，使它在皮鞋与西装之间起到过渡的作用。穿袜应注意：袜口不能露在裙摆或裤脚外边。不要穿挑丝、有洞或自己用线补过的袜子。女性的袜子一定要大小相宜，不要当众整理自己的袜子。一般不要选择鲜艳、带有网格或有明显花纹的丝袜。不能在裙子下加健美裤或打底裤来代替袜子。

（6）扣好扣子。西装上衣可以敞开穿，但双排扣西装上衣一般不要敞开穿。在扣西装扣子时，如果穿的是两个扣子的西装，不要把两个扣子都扣上，一般只扣上面一个。如果是三个扣子只扣中间一个或上面两个。

在日常工作及非正式场合的社交活动中，男士可穿西服便装。西服便装的上下装不要求严格配套一致。颜色可上浅下深，面料也可以上柔下挺。可以衬衫、领带配西裤，也可以不扎领带，不穿衬衫，而穿套头衫或毛衣。穿西装不能配布鞋、旅游鞋、凉鞋、轻便鞋。不宜穿鞋跟高并且钉掌的皮鞋，一般不可以把皮靴穿到办公室里去。皮鞋应保持清洁，不要蒙满灰尘。裤子长短以站立起来，裤脚前面能碰到鞋面，后面能垂直遮住 1 厘米的鞋帮为宜。

此外，男士参加社交活动时也可穿中山装、民族服装或夹克，尤其是在国内参加活动时，如出席庆典仪式（包括吊唁活动）、正式宴会、领导人会见国宾等隆重活动，可穿中山装与民族服装。穿中山装应选择上下同色同质的深色毛料中山装，一般配以黑色皮鞋。中山装上衣要平整、挺括，裤子要有裤线。穿着时要扣好领扣、领钩、裤扣。

在非正式社交场合中，男士也可穿夹克衫等便装，但同样应注意服装的清洁与整齐。

男士外出还可准备一件大衣或风衣，但在正式场合一般不宜穿风衣或大衣。如出席需要室外活动的场合，大衣或风衣既可保暖挡风，又可增添不少潇洒的风采。

职场男性必备的基本服饰包括：藏青色、普蓝色、黑色、灰色或铁灰色西装各一套，细条纹或其他图案精致的西装两套；四季皆宜的短大衣一件；6 件白色长袖棉衬衫；5~8 条单色、条纹图案的真丝领带；2 条黑皮带；黑色系带、无带扣皮鞋各一双；优质美观的手表一块；皮质黑色或褐色手提包一只。

五、女士套裙的穿着

1. 选择合适的套裙

（1）面料：最好是纯天然质地、质量上乘的面料。上衣、裙子及背心等应选用同一种面料。在外观上，套裙所用的面料讲究的是匀称、平整、滑润、光洁，不仅有弹性、手感好，而且应当不起皱、不起毛、不起球。

（2）色彩：应当以冷色调为主，借以体现出着装者的典雅、端庄与稳重。一套套裙的全部色彩不要超过两种，不然就会显得杂乱无章。

（3）图案：按照常规，商界女士在正式场合穿着的套裙不带任何图案。

（4）点缀：不宜添加过多的点缀。一般而言，以贴布、绣花、花边、金线、彩条、亮片、珍珠、皮革等点缀或装饰的套裙都不适宜商界女士穿着。

（5）尺寸：上衣不宜过长，下裙不宜过短。裙子下摆恰好达到小腿最丰满处，是最标准、最理想的裙长。此外，紧身式上衣显得较为正统，松身式上衣则看起来更加时髦一些。

（6）造型：“H”形上衣较为宽松，裙子多为筒式，这种款式显得优雅、含蓄，可以为身材肥胖者避短；“X”形上衣多为紧身式，裙子大多为喇叭式，这种款式可以突出着装者腰部的纤细，看上去婀娜多姿，魅力无穷；“A”形上衣为紧身式，裙子则为宽松式，这种款式可以适当地遮掩下半身的缺陷，适合上身苗条但臀部大或腿粗的女士；“Y”形上衣为松身式，裙子多为紧身式，并以筒式为主，这种款式可以遮掩上半身的缺陷，使上半身肥胖而下半身苗条的着装者看上去亭亭玉立、端庄大方。

（7）款式：套裙款式的变化主要体现在上衣和裙子方面。上衣的变化主要体现在衣领方面，除常见的平驳领、驳领、一字领、圆状领之外，青果领、披肩领、燕翼领等也并不罕见。常见的裙子式样包括西装裙、一步裙、筒式裙等，款式端庄、线条优美；百褶裙、旗袍裙、“A”字裙等，飘逸洒脱、高雅漂亮。

2. 选择和套裙配套的衬衫

与套裙配套穿着的衬衫有不少讲究。从面料上讲，主要要求轻薄而柔软，如真丝、麻纱、府绸、罗布、涤棉等，都可以用作其面料。从色彩方面讲，则要求雅致而端庄，不失女性的妩媚。除了作为“基本型”的白色外，其他各式各样的色彩，包括流行的在内，只要不是过于鲜艳，并且与所穿套裙的色彩不相互排斥（要么外深内浅，要么外浅内深，形成两者的深浅对比），均可选用。不过，还是以单色为最佳之选。衬衣是多彩的，只要与套装相匹配就好。纯白色、米白色和淡蓝色与大多数套装相匹配。丝绸、纯棉都是最好的衬衫面料，但都要注意熨烫平整。

3. 选择和套裙配套的内衣

一套内衣往往由胸罩、内裤以及腹带、吊袜带、连体衣等构成。内衣应当柔软贴身，并且起着支撑和烘托女性线条的作用。有鉴于此，选择内衣时，最关键的是要大小适当。内衣所用的面料，以纯棉、真丝等为佳。色彩可以是常规的白色、肉色，也可以是粉色、红色、紫色、棕色、蓝色、黑色。不过，一套内衣最好为同一色，而且其各个组成部分亦最好为单色。就图案而论，着装者完全可以根据个人爱好加以选择。

内衣的具体款式甚多，在进行选择时，特别应当关注的是穿上内衣之后，不应当使它的轮廓一目了然地在套裙之外展现出来。

4. 选择合适的鞋袜

选择鞋袜时，首先要注意面料。女士所穿的与套裙配套的鞋子宜为皮鞋，且以牛皮鞋为上品；所穿的袜子，可以是尼龙丝袜或羊毛袜。

对于鞋袜的色彩，则有许多特殊的要求。与套裙配套的皮鞋，以黑色最为正统。此外，与套裙色彩一致的皮鞋亦可选择。但是鲜红、明黄、艳绿、浅紫的鞋子，最好莫试。对于穿套裙时所穿袜子的颜色，常规选择有肉色、黑色、浅灰、浅棕等，宜为单色。多色袜、彩色袜，以及白色、红色、蓝色、绿色、紫色等色彩的袜子，都是不适宜的。女士穿裙子应当配长筒袜子或连裤袜，颜色以肉色、黑色最为常用，肉色长筒丝袜配长裙、旗袍最为得体。女士袜子一定要大小相宜，不可在公共场合整理自己的长筒袜子，而且袜子口不能露出，否则会很失礼。不要穿戴图案的袜子，因为它们会引人注意腿部。应随身携带一双备用的透明丝袜，以防袜子拉丝或跳丝。

鞋袜在与套裙搭配穿着时，要注意其款式。与套裙配套的鞋子，宜为高跟、半高跟的船式皮鞋或盖式皮鞋。系带式皮鞋、丁字式皮鞋、皮靴、皮凉鞋等都不宜采用。黑色船鞋最为妥当，穿着舒适，美观大方。建议鞋跟高度3~4厘米。正式场合不宜穿凉鞋，后跟用带系住的女鞋或露脚趾的鞋。鞋的颜色应当和西服一致或再深一些。衣服从下摆开始到鞋的颜色应保持一致；高筒袜与连裤袜，是套裙的标准搭配，中筒袜、低筒袜，绝对不宜与套裙同时穿着。

职场女性必备的基本服饰包括：藏青色、黑色或灰色西装套裙各一套；三套互相搭配的上衣和裙子、连衣裙或两件套裙；与套裙颜色相配的围巾（以丝巾为佳）；黑色浅口有跟皮鞋两双，与连衣裙、套裙色彩相配的浅口有跟皮鞋各一双；黑色、棕色手提包各一只；其余配饰可根据着装情况选择。

在正规场合，女士要穿西服套裙，西服套裙是女性标准的正装着装，可塑造出专业品味的形象。应讲究配套，款式较简洁、色彩较单纯，以充分表现出女士的精明强干、落落大方。女式正装上衣讲究平整和挺括，较少使用饰物和花边进行点缀，穿着时要求纽扣应全部系上双排扣的则应一直系着，包括内侧的纽扣。

六、饰物佩戴

职业女性在选择项链时，应选择庄重、雅致、不过分粗大为好，参加社交活动，可选择色泽亮丽、造型美观的珠宝项链。一般来说，职业男性是不佩戴项链的，即使要戴，也不宜外露。

1. 饰物的分类

（1）服饰。服饰是指服装上的装饰。服饰的种类繁多，主要包括刺绣、系带、金属装饰品、珠宝等。不同时期、不同民族、不同国家的服饰既相似又不同。例如，我国唐代袍衫的纹样一般以暗花为多，武则天当朝后规定，在不同职别官员的袍服上，绣上各种不同的禽兽纹样，以区别等级。又如，我国少数民族中的白族，妇女的头饰上有一缕长长的穗，随着妇女年龄的增长或婚否，这缕长穗慢慢地被剪短，直至完全没有。再如，我国布依族已婚妇女要用竹皮或笋壳与青布做成“假壳”戴在头上，向后横翘尺余。

（2）挂件。项链、玉佩、包挂、腰带等都属于挂件。在众多品种的挂件中，被广泛佩戴的是用贵金属、玉石、玛瑙、水晶、象牙、木雕、石雕等材料制成的各种人们心目中的吉祥物挂件，如保佑平安、祈祷发财、保佑健康的吉祥物。挂件制品在制作原料、工艺及饰物造型上，男女有别。除项链外，其余挂件一般不用贵金属材料制作。

（3）佩件。戒指、耳环、手镯、臂镯、丝巾扣等都属于配件。传说戒指源于3000年前的古埃及，戒指是环形的，它没有开始，也没有结束，象征着爱情的浪漫与永恒。佩件一般用贵金属和珠宝制成。现代社会出现了很多能取代贵金属和珠宝的人造贵金属和人造珠宝材质，用这些材料制作出的戒指、耳环、手镯、丝巾扣等也同样非常漂亮，光彩照人。

（4）腰带及眼镜。腰带及眼镜是男女皆用的常见饰物，属于应用及装饰为一体的饰物。女性腰带应考虑同服装相配套，作为装饰时还要注意体型问题，腰带应选择简洁、大方的款式，不要有过多的配件或发出叮叮当当的声音。职场女性在办公室等场所不宜系很特别很夸张的腰带。眼镜随着现代人装饰意识和审美情趣的变化，已成为一种修饰五官脸部的饰物了。

（5）香水。香水是一种无形的服饰。香水在个人形象的塑造上扮演着重要的角色，是否能够正确地使用香水，是显示一个人审美情趣的标准之一。

（6）发饰。在奴隶制度和封建制度时期，发饰是用来区分等级的一种饰品。例如，商代对冠巾、发簪等发饰的佩戴就有明确的要求。不同民族、不同地区的发饰在样式、佩戴方式等方面是有区别的，在某种意义上说发饰具有民族和区域特性。例如，傣族、白族等一些民族的妇女是已婚还是未婚，可通过其发式及发饰来判别。随着民族之间、地区之间交往的日益紧密，不同民族、不同地区的发饰在逐步融合，使现代发饰呈现出了丰富、多彩、繁荣的局面。

2. 饰物的佩戴原则

（1）锦上添花的原则。在选择饰物的种类及佩戴方法时，首先要做到恰到好处，然后再考虑锦上添花。例如，在黑色羊毛衫上面佩戴一枚闪光的彩色胸花，是很别致的。胸花应佩戴在左胸部位。佩戴胸花时最好将其花茎向下，使之与自然开放的姿态相同。选配胸饰时，要重视胸饰的式样及与衣服颜色的搭配，服装漂亮，胸饰宜朴实；反之，宜选择色彩鲜艳的胸饰；但如果再配上一条项链的话，就可能画蛇添足了。

（2）与全身保持一致的原则。饰物的佩戴要与自身的体形、发型、脸形、肤色及所穿服装的款式、面料、颜色保持协调一致。例如，夏天，女孩穿一身飘逸的连衣裙，背一个精巧的浅色双肩小包看上去就很协调；如果挎一个黑色皮包就不搭调。

（3）饰物质地与身份及环境相称的原则。现代饰物品种繁多，各种质地的饰品琳琅满目，在选择时首先要考虑自身所处的环境及身份，绝不可乱戴。例如，上班时，闪闪发光的手链、奇形怪状的戒指与身处的工作环境会很不相配。有一定身份的人，绝不可只图好看而选戴劣质饰品。手镯一般佩戴在左手上，镶宝石手镯应贴在手腕上；不镶宝石的，可松松地戴在腕部。只有成对的手镯才能左右腕同时佩戴。职业人士一只手上不能够同时戴两只或两只以上的手镯和手链，因为它们相互碰撞发出的声响并不好听。如果戴了手表，则不宜在同一只手上再戴手镯或手链。

（4）饰物色彩、款式与季节相应的原则。饰物的色彩、款式要与季节相配，这一点多用在皮包、眼镜、领带的选择上。例如，夏季和春季，女士应选择色彩亮、体积小的皮包，男士应选戴以浅色为主的领带；冬季，着装比较厚，皮包相应要大一点才能与穿着协调。

3. 常见饰物的选择与佩戴

（1）帽子。帽子是由头巾演变来的。中国古代人成年时要行“冠礼”，“冠”就是帽子。在当代生活中，帽子不仅有御寒遮阳的作用，还具有装饰功能。在男女衣着中，帽子也占据着举足轻重的地位。戴帽子时，一定要注意帽子的式样、颜色与自身装束、年龄、工作、脸形、肤色相和谐。一般来说，圆脸适合戴宽边顶高的帽子，窄脸适合戴窄边的帽子。女士帽子的种类繁多，不同季节的造型和花色不同。例如，在冬天，女士可戴手工制的绒线帽；地位较高的女士可选择小呢帽；年轻姑娘可选择小运动帽。戴帽子的方法也很多，帽子戴得端端正正显得很正派，稍往前倾一些显得很时髦。另外，戴眼镜的女士不适宜戴有花饰的帽子；身材矮小者，应戴顶稍高的帽子。男性戴的帽子颜色要求稍微深一些、暗一些，并且色彩要较为柔和。穿礼服时，必须戴黑色的帽子。在职业场合，进入室内，男性不能戴帽子；与人握手，向人致意时，也应当把帽子脱下来。女性在这方面没有特殊要求，在正式场合，不要戴过于夸张、怪异的帽子。

戴帽子应注意的一般礼仪是：戴法要规范，该正的不能歪，该偏前的不能偏后；男性在社交场合可以采用脱帽方式向对方表示致意；在庄重和悲伤的场合，除军人行注目礼外，其余的人应一律脱帽。

3-11 围巾系法小视频

（2）围巾。与帽子一样，围巾起御寒保暖和美观的作用。戴围巾，效果可能还超过不断地更新衣服。围巾的面料有纯毛、纯棉、人造毛织物、真丝绸、涤丝绸等。男士一般应选用纯毛、人造毛织物制作的围巾，色彩应选用灰色、棕色、深酱色或海军蓝，不能选用丝绸类的围巾。女士对围巾的选择范围极大，可选用丝绸类及色彩多样的三角巾、长巾及方巾等。除可用来围在脖子上取暖外，还可以将围巾扎在头发上围在腰上作装饰品。如果配上丝巾扣，变化就更多了。对女士来说，不论怎样选戴围巾，都要与年龄、身份和环境相协调，与所穿衣服的面料、款式、颜色及使用者的肤色相配。男性在办公室或比较正规的场合可以选用纯毛或开司米的棕色、灰色、海军蓝或深酱色围巾，而在亲友聚会或度假时，可选用白色围巾或带有流苏的围巾。进入室内，男性应将围巾连同外套一同脱下来。女性选用围巾的花色、式样要与身份和环境相适应，正式场合，注意庄重、大方；轻松的场合，可时尚、俏丽、别致。

（3）眼镜。对于现代人来说，眼镜常被用作饰品或时装的搭配物，但在选择眼镜时要多加注意。首先，眼镜要与自身的发型、脸形、肤色相协调；佩戴装饰性眼镜时要考虑是否与自己的身份相符。无论是在室内还是室外，只要是正式场合都应将装饰性的眼镜摘下。用来作装饰的深色变色镜或墨镜，戴前一定要先将商标摘下。眼镜的选择要适合人的脸型。正方形脸可选用稍圆或有弧度的镜片；长方形脸适合佩带镜框较大的眼镜；圆形脸可选择有直线或有角度的镜框，黑色、咖啡色等较深色系也有改变脸型的效果；三角形脸选择有细边和垂直线的镜框以平衡脸的下方，镜框不宜太高。

（4）项链。项链的粗细应与脖子的粗细成正比，与脖子的长短成反比。根据长度，项链可分为四种：短项链约 40 厘米，适合搭配低领上衣；中长项链约 50 厘米，可广泛使用；长项链约 60 厘米，适合在社交场合使用；特长项链约 70 厘米，适合用于隆重的社交场合。职业女性在选择项链时，应注意庄重、雅致、不过分粗大。参加社交活动时，可选择色泽亮丽、造型美观的珠宝项链。一般来说，职业男性是不佩戴项链的，即使要戴，也不宜外露。

3-12 拓展阅读：戒指寓意

（5）耳环。耳环可分为耳环、耳坠、耳链，在一般情况下为女性所用，并且讲究成对使用。戴耳环时应兼顾脸型，不要选择与脸型相似的形状，以防同型相斥，使脸型方面的短处被放大。女士不能佩戴发光、发声、造型夸张、质地低劣的耳环，在工作场所，尽可能戴耳钉。

（6）皮包。皮包具有使用及装饰作用，在现代服饰中起着画龙点睛的作用。皮包有肩挂式、手提式、手拿式及双肩背式等，在选购时要考虑适用范围。正式场合应选用质地较好、做工精细、外观华丽、体积不大、横长形的皮包；平时上班和日常外出使用的皮包不必太华丽，主要强调实用性和耐用性。使用皮包要考虑其颜色与季节和着装是否相一致。皮包与使用人的体形也有很大关系，例如，体形小巧的人不能选用太大的皮包；体形矮胖的人不要选用太秀气的皮包；瘦高的人虽有较大的选择余地，但也不能选用太大或太小的皮包。在参加公务活动时应携带公文包。

手提包应与所穿服装相协调。手提包的质地最好是真皮的。提包上设计者的标签或吊牌应该取下。女性手提包应套在手上；如果是拎在手上，不要拎着摆来摆去。男性着西装时，公文包一般应拎在手里，专门的手包也可握在手中或者夹在腋下，不应选择肩挎或者斜挎的皮包。要保持包的清洁和美观。如果包中没有分隔夹层，可用几个小袋子将包内的东西分类。

（7）胸花。胸花是为女性特别设计的，专门用于装饰女性的胸、肩、腰、头、领口等部位。胸花有鲜花和人造花两种。相比之下，鲜花佩戴起来更显高雅，但不具有持久性。选择胸花时，一定要考虑服装的类型、颜色、面料，所出席的社交活动的层次，以及自身的体形和脸形条件。例如，个子矮小的女士适合小一点的胸花，佩戴时部位可稍高一些；个子高大的女士可选择大一点的胸花，佩戴时位置可低一些。佩戴胸花要注意部位，穿西服时应别在左侧领上，穿无领上衣时应别在左侧胸前。发型偏左时胸针应当居右，发型偏右时胸针应当居左，其高度应在从上往下数第一粒、第二粒纽扣之间。

3-13 拓展阅读：越是成熟的人，越明白要在这 4 件事上保持“低调”

（8）丝袜。丝袜在服装整体搭配中起着举足轻重的作用。在国外的正式场合中如果女性不穿丝袜，就如同不穿内衣一样十分不雅。丝袜不仅能保护腿、足部的皮肤，掩盖皮肤上的瑕疵，还能与衣服相搭配，使女性更添魅力。

3-14 本节 1+X 证书技能点测试

在商务场合穿着裙装及皮鞋时，宜是连裤丝袜。这样可以避免丝袜因质量问题掉落，也不会将袜口露在外面。有的人因为怕热而穿中长袜或短丝袜，这是不职业的做法。平时在穿连衣裙及凉鞋时，就不必再穿丝袜了，因为穿凉鞋本来就是为了凉快的，再穿袜子就多此一举了。不过现在有一种前后包脚的凉鞋，属于较为正式的款式，这就必须穿袜子了。穿凉鞋时，要注意脚趾和脚后跟的洁净，不要把黑乎乎的指甲缝和老茧丛生的脚后跟露在外面，平时应注意保养。

任务三　仪态：向别人传递你的品质

仪态，又称“体态”，是指人的身体姿态和风度。姿态是身体所表现的样子，风度则是内在气质的外在表现。人的一举手、一投足、一弯腰乃至一颦一笑，并非偶然的、随意的，这些行为举止自成体系，像有声语言那样具有一定的规律，并具有传情达意的功能。人们可以通过自己的仪态向他人传递个人的学识与修养，并能够用其交流思想、表达感情。英国哲学家弗朗西斯·培根（Francis Bacon）说：“在美的方面，相貌的美高于色泽的美，而秀雅合适的动作又高于相貌的美。”在社交中，仪态是极其重要、有效的交际工具，它用一种无声的语言向人们展示出一个人的道德品质、人品学识、文化品位等方面的素质和能力，用优良的仪态礼仪表情达意，往往比语言更让人感到真实、生动。所以，我们在社交中应尽量举止优雅，做到仪态美。

一、表情

美国心理学家登布在其《推销员如何了解顾客心理》一文中曾经说过：“假如顾客的眼睛朝下看，脸转向一边，表示你被拒绝了；假如他的嘴唇放松，笑容自然，下颚向前，则可能会考虑你的提议；假如他对你的眼睛注视几秒钟，嘴角乃至鼻翼部位都显出微笑，笑得很轻松，而且很热情，这项买卖就做成了。”由此可见，面部表情在传情达意方面起着重要的作用。面部表情是丰富且复杂的体态语的一个重要方面，它包括脸色的变化、肌肉的舒展以及眉、鼻、嘴等的动作。

这里，我们重点介绍一下眼神和微笑。

1. 眼神

眼睛是心灵的窗户。它是人体传递信息最有效的器官，而且能表达最细微、最精妙的差异，显示出人类最明显、最准确的交际信号。正如印度诗人泰戈尔（Rabindranath Tagore）所说："在眼睛里，思想敞开或是关闭，放出光芒或是没入黑暗，静悬着如同落月，或者像忽闪的电光照亮了广阔的天空。那些自有生以来除了嘴唇的颤动之外没有语言的人，学会了眼睛的语言，这在表情上是无穷无尽的，像海一般的深沉、天空一般的清澈，黎明和黄昏，光明与阴影，都在自由嬉戏。"在与人交流时，眼神交流非常重要。掌握好了眼神的交流，可以让谈话愉快，让对方感到有兴趣，更愿意听你讲话。同样，当你很好地运用眼神交流，可以让别人喜欢与你聊天。

（1）眼神的运用。

第一，注视的时间。据调查研究发现，人们在交谈时，视线接触对方脸部的时间占全部谈话时间的 30%~60%，超过这一平均值，可认为对谈话者本人比谈话内容更感兴趣；低于这一平均值，则表示对谈话内容和谈话者本人都不怎么感兴趣。不难想象，如果谈话时心不在焉、东张西望，或者是由于紧张、羞怯不敢正视对方，目光注视的时间不到谈话的 1/3，这样的谈话，必然难以被人接受和信任。当你与一群人交流时最好与倾听者有直接的眼神接触。但是不要只盯着一个人看，这样会使得其他人停止听你讲的话。为了避免这种情况，可以尝试在每一个新句子的开头将眼神朝向不同的人。这样你就会照顾到所有人，并且使他们能保持对你谈话的兴趣。与一个人交流时保持眼神交流是很好的事情，但是如果一直盯着别人会使他感到不自在，从而想尽快结束与你的谈话。为了克服这点，每隔 5 秒打断一下眼神交流。不要往下看，这样会暗示对方你想结束这场谈话。可以向上看或者向旁边看，就好像你想起了什么事情。（现在就试试：不要移动你的头，想象你第一次上学的时候。你将注意当你想事情的时候，你的眼球会向上移或者向两边移动。）所以，当你的听众看到这一点，他们会认为你正在思考，并保持对你的兴趣。

第二，视线的位置。人们在社会交往中，不同的场合和对象，目光所及之处也是有差别的。与不太熟悉的人交流时，目光注视的范围是以双眉水平线为准，到双肩为底线的大三角区域；与较为熟悉的人交流时，目光注视的范围是以额头的发际线为准，到耳垂为底线的小三角区域；与较为亲密或了解的人交流时，目光注视的范围是以双眉水平线为准，到上嘴唇边缘的倒三角区域。当你听某个人讲话的时候，如果直直地盯着别人，会使得他们不想再说下去。当你倾听时，看着对方的一侧眼睛，过 5 秒钟，视线移向另一侧眼睛，再过 5 秒钟，移向嘴。保持三角形的路线移动。同时，还有一个技巧就是点头，适时地说“是的”“对”“嗯”等等，做一个最好的倾听者。这样对方就会感到你对他的谈话内容很有兴趣，就会愿意与你交谈并对你留下很好的印象。与某人争辩本身有很多技巧，如果你想要在一场争辩中保持有利地位，眼神的威力不可忽视。如果眼神用得好，不说话也可以说服对方。当对方说话时，也注视对方，与对方眼神接触，观察他的语调、神色。如果对方想激怒你，保持沉默，用眼睛注视对方，这是一种不用说一个字也能赢的有效途径。

（2）眼神的训练。

睁大眼睛法：对照镜子，用力睁大眼睛，反复多次，锻炼眼部肌肉，使眼睛大而有神。

转动眼球训练：头部保持稳定，眼球尽最大努力向四周做 360° 转动，顺时针和逆时针交替，增强眼球的灵活性。

目光集中训练：眼睛盯住 3 米左右的某一物体，先看外形，逐渐缩小范围到物体的某一部分，再到某一点，再到局部，再到整体。提高眼睛的明亮度，使眼睛更为有神。

遮挡法：面对镜子，用一张纸遮挡鼻子和嘴巴，练习眼神含笑。

2. 微笑

微笑，是一种特殊的语言——情绪语言，它可以和有声语言及行动相配合，起到互补作用，沟通人们的心灵，架起友谊的桥梁，给人以美好的享受。工作、生活中离不开微笑，社交中更需要微笑。当你想吸引某个人的注意力，并且表现你对他 / 她有兴趣，你可以用眼睛来说话与倾听。当对方说话时，看着他 / 她的眼睛，倾听他 / 她说了什么，适当的时候微笑，适当的时候抬起你的眉毛。微笑要找好时机。这样，你就可以不只是用语言与对方交流，更在用眼睛与对方交流，而这种交流一定直入对方内心深处，让对方感受你所感受的。

3-15 微笑训练小视频

（1）微笑的作用。

微笑是世界通用的体态语，它超越了各种民族和文化的差异。微笑是人人都喜爱的体态语，正因如此，无论是个人还是组织，都充分重视微笑及其作用。

礼仪小常识

空姐微笑礼仪五大原则

空乘在目光与客人接触的瞬间，就要目视对方启动微笑，此时空乘应目光平视乘客、坦然自信，不可斜视乘客，不可左顾右盼，也不要有羞涩之感。微笑的最佳时间不超过 3 秒为宜，时间过长会给人假笑或不礼貌的感觉。注意微笑的启动和收拢动作要自然，切忌突然用力启动和突然收拢，否则会让乘客觉得不真诚。

1. 一视同仁原则

乘客千差万别，各色各态，但“来者都是客”，必须一视同仁，不能凭外表的差别，凭主观之好感，而区别对待。无论是外宾、内宾、本地或外地乘客、男乘客或女乘客，都得同等对待，一律待之以微笑，切忌以貌取人。

2. 主动微笑原则

作为一名成熟、训练有素的空乘，在与乘客目光接触的同时，首先向对方微笑，然后再开口说话表示欢迎和交谈，会给人以彬彬有礼、热情的印象，就能主动创造一个友好、热情并对自己服务有利的气氛和场境，也因此会赢得对方满意的回报。

3. 自然微笑原则

空乘微笑时要神态自然，热情适度，最好表现为目光有神、眉开眼笑，这样才显得亲切、真诚、温暖、大方，使乘客有“宾至如归”的感觉。千万不可表演色彩过浓、故作姿态和生硬应付，会给人感觉这种笑法很假，没有诚意。

4. 真诚微笑原则

空乘对乘客的微笑，应该是自内心发出的。微笑的目的是什么？是欢迎客人的到来，是对自己形象礼仪的展示。因此，微笑真诚，真诚地欢迎乘客，真实地展现自己，以这种方式让乘客和自己都得到快乐，都感到舒适。在整个旅途中，旅客都会有很愉快的心情，并且会积极配合乘务人员的工作。

5. 健康微笑原则

微笑应该是健康的、爽朗的，自身状况不佳时，即使露出笑脸，也会给人不自然的感觉。至于一脸病相、倦相时，或微笑时牙齿不洁、不整甚至有异味，则更难留给人好印象。

（2）微笑的规范。

第一，口眼结合。要口到、眼到、神色到，笑眼传神，微笑才能扣人心弦。

第二，笑与神、情、气质相结合。这里所讲的“神”，就是要笑得有情入神。笑出自己的神情、神色、神态，做到情绪饱满、神采奕奕；“情”，就是要笑出感情。笑得亲切、甜美，反映美好的心灵；“气质”，就是要笑出谦逊、稳重、大方、得体的良好气质。

第三，笑与语言相结合。语言和微笑都是传播信息的重要符号，只有注意将微笑与美好的语言相结合，声情并茂、相得益彰，微笑方能发挥出它应有的特殊功能。

尽管微笑有其独特的魅力和作用，但若不是发自内心的真诚的微笑，那将是对微笑语言的严重误解。有礼貌的微笑应是自然的坦诚、内心真实情感的表露。否则，强颜欢笑、假意奉承的“微笑”则可能演变为“皮笑肉不笑”“苦笑”。比如，拉起嘴角一端微笑，使人感到虚伪；吸着鼻子冷笑，使人感到阴沉；捂着嘴笑，给人以不自然之感。这些都是失礼之举。

（3）微笑的训练。

食指上提法：面对镜子，把双手食指放在嘴角并向脸的上方轻轻上提，一边上提，一边使嘴充满笑意。

情绪记忆法：面对镜子，将生活中最美好的情绪牢记在心，回忆这些美好的东西，会使微笑更加自然和大方。

念字对镜法：面对镜子，念说“七”“细细”“金子”“钱”时，嘴角会露出笑意。念完保持表情感受微笑。

轻咬筷子法：面对镜子，选用一根洁净的圆柱形筷子，横放在嘴中，用牙轻轻咬住（含住），以观察微笑状态。

舌尖抵齿法：面对镜子，嘴巴自然张开，舌尖抵住上齿龈，保持此姿势，使嘴一直充满笑意。

画“王”法：面对镜子，感觉在眉毛和嘴巴之间，画一个“王”字，将面部各部位向四周展开，感觉将“王”字变大。

二、站姿

站要如松。站姿是人类的一种象征。男子的站姿如“劲松”之美，具有男子汉刚毅英武、稳重有力的阳刚之美；女子的站姿如“静松”之美，具有女性轻盈典雅、亭亭玉立的阴柔之美。保持正确的站姿是具有自信心的表现，会给人留下美好的印象。

站姿的要领是：一要正，抬头挺胸，脖颈挺直，头向上顶，下颌微收，双目平视前方，从人身体正面看，做到头正、眼正、肩正、身正；二是直，脊柱、后背挺直，胸略向前上方提起，收腹、提臀，臀、腹部前后相夹，髋部两侧略向中间用力，从人身体侧面看，做到颈直、背直、腰直、腿直；三是高，两肩放松下沉，气沉于胸腹之间，自然呼吸，两手臂放松，自然下垂于体侧，两腿并拢直立，腿部肌肉收紧，大腿内侧夹紧，两脚跟相靠，脚尖展开 45°～60°，身体重心

3-16 站姿训练小视频

主要支撑于脚掌脚弓之上，从形象上看重心上拔，显得高大。

职场常见站姿有女士前搭手站姿、男士后搭手站姿、男士双手自然下垂站姿。

1. 标准的站姿

在升国旗、奏国歌、接受奖品、接受接见、致悼词等庄严的仪式场合，应采取严格的标准站姿（见表 3–3）。

表 3–3　　标准站姿操作标准--览表

站姿种类	操作标准	使用场合
标准站姿（女士）	两脚并拢，两脚脚尖在同一水平线上；双脚脚踝靠拢，双膝靠拢，小腿肌肉和大腿肌肉由外向内收；收腹、提臀、立腰，双肩打开向外展；两手放在身体两侧，中指贴于裤缝；头正、颈直、目光在平视前方下颌微收，保持微笑	仪式场合
标准站姿（男士）	两脚脚跟并拢，两脚尖略微分开；小腿肌肉和大腿肌肉由外向内收；收腹、提臀、立腰，双肩打开向外展；两手放在身体两侧，中指贴于裤缝；头正、颈直、目光在平视前方下颌微收，保持微笑	仪式场合

2. 不同场合的站姿

在对客服务、礼仪展示、礼仪接待等场合，应采取礼仪站姿（见表 3–4）。

表 3–4　　不同站姿操作标准一览表

站姿种类	操作标准	使用场合
前腹式并步站姿（女士）	在标准站姿的基础之上，双手四层叠放置于腹前（脐下 2 厘米），手指略有弯曲	对客服务 礼仪展示
前腹式大丁字步站姿（女士）	在标准站姿的基础之上，两脚脚尖向外展开，左脚脚跟靠于右脚内侧，两脚之间的夹角为 45° ~ 60° ，形成一个“丁”字；双手四层叠放置于腹前（脐下 2 厘米），手指略有弯曲	对客服务 礼仪展示 礼仪接待 （更能掩盖缺陷）
前腹式小丁字步站姿（女士）	在标准站姿的基础之上，左脚基本不动，右脚脚尖向外展开向后退，右脚内侧靠于左脚脚跟处，两脚之间的夹角为 45°，形成一个“丁”字；双手四层叠放置于腹前（脐下 2 厘米），手指略有弯曲	舞台展示
前腹式平行步站姿（男士）	在标准站姿的基础之上，双脚平行站立不超过肩宽，以 20 厘米为宜，右手在腹前握住左手手腕	对客服务 礼仪展示

续表

站姿种类	操作标准	使用场合
背手式 平行步站姿 （男士）	在标准站姿的基础之上，两臂肘关节自然内收，双脚平行站立不超过肩宽，以20厘米为宜，右手在腰际握住左手手腕	对客服务 礼仪展示

3. 不良的站姿

（1）身躯歪斜。站立姿势以身躯直正为美，在站立时身躯出现明显的歪斜，将直接破坏人体的线条美，而且还会给人颓废消沉、萎靡不振、自由放纵的直观感觉。

（2）弯腰驼背。弯腰驼背其实是身躯歪斜的一种特殊表现。除腰部弯曲、背部弓起之外，它大都会伴有颈部弯缩、胸部凹陷、腹部挺出、臀部撅起等其他不雅体态。凡此种种，都会显得一个人健康欠佳，无精打采。

（3）趴伏倚靠。在工作岗位上，要确保自己“站有站相”。站立时，随随便便地趴在一个地方，伏在某处左顾右盼，倚着墙壁、货架而立，靠在台桌边，或者前趴后靠、自由散漫，都是极不雅观的。

（4）腿位不雅。腿位不雅即双腿大叉。应切记：自己双腿在站立时分开的幅度，在一般情况下越小越好；在可能之时，双腿并拢最好；即使是分开，也要注意不可使二者之间的距离超过本人的肩宽。另外，双腿扭在一起、双腿弯曲等姿势也应避免。

（5）手位失当。站立时不当的手位：一是将手插在衣服的口袋内；二是将双手抱在胸前；三是将两手抱在脑后；四是将双手支于某处；五是用两手托住下巴；六是手持私人物品。

（6）摆弄物件。站立时，不要下意识地做些小动作，如摆弄打火机、香烟盒，玩弄衣带、发辫，咬手指甲等。这些动作不但显得拘谨，给人以缺乏自信和教养的感觉，还有失仪表的庄重。

4. 站姿的训练

（1）对镜练习。在他人的帮助下，或自己对着镜子进行训练，便于纠正不良姿势；在找准标准站姿的感觉后，再坚持每次20分钟左右的训练。

（2）靠墙站立练习。要求脚后跟、小腿、臀部、双肩、后脑勺都要紧贴墙壁，练习身体的直立感。每次训练控制在20~30分钟。

（3）顶书夹纸练习。要求把书放在头顶中心，为使书不掉下来，把纸夹在双腿之间，不让其掉落。头、躯挺直，自然保持平衡，这种训练方法可以纠正低头、仰脸、晃头及左顾右盼等不良习惯。每次训练控制在20~30分钟。

（4）背靠背练习。两人一组，背靠背站立，将两人的后脑、双肩、臀部、小腿肚、脚后跟紧靠在一起。可以在两人的肩部、小腿部相靠的地方，各夹放一张卡片，训练时不能让其滑落或掉下。练习的动作要领包括：

第一，前搭手属于肃立姿势，要求身体立直，双手置于身体两侧，双腿自然并拢，脚跟靠紧，脚掌分开呈“V”字型；面部表情较为严肃、庄重、自然。

第二，后背手属于直立姿势，要求身体立直，右手搭在左手上，自然贴在腹部，或两手背后相搭在臀部，两腿并拢，脚跟靠紧，脚掌分开呈“V”字形。

三、坐姿

坐姿是一种基本的静态体位，是指人在就座以后身体所保持的一种姿势。正确而优雅的坐姿是一种文明行为，它既能体现一个人的形态美，又能体现其行为美。端庄优美的坐姿会给人以文雅、稳重、大方的美感，给人留下良好的印象。

1. 标准的坐姿

坐姿包括入座、落座和离座三个过程，每个过程又有其相应的基本要求。

（1）入座。入座要求保持轻、稳、缓。入座时，从左侧走到座位前面，女性两脚并拢站立，男性两脚平行分开站立；右脚向后退半步，膝盖窝抵住椅子边缘，从容大方地慢慢坐下，然后右脚向前与左脚并齐，女性双脚靠拢，男性双脚平行分开；女性穿裙装时双手沿臀部顺理一下裙摆。

入座时从座椅的左侧轻轻落座。一般坐满椅面 2/3 的位置，不要坐满或只坐很少一部分。

（2）落座。落座后，头正肩平，双目平视前方或注视对方，下颌微收，挺胸收腹，腰背挺直，面带微笑，坐椅子面积的 2/3。

男士落座后，双手应放左右腿上；当座位有扶手时，如正身而坐，可将双手分别扶在两侧扶手上；如侧身而坐，可放于侧身这边的扶手上，也可将一只手臂放在扶手上，掌心向下，另一只手臂横放于双腿上。

女士落座后，可将双手四层叠放至于左腿或右腿上；当座位两侧有扶手时，可一只手臂放在扶手上，另一只手臂搭在其上。

（3）离座。离座前，先以语言或动作向周围的人示意或暗示，请他们做好心理上的准备；右脚先向后退半步，靠腿部支撑站起，全身站稳后再离开座位。

2. 坐姿的分类

（1）常见的女士坐姿（见表 3–5）。

表 3–5　　　　常见的女士坐姿一览表

种类	垂直式坐姿	斜放式坐姿	交叉式坐姿	前伸后曲式	叠腿式坐姿
操作标准	身体重心垂直向下，双腿并拢，大腿和小腿成 90° 角，双手四层叠放在坐腿或右腿上，挺胸直腰，面带微笑	在垂直式坐姿基础之上，将双腿平行斜放于身体左侧或右侧，脚掌不离地面，双手四层叠放在右腿或左腿上，挺胸直腰，面带微笑	在斜放式坐姿基础之上，双脚在脚踝处交叉，右脚或左脚脚尖点地，双手四层叠放在右腿或左腿上，挺胸直腰，面带微笑	在垂直式坐姿基础之上，双膝并拢，左脚前伸右脚后曲或右脚前伸左脚后曲，双手四层叠放在右腿或左腿上，挺胸直腰，面带微笑	在垂直式坐姿基础之上，将双腿完全一上一下叠放在身体左侧或右侧，两腿之间没有缝隙，双手四层叠放在右腿或左腿上，挺胸直腰，面带微笑
使用场合	正式场合	较正式场合	较正式场合	一般场合	非正式场合
	如面试、谈话初期、拍集体照等	如座椅较矮、谈话时间较长等	如拍集体照、谈话时间较长等	如谈话较轻松等	如座椅较矮、着超短裙等

（2）常见的男士坐姿（见表 3–6）。

表 3–6　　　　常见的男士坐姿一览表

坐姿种类	垂直式坐姿	叠腿式坐姿
操作标准	身体重心垂直向下，双腿平行分开与肩同宽。大腿和小腿成 90° 角，双手放在双腿上，挺胸直腰，面带微笑	在垂直式坐姿基础之上，将双腿的大腿部分叠放在一起。叠放后主力腿的小腿垂直于地面，脚掌着地；非主力腿的小腿向内收，脚尖向下
使用场合	正式场合	非正式场合

3. 不同场合的坐姿

入座讲究顺序，礼让尊长，要注意方位，从左入座，背对座椅，落座轻稳。坐定后，入座者下肢与上身体位相互协调，双腿与双脚的摆法得体，腰背直挺，手臂放松，双腿略微并拢，与人平视，上体要正直，头部要端正；双目平视，两肩要齐平；下颌略微收缩，双手搭放自然。谈判、会谈时，场合一般比较严肃，适合垂直式坐姿，但不要过于僵硬。要求上体正直，端坐于椅子中部，注意不要使全身的重量只落于臀部，双手放在桌上、腿上均可。双脚保持标准坐姿的摆放。

倾听他人教导、知识传授指点时，对方若是长者、尊者、贵客，除了要端正坐姿外，还应坐在座椅、沙发的前半部或边缘，身体稍向前倾，表现出一种谦虚、迎合、重视对方的态度。

在比较轻松、随便的非正式场合，可以坐得轻松、自然一些，全身肌肉可适当放松，还可不时变换坐姿，以便得到休息。

4. 不雅的坐姿

（1）动作幅度过大、过急。在入座过程中，节奏太快，动作不轻稳，易给人造成做事潦草、忙乱的不良印象；离座时出现急、快的情况，易碰到座椅、发出响声等，也会影响个人形象。

（2）坐姿不端正。上身放松，半坐半躺在座椅上，或者完全瘫坐在椅子上；上身在坐立的过程中不停地晃动、左右歪斜、前仰后合等，以上坐姿均是素质低、没有修养的表现。

（3）手臂位置不恰当。双臂应根据脚位摆放在适合的位置上，以表现优雅的姿态。不恰当的手臂位置包括手夹在两腿之间、双手抱在腿上、手插在衣袋中、手摆弄物件等。

（4）双腿姿态不规范。两腿叉开很大距离，两脚并拢，而两膝距离较大，两腿向前伸度太大，两腿不停抖动，双腿交叉时没有收紧，两膝之间有距离，双腿重叠，一条腿跷起（俗称“二郎腿”）。在日常工作和生活中应尽量避免以上不规范的坐姿。

（5）脚位不雅观。双脚没有平放在地面上，脚尖翘起；以脚蹬踏别的物体。这种姿态会给人造成轻浮、粗俗的印象。

在座时应注意的事项：

第一，女性应牢记“坐莫动膝，立莫摇裙”。

第二，与人讲话，可将双手搭在沙发的扶手上，手心不可朝上；双手亦可相交，也可放在腿上，双手相交不能超过手腕二寸。

第三，在客人面前就座，谈话中手脚不可盲目乱动，手舞足蹈更不可取。

第四，一般不可在沙发上平躺，否则有失文雅。

5. 坐姿训练方法

常用的坐姿方式较多，在基本坐姿训练的基础上，可以利用具体情境进行训练，同时加强入座和离座的训练，使整体就座过程连续、流畅，更富感染力。

（1）口令法。口令“1、2、3”——站在座位左侧，左脚向正前方迈出一步；右脚跟随，向右平行迈出一步；左脚与右脚并齐。口令“4、5、6”——右脚后退半步；女性理裙并落座；右脚收回与左脚并齐。口令“7、8”—— 保持标准坐姿。口令“9、10”—— 右脚后退半步起身；与左脚并齐。

（2）对镜法。面对镜子，按照各种坐姿的要领体会不同坐姿，纠正和调整不良习惯。避免不正确的坐姿：双腿叉开过度、高抬“二郎腿”或“4”字形腿、腿脚摇晃抖动、摇头晃脑、东张西望、弯腰曲背或上身前倾过度、双手抱臂、抱脑后、抱膝盖、抱小腿、放于腿部下面、双腿前伸、脚尖指向他人、双手撑椅、既翘脚又摸脚、坐下后任意挪动椅子等等。

四、走姿

走姿是指一个人在行走过程中的姿势。它以人的站姿为基础，是站姿的延续。走姿体现的是一种动态美，能直接反映出一个人的精神面貌，表现一个人的风度、风采和韵味。有良好走姿的人会显得年轻、有活力。协调和韵律感是步态的最基本要求。

女士走姿要轻盈飘逸，似“淑女”般窈窕婀娜；男士走姿要潇洒阳刚，似“绅士”般庄重稳健。行走时，应昂首挺胸，收腹直腰，两眼平视，肩平不摇，双臂自然前后摆动，脚尖微向外或向正前伸出，行走时脚跟成一直线。行走的姿势极为重要，行走迈步时，脚尖应向着正前方，脚跟先落地，脚掌紧跟落地。走路时要收腹挺胸，两臂自然摆动，节奏快慢适当，给人一种矫健轻快、从容不迫的动态美。走路时的步态美与不美，是由步度和步位决定的。如果步位和步度不合标准，那么全身摆动的姿态就失去了协调的节奏，也就失去了自身的步韵。步度，是指行走时两脚之间的距离。步度的一般标准是一脚踢出落地后，脚跟离另一只脚脚尖的距离恰好等于自己的脚长。步位，是脚落地时应放置的位置。步韵也很重要，走路时，膝盖和脚腕都要富于弹性，肩膀应自然、轻松地摆动，使自己走在一定的韵律中，才会显得自然优美。

1. 标准的走姿

走姿训练是在站姿训练的基础上进行的，上体要求与站姿相近，重点要加强动态中下体和手臂的训练。

（1）上体。后背正直，挺胸，双肩平齐、舒展；收廋，提臀，立腰；两眼平视前方，嘴角上扬，面带微笑。

（2）两臂。两臂以肩为轴，大臂带动小臂，前后自然摆动，似柳叶摆动，手自然半握拳，两手手心相对。

（3）腿部。大腿带动小腿，脚跟迅速过渡到全脚落地，落地轻盈（提气落地），两脚交替踏在一条竖线上，重心略向前脚移送。

（4）步幅。步幅指前后脚的距离。在行走时，男士步幅约为 25 厘米，女士步幅约为 20 厘米。一般前脚的脚跟距离后脚的脚尖应为一脚长。步幅同时要根据服饰做适当调整，如女士穿裙装时，步幅可以适当缩小。

（5）步速。步速指人体行进时的速度。在行走时，步速要均匀、稳定，一般每分钟走 100~120 步较适宜，不宜太快或太慢，特殊情况除外。

（6）步态。走路的姿态应有韵律感，同时具有较好的柔韧性。上体正直挺拔，步伐有力而富有弹性，双臂摆动轻松自如。

2. 不同环境中的走姿

（1）在拥挤的环境中行走。在比较拥挤的环境中，要精神饱满，步态轻盈，行走的步幅、速度要适中，手臂的摆幅不宜过大，路遇来宾要让路，躲闪要灵敏、有礼貌。

（2）在要求保持安静的地方行走。在要求保持安静的地方行走时要避免发出大的响声，走路要轻盈；若穿皮鞋或高跟鞋在没有地毯的地方行走，要把脚后跟提起，尽量用脚掌着地行走，以免发出响声。

（3）在楼道、楼梯等环境里行走。由于楼道、楼梯等环境中过道狭窄，行走时要靠右行，途中如遇来宾走来，要提早侧身让路，并微笑点头致意，表示尊重。

（4）进出电梯时的行走。进出电梯应遵循“先出后进”的原则。进出时，应侧身而行，以免碰撞、踩踏他人，进入电梯后，应尽量靠里边站。

3. 着不同服装的走姿

（1）穿西装的走姿要求。西服以直线条为主，应当走出穿着者挺拔、幽雅的风度。穿西装时，后背保持平正，两脚立直，行走的步幅可略大些，手臂放松伸直摆动，手势简洁大方。行走时男士不要晃动，女士不要左右摆胯。

（2）穿西服套裙的走姿要求。西服套裙多以半长筒裙与西装上衣搭配，所以着装时应尽量表现出职业装干练洒脱的风格特点。要求步履轻盈、敏捷、活泼，步幅不宜过大，可用稍快的步速节奏来调和，以使走姿活泼灵巧。

（3）穿旗袍的走姿要求。旗袍作为东方晚礼服的杰出代表，在世人眼里拥有经久不衰的魅力。所以，很多服务行业通常将其作为迎宾、引位或者中式宴会厅的职业服装。最重要的是表现出女性温柔、含蓄的柔美风韵，以及身体的曲线美。所以，穿中式旗袍要求身体挺拔，胸微含，下颌微收；塌腰撅臀是着旗袍的大忌。旗袍必须搭配高跟或中跟皮鞋才能体现出韵味。行走时，走交叉步直线，步幅适中，步子要稳，双手自然摆动，臀部可随着身体重心的转移稍加摆动，但上身绝不可跟着晃动。总之，穿旗袍应尽力表现出柔和、妩媚、含蓄、典雅的东方女性美。

（4）穿高跟鞋的走姿要求。女士在正式场合应穿着黑色高跟鞋，行走时要保持身体平衡。具体做法是直膝立腰、收腹收臀、挺胸抬头。为避免膝关节前屈导致臀部向后撅的不雅姿态，行走时一定要把踝关节、膝关节、髋关节挺直，只有这样才能保持挺拔向上的形体。行走时步幅不宜过大，每一步都要走实、走稳，这样走姿才会有弹性并富有美感。

4. 走姿的训练

必须经过科学训练，进行一定量的练习，才可以形成良好的走姿。

（1）踮脚法：女同学穿舞蹈鞋，用脚尖走路，练习穿高跟鞋的稳定。

（2）对线法：沿着地面砖的直线缝隙进行练习。

（3）对镜法：面对镜子，在镜子上画十字线，练习肩部是否平衡。

（4）顶书法：头顶一本书，进行整体平衡的练习。

优美走姿的禁忌：内八字和外八字；弯腰驼背、歪肩晃臀、头部前伸；摆臂，左顾右盼。走路时膝盖和脚踝都应轻松自如，以免显得僵硬，脚蹭地面，上下颤动。

3–17 走姿训练小视频

走路时，应自然地摆动手臂，幅度不可太大，前后摆动的幅度约 45 度，切忌做左右式的摆动。步度与呼吸应配合成规律的节奏，穿礼服、裙子或旗袍时步度要轻盈优美，不可跨大步。若穿长裤步度可稍大些，这样会显得生动些，但最大步也不可超过脚长的 1.6 倍。

五、蹲姿

俗话说“蹲要雅”，蹲姿是人的身体在低处取物、拾物、整理物品、整理鞋袜时所呈现的姿势，它是大体静态美与动态美的综合，要动作美观，姿势优雅。

1. 标准的蹲姿

标准的蹲姿要求包括：当需要拣拾低处或地面上的物品时，可走到物品的左侧；当面对他大下蹲时，要侧身相向；当需要整理鞋袜或于低处整理物品时可面朝前方，两脚一前一后（一般情况是左脚在前，右脚在后，目视物品，直腰下蹲）。直腰下蹲后方可弯腰捡低处或地面上的物品，以及整理鞋袜或在低处工作。取物或工作完毕后，先直起腰部，使头部、上身、腰部在一条直线上，再稳稳站起。

2. 蹲姿的种类

蹲姿主要有高低式和交叉式两种。两种蹲姿操作标准详见表 3–7。

表 3-7　常见的蹲姿一览表

种类	高低式蹲姿（男女适用）	交叉式蹲姿（女士）
操作标准	下蹲时，身体重心垂直向下，一脚在前，一脚在后，前面腿的小腿基本垂直，后面腿的脚跟抬起，形成两膝盖一高一低的姿势，挺胸直腰，面带微笑（女性双腿应靠紧，男性则适度分开）	下蹲时，身体重心垂直向下，一脚在前，一脚在后，交叉重叠靠紧。前面腿的小腿垂直地面，全脚着地，后面腿的脚跟抬起，身体稍向前倾，挺胸直腰，面带微笑
使用场合	任何场合	礼仪展示、舞台表演、着超短裙

3. 易出现的不雅蹲姿

（1）方位不准确。应根据具体的场合和需要选择蹲姿，注意方位的准确运用，大下蹲时，如果采用正面下蹲，就是很不礼貌的行为。

（2）蹲速不当。在下蹲时速度不能过快，要轻稳，同时速度适中。特别是女性穿旗袍等服饰时，更要注意。

（3）不注意动作的隐蔽性。蹲姿因重心过低，所以要十分注重腿部动作的控制。要收紧腿部动作，两腿之间不能有缝隙，特别是穿裙装时，更要注意下蹲动作的隐蔽性。

（4）随意滥用。不要在工作中随意采用蹲姿，也不可蹲在椅子上或蹲在地上休息。

4. 蹲姿的训练方法

（1）八步口令法（右脚为例）：口令“1、2”——右脚后退半步，女士左手按衣襟，右手抚裙摆；口令“3、4”——下蹲，双手轻握放于左腿上；口令“5、6”——保持此姿态；口令“7、8”——起身，右脚与左脚相并。

（2）对镜法：面对镜子，按照蹲姿的要领，纠正和调整不良习惯。

六、鞠躬

“鞠躬”起源于中国。商代有一种祭天仪式“鞠祭”——祭品牛、羊等不切成块，而将整体弯卷成圆的鞠形，再摆到祭处奉祭，以此来表达对祭祀者的恭敬与虔诚。这种习俗在某些地方一直保持到现在。人们在现实生活中，逐步沿用这种形式来表达自己对地位崇高者或长辈的崇敬。此种礼节一般是下级对上级或同级之间、学生向老师、晚辈向长辈、服务人员向宾客表达由衷的敬意。鞠躬是中国、日本、韩国、朝鲜等国家传统的、普遍使用的一种礼节。鞠躬主要表达“弯身行礼，以示恭敬”的意思。如今的日本，鞠躬礼是最讲究的。对日本人来说，鞠躬的程度表达不同的意思：弯 15° 左右，表示致谢；弯 30° 左右，表示忏悔、改过和谢罪。鞠躬对韩国和朝鲜人来说也很讲究。韩国和朝鲜妇女在会谈、宴会或作客时，一手提裙，一手下垂鞠躬，告别时面对客人慢慢退去，表示的是一种诚恳和敬意。

鞠躬礼即弯身行礼，是对他人敬佩的一种礼节方式。鞠躬礼有单鞠躬和三鞠躬两种。

1. 鞠躬的动作要领

（1）在标准站姿的基础上，保持身体的端正，目光注视受礼者，先问候，再行礼。

（2）以腰部为轴，上身向前倾，头、后背、臀部成一条直线。

（3）面带微笑，目光随着身体的倾斜而自然下垂于脚尖 1.5 米处。

（4）鞠躬完毕，恢复站姿，目光再移向对方。

（5）女士双手可始终放在腹前，男士鞠躬时应将双手放至裤线两侧，鞠躬完毕，恢复手的姿势。

（6）鞠躬时要注意，应将帽子摘下，因为戴帽子鞠躬既不礼貌，也容易滑落，使自己处于尴尬境地。鞠躬时目光应向下看，表示一种谦恭的态度，不要一面鞠躬，一面试图翻起眼睛看对方。

2. 鞠躬的适用场合

不同的场合，适用的鞠躬种类不一样，详见表 3-8。

表 3-8　　鞠躬适用场合一览表

鞠躬种类		实用场合	伴随语言
单鞠躬	15°	一般的应酬（点头鞠躬），如问候、介绍、握手、递物、让路等都应伴随 15° 鞠躬礼	“早上好” “请稍等”
	30°	一般为普通鞠躬礼，用于下级向上级、学生向老师、晚辈向长辈以及服务人员对来宾致意所用	“您好” “欢迎光临”
	45°	一般为告别礼、道歉礼，深表歉意时所用	“再见“ “请慢走” “对不起”
	90°	最高礼节，常用于表达深度的谢意或歉意等情况	“非常感谢” “非常抱歉”
三鞠躬		最敬礼，施礼之前，脱帽，身体肃立，目光平视，行 90° 鞠躬礼反复三次，在特殊场合使用，如参加葬礼等	—

七、手势

手是人体最富灵性的器官。如果说眼睛是心灵的窗户，那么手就是心灵的触角，是人的第二双眼睛。手势在传递信息、表达意图和情感方面发挥着重要作用。人在紧张、兴奋、焦急时，手都会有意无意地有所表现。作为仪态的重要组成部分，手势应该得到正确的使用。手势也是人们交往时不可缺少的动作，是最有表现力的一种“体态语言”，所谓“心有所思，手有所指”。手的魅力并不亚于眼睛，所以说手就是人的第二双眼睛。

手的“词汇量”是十分丰富的。据语言专家统计，表示手势的动词有近二百个。双手紧扣在一起，显示的意义是精神紧张；用手指或笔敲打桌面，或在纸上涂画，显示不耐烦、无兴趣；搓手，显示的意义是有所期待，跃跃欲试，也可表示着急或寒冷；摊开双手，表示真诚和坦直；用手支着头，显示的意义是不耐烦、厌倦；用手托摸下巴，说明老练、机智；用手不停地磕烟灰，表明内心有冲突和不安；突然用手把没吸完的烟掐灭，表明在紧张地思考问题等等。

常见的手势还有招手致意、挥手告别、握手示好、摆手回绝、合手祈祷、拍手称快、拱手答谢（相让）、抚手示爱、指手示怒、颤手示怕、捧手示敬、举手赞同、垂手听命等。可见，丰富的手势语在人际交往中是不可缺少的。

在社会交往中，手势有着不可低估的作用，生动形象的有声语言再配合准确、精彩的手势动作，必然能使交往更富有感染力、说服力和影响力。人们在交流过程中，除了使用语言符号外，还使用非语言符号。非语言符号是相对语言符号而言的。其中包括手势语、体态语、空间语及相貌服饰语等。手势语的礼仪，手势是一种动态语，要求人们运用恰当。如在给客人指引方向时，要把手臂伸直，手指自然并拢，手掌向上，以肘关节为轴，指向目标。

注意不要在社交场合做一些不合礼仪的手势、动作，否则会给人造成蔑视对方、没有教养的印象，从而影响彼此的交流。

1. 手势的区域

手势活动的范围，分上、中、下三个区域。肩部以上称为上区，多用来表示理想、希望、宏大、激昂等情感，表达积极肯定的意思；肩部至腰部称为中区，多表示有比较平静的思想，一般不带有浓厚的感情色彩；腰部以下称为下区，多表示不屑、厌烦、反对、失望等，表达消极否定的意思。

2. 常见的手势运用

（1）引领的手势。在各种交际场合都离不开引领的手势。例如，请客人进门、请客人坐下、为客人开门等都需要运用手与臂的协调动作。同时，由于这是一种礼仪，还必须注入真情实感，调动全身活力，使心与形体高度统一（见表 3–9）。

表 3–9　　常见的手势运用姿势一览表

动作名称	操作标准	适合的场景	提示语言
前摆式	左手自然下垂，右手指尖向前，由身体右前方自下向上抬起至腰的高度。手肘距身体 15 厘米，身体与大臂之间成 45° 角；大臂与小臂间成 120° 角；手掌与地面成 45° 角；头部和上身微向前侧倾斜（左右手均可）	邀请或引导宾客向某一方向前行	“您请” “这边请” “请跟我来” “请往这边走”
斜下摆式	左手自然下垂，右手指尖向前，由身体右前方自下向上抬起至腰的高度，再向下摆去，指尖指向座位。手掌与地面成 45。角，手掌、手腕、小臂与大臂成一直线；头部和上身微向前侧倾斜（左右手均可）	请宾客入座	“请坐” “您请坐”
前伸式	左手自然下垂，右手指尖向前，掌心向上，由身体正前方自下向上抬起到合适高度，小臂与手腕、手掌成一条直线	请宾客签名	“请您在这里签名”
直臂式	右手自然伸出向指示的方向摆去，根据具体情况，各种度数灵活掌握；头部和上身微向前侧倾斜（左右手均可）	为宾客进行提醒；带宾客参观指引物品；指示较远的方向。	“小心台阶” “小心脚下” “请看这里” “请往那边看” “请往那边走”

（2）鼓掌的手势。鼓掌是在观看文体表演、参加会议、迎候嘉宾时表示赞赏、鼓励、祝贺、欢迎等情感的一种手势。要领是五指并拢，用右手手掌拍左手掌心。

（3）挥手道别的手势。右手五指并拢，手掌向前，指尖朝上，大臂不动，小臂和手掌一起左右摆动。它也叫挥手致意，用来向他人表示问候、致敬、感谢。当你看见熟悉的人，又无暇分身的时候，就举手致意，可以立即消除对方的被冷落感。要掌心向外，面对对方，指尖朝向上方。千万不要忘记伸开手掌。

（4）夸奖他人的手势。伸出右手，竖起大拇指，指尖向上，指腹面向被称赞者。一般都表示顺利或夸奖别人。但也有很多例外：在美国和欧洲部分地区，表示要搭车；在德国表示数字“1”；在日本表示“5”；在澳大利亚就表示骂人。与别人谈话时将拇指竖起来反向指向第三者，即以拇指指腹的反面指向除交谈对象外的另一人，是对第三者的嘲讽。

（5）谈及自己的手势。右手五指并拢，用右手的手掌轻按自己的左胸，显得端庄、大方、可信。

（6）递接物品的手势。递送、接取物品，尽量使用双手，不方便用双手时，则使用右手。双方距离比较远时，应起身站立，主动走近对方递送或接取物品。递送时最好直接递至对方手中并且要方便对方接取。递送有文字、图案、正反面的物品时，要正面向上且朝向对方；递送带尖、带刃或其他易于伤人的物品时，应使其朝向自己或朝向他处，切不可朝向对方。

3. 举止

反复摆弄自己的手指，要么活动关节，要么捻响，要么攥着拳头，或是手指动来动去，往往会给人一种无聊的感觉，让人难以接受。很多人喜欢用单手或双手抱在脑后，这一体态的本意，也是放松。在别人面前特别是给人服务的时候这么做的话，就给人一种目中无人的感觉。个人的举止端庄、行为文明、动作规范，是具有良好素养的表现，它能帮助个人树立美好形象，也能为组织赢得美誉；反之，则会损害组织形象。

我们不必每一句话都配上手势，因为手势做得太多，就会使人觉得不自然。可是在重要的场合，配上适当的手势，就会吸引人们的注意。不自然的手势，会招致许多人的反感，造成交际的障碍。优美动人的手势常常令人心中充满惊喜；非常柔和温暖的手势会令人心中充满感激；非常坚决果断的手势，好像具有千钧之力。有的手势令人深刻地感到对方的热情和欢喜；有的手势却显得轻率；有的手势使人觉得对方洋洋自得；有的手势告诉你他正要赶着去办一件紧急的事情；有的手势又告诉你他有要紧的事情要向你谈，请你等一等。在让座、握手、传递物件、表示默契及谈话进行中手势有时成为谈话的一部分，可以加强我们语言的力量，丰富我们语言的色调。可以说，恰当地使用手势，有时候手势也会成为一种独立且有效的语言。

3–18 拓展阅读：如此吃相

可见，日常举止是优美仪态的一个重要组成部分。端庄的举止、文明的行为体现在日常生活的方方面面，但交际中更要求人们的举止应有一定的约束。在交际中不拘小节、行为莽撞、举止失措的“冒失鬼”是不受欢迎的。因此，在交际中我们要努力克服以下不良举止：

（1）冒冒失失的行为。行为冒失的人，往往“目中无人”，以自我为中心，不考虑自己的行为是否会对他人造成影响。具体表现为手脚太“快”、动作太“硬”、幅度太“大”。有些人是手脚冒失，如在庄重肃穆的场合蹿来蹿去；展览会上的展品随便去摸；进别人的房间时，往往忘了敲门；且由于手脚冒失经常将物品损坏。有些人是语言冒失，他们常常说话不看对象、不分场合、不讲分寸，结果常常闹出笑话或得罪人。例如，初次相识便会给对方提出一些不恰当的问题或要求；连别人是否结了婚都没搞清楚，便贸然问人家的孩子是男孩还是女孩；一不小心出言就伤害了别人的自尊心等。有人认为这样的人性格粗犷、豪爽仗义。其实不然，这些冒冒失失的行为举止正表现出其在礼仪方面的修养很不成熟。

（2）在公共场合大声说话。在公共交通工具上、餐厅里、剧院、电梯等地方经常可以看到一些人大声交谈，即使是一些很隐私的问题，他们也旁若无人地大声交流。这必将影响周围人的心情、思绪，有时甚至让听到者感到难堪。所以，在公共场合应注意控制自己说话的音量，以免干扰别人。如果可以找到一个不影响他人的区域，最好到这样的区域去谈话。

（3）随便吐痰，乱扔垃圾。随地吐痰非常没有礼貌而且绝对影响环境，影响我们的身体健康。如果要吐痰，应该把痰吐在纸巾里，丢进垃圾箱，或去洗手间，但不要忘记清理痰迹和洗手。随手扔垃圾也是应当受到谴责的最不文明的举止之一。

（4）当众搔痒。搔痒的举止很不文雅。瘙痒的原因很多，出现这些情况时，要按所处的场合来灵活掌握。如果处在极严肃的场合，应稍加忍耐；如果实在是忍无可忍，则只有离席到较为隐蔽的地方去挠一下，然后赶紧回来。一般来说，在公共场合不得用手抓挠身体的任何部位。因为不管怎么注意，抓挠的动作都是不雅的。在任何公共场合修剪指甲，都是不文明、不雅观的举止。

（5）当众嚼口香糖。有些人需要当众嚼口香糖以保持口腔卫生，那么，应当注意在别人面前的形象。咀嚼的时候闭上嘴，不能发出声音，并把嚼过的口香糖用纸包起来，扔到垃圾箱里。

（6）当众挖鼻孔、掏耳朵。有些人用小指当众挖鼻孔或用钥匙、牙签、发夹等当众掏耳朵，这是一个很不好的习惯。尤其是在餐厅或茶坊，别人正在进餐或饮茶，这种不雅的小动作往往令旁观者感到不适。

（7）当众挠头皮。有些头皮屑多的人，因为头皮发痒往往在公共场合忍不住挠起头来，顿时头皮屑飞扬四散，令旁人大感不快。特别是在那种庄重的场合，这样是很难得到别人谅解的。

（8）在公共场合抖腿。有些人坐着时会有意无意地抖动双腿，或者让跷起的腿像钟摆似的来回晃动，而且自我感觉良好，以为无伤大雅。其实，这会令人很不舒服。记住，这不是文明的表现，也不是优雅的行为。

（9）当众打哈欠。在交际场合，打哈欠给对方的感觉是对话题不感兴趣，很不耐烦。因此，如果控制不住要打哈欠，一定要马上用手盖住嘴，并立即说“对不起”。

（10）体内发出各种声响。生活经验告诉我们，任何人对发自别人体内的声响都不欢迎，如咳嗽、喷嚏、打嗝、响腹、放屁等。总之，大庭广众之下一定要注意克服。

（11）在公共场合吃零食。在公共场合吃零食，既不雅观也不卫生，为了维护自身的良好形象，在人来人往的公共场合，最好不要吃零食。

（12）剔牙时不掩饰。宴会上实在要剔牙，就得注意剔牙时不要露出牙齿，而且不要把碎屑乱吐，最好用左手掩嘴，头略向侧偏，吐出碎屑时用纸巾接住。

3–19 拓展阅读：为什么大部分成功的人，看上去都很温和

（13）频频看表。在与人交谈时，如果无其他重要约会，最好少看自己的手表。这样的小动作会使对方认为你还有什么重要的事情或失去耐心，不希望谈话继续下去。如果你确实有事在身的话，不妨婉转地告诉对方改日再谈，并表示歉意。

3–20 本节 1+X 证书技能点测试

（14）在大庭广众之下行为不稳妥。在大庭广众之下要保持行为举止的稳重大方。例如，不要趴在或坐在桌子上；不要在他人的面前躺在沙发里；遇到急事时，要沉住气，不要慌张奔跑。这些不稳妥的举止都会影响自身的交际形象。

（15）参加正式活动前吃带有刺激性气味的食品，公共场合对别人品头论足等也是必须克服的不良举止。

课后练习

【运用判断】

1. 一位中年妇女没有做其他化妆，光涂了一个嘴唇，而且用的是那种很红、很艳的唇膏。

2. 一位女士的妆容看起来真的很漂亮，脸上精彩纷呈，脖子却粗糙、马虎，在脸庞轮廓上有明显的分界线，像戴了面具一样。

3. 一位女士用粗的黑色眼线将眼睛轮廓包围起来，像个“大括号”。

4. 一位很漂亮的女士，身穿蓝色调的时装，画着橘红色的唇膏。

5. 同事小丽长得很漂亮，胖嘟嘟的一脸福相，她最喜欢的发型就是披肩直发。

6. 王总经理要去与德国客商签约，穿了一件白色夹克衫，配上牛仔裤，显得年轻时尚。

7. 牛总经理是一位乡镇企业家，他穿着笔挺的名牌西服套装、花格衬衣与外商洽谈。

8. 一位性格活泼的姑娘，身穿合体的裘皮大衣在路边与他人手舞足蹈地高声谈笑。

3–21 案例分析：气质魅力从头开始

9. 一位客人在餐厅用餐，发现菜里面有一根头发，便叫来领班。领班微笑着向她道歉，微笑着处理了整个事情。

10. 业务员小赖去见客人，一进门就靠在沙发上，跷起二郎腿，点起香烟。

11. 导游小王带领旅游团到奥运村旅游，游毕，游客们上车了，他用食指指指点点地清点人数。

3–22 拓展阅读：用微笑去工作和生活

子曰："不仁者不可以久处约，不可以长处乐。仁者安仁，知者利仁。"

——《论语·里仁》

项目四

交往：生活需要仪式感

学习目标

- 在交际中能得体地进行自我介绍，并为他人介绍，树立良好的第一印象
- 能够恰当地选择礼品，互赠礼品，正确地运用礼品表达情意
- 在实际接待、交往中符合礼仪规范
- 会选择合适的交谈话题，恰当得体地与人交谈

情境导入

如此会面

某企业的李经理为了采购新的生产线，决定前往其中一个供应商处进行实地考察。李经理在约定的时间到达该公司，拜访营销部的王经理。到达办公室后，王经理正在收拾杂物。李经理自报家门后，王经理非常热情地伸出沾满灰尘的手与李经理握手，而后伸出右手食指指着旁边的沙发说："请坐。"李经理从公文包里拿出自己的名片，双手递交给王经理，说："王经理，这是我的名片，还请多多关照。"王经理右手接过名片，随手放到自己的办公桌上，而后从裤子口袋拿出自己的名片，单手递给李经理说："这是我的名片。"接着坐在沙发上跷起了二郎腿，而且两腿不停地抖动。20多分钟后会谈结束，李经理告辞，并且暗下决定，以后不在这家供应商处采购生产线。

4-1任务设计

【案例思考】

1. 营销部的王经理违反了哪些礼仪规范？

2. 日常交际的礼仪规范包括哪些方面？

任务一　见面的学问：好的开端是成功的一半

见面是社交的开始。了解和掌握见面时的礼节，可以帮助我们顺利进入交往的殿堂。本节所介绍的称呼、介绍、握手、名片等都是最常见的见面礼仪。

一、称呼的礼仪

在社会交往中，交际双方见面时，如何称呼对方，直接关系到双方之间的亲疏、了解程度、尊重与否及个人修养等。一个得体的称呼，会令彼此如沐春风，为以后的交往打下良好的基础。而不恰当或错误的称呼则可能令对方心中不悦，影响到彼此的关系乃至交际的成功。一个得体的称呼可谓交际的"敲门砖"。

1. 通常的称呼

（1）称呼姓名。一般的同事、同学，平辈的朋友、熟人，彼此之间均可直呼其名。长辈对晚辈也可以如此称呼，但晚辈对长辈却不能这样做。为了表示亲切，可以在被称呼者的姓名前分别加上"老""大"或"小"字，而免称其名。例如，对年长于己者，可称"老张""大李"；对年幼于己者，可称"小吴""小周”。但这种称呼多在职业人士间常见，不适合在校学生使用。对同性的朋友、熟人，若关系较为亲密，可以不称其姓，而直呼其名，如“宗岐”“俊杰”等。

（2）称呼职务。在工作中，以交往对象的职务相称，以示身份有别、敬意有加，这是一种最常见的称呼方法。具体做法是：可以只称呼职务，如“局长”“经理”“主任”等；也可以在职务前加上姓氏，如“王总经理”“李市长”“李主任”等；还可以在职务之前加上姓名，这仅适用于极其正式的场合，如“××× 主席”“××× 省长”“××× 院长”等。

（3）称呼职称。对于有职称者，尤其是有高级、中级职称者，可以在工作中直接以其职称相称。可以只称职称，如“教授”“研究员”“工程师”等；也可以在职称前加上姓氏，如“张教授”“王研究员”“刘工程师”。当然有时可以简化，如将“刘工程师”简化为“刘工”，但使用简称应以不发生误会、歧义为限。可以在职称前加上姓名，这适用于十分正式的场合，如“王久川教授”“周蕾主任医师”“孙小刚主任编辑”等。

（4）称呼学位。在工作中，以学位作为称呼，可增加被称呼者的权威性，有助于增强现场的学术氛围。可以在学位前加上姓氏，如“张博士”；也可以在学位前加上姓名，如“张明博士”。称呼学位一般仅限于拥有博士学位者，对学士学位、硕士学位拥有者不这样称呼。

（5）称呼职业。即直接以被称呼者的职业作为称呼。例如，将教员称为“老师”，将教练员称为“教练”或“指导”，将专业辩护人员称为“律师”，将财务人员称为“会计”，将医生称为“大夫”或“医生”，等等。一般情况下在此类称呼前，均可加上姓氏或姓名。

（6）称呼亲属。亲属，即与本人拥有直接或间接血缘关系者。在日常生活中，对亲属的称呼也已约定俗成。面对外人，对亲属可根据不同情况采取谦称或敬称。对本人的亲属应采用谦称。称辈分或年龄高于自己的亲属，可以在其称呼前加“家”字，如“家父”“家叔”；称辈分或年龄低于自己的亲属，可在其称呼前加“舍”字，如“舍弟”“舍侄”；称自己的子女，则可在其称呼前加“小”字，如“小儿”“小女”“小婿”。对他人的亲属，则应采用敬称。对其长辈，宜在称呼前加“尊”字，如“尊母”“尊兄”；对其平辈或晚辈，宜在称呼之前加“贤”字，如“贤妹”“贤侄”。若在其亲属的称呼前加“令”字，一般可不分辈分与长幼，如“令堂”“令爱”“令郎”。

（7）其他称呼。在国际礼仪交往中，一般对男子称先生，对女子称夫人、女士或小姐。对已婚女子称夫人，对未婚女子称小姐，对婚姻状况不明的女子称“小姐”或“女士”。

4-2 课程思政：毛泽东“同志”称谓轶事

礼仪小常识

“同志”一词的由来

“同志”一词是如何来的呢？在我国古代，“同志”与先生、长者、君等词的含义一样，都是朋友之间的称呼。春秋时期，左丘明在《国语·晋语四》中对“同志”一词作了解释：“同德则同心，同心则同志。”《后汉书·刘陶传》曰：“所与交友，必也同志。”到了现代，“同志”成为政党内部成员之间的称呼。在资产阶级民主革命时期，革命党人内部就已互称“同志”。孙中山在其著名的《总理遗嘱》中也呼吁：“革命尚未成功，同志仍须努力。”

1920 年，毛泽东、罗学瓒等人在通信时，也开始引用“同志”一词。1921 年，中国共产党“一大”党纲中规定：“凡承认本党党纲和政策，并愿成为忠实的党员者，经党员一人介绍，不分性别，不分国籍，均可接收为党员，成为我们的同志。”这是中国共产党在正式文件中最早使用“同志”一词，并赋予其新的含义。

毛泽东同志在 1959 年还专门指示，要大家互称“同志”。1965 年 12 月 14 日，中央专门发出通知，要求党内一律称“同志”。至此，“同志”已不单单只是一个称呼，而是发扬党的优良传统，克服和抵制旧社会腐朽习气和官僚主义作风的一种方式。

1978 年 12 月，十一届三中全会的公报再次指出：“全会重申了毛泽东同志的一贯主张，党内一律互称同志，不要叫官衔。”

2. 称呼的禁忌

4-3 称谓禁忌小视频

（1）使用错误的称呼。常见的错误称呼有两种：一是误读，一般表现为念错被称呼者的姓名。比如“郇”“查”“盖”这些姓氏就极易读错。为避免犯此类错误，就一定要做好前期准备，必要时应不耻下问、虚心请教。二是误会，主要是指对被称呼者的年纪、辈分、婚否以及与其他人的关系做出了错误判断。比如，将未婚妇女称为“夫人”，就属于误会。

（2）使用过于生活化的称呼。在人际交往中，有些称呼在正式场合切勿使用。例如，“兄弟”“朋友”“哥们儿”“姐们儿”“磁器”“死党”“铁哥们儿”等一类的称呼，商务场合就显得不得体。逢人便称“老板”，也显得不合时宜。

（3）使用绰号作为称呼。对于关系一般者，切勿自作主张给对方起绰号，更不能随意以道听途说来的对方的绰号去称呼对方。至于一些对对方具有侮辱性质的绰号，如“北佬”“阿乡”“鬼子”“鬼妹”“拐子”“秃子”“罗锅”“四眼儿”“肥肥”“傻大个儿”“熊二”等，则更应避免。另外，还要注意，不要随便拿别人的姓名开玩笑。要尊重一个人，必须首先学会去尊重其姓名。

3. 称呼的运用技巧

（1）初次见面更要注意称呼。初次与人见面或谈业务时，要称呼“对方的姓 + 职务”，要一字一字地说得特别清楚，如“王总经理，您说得真对……”如果对方是个副总经理，可删去那个“副”字；但若对方是总经理，不要为了方便把“总”字去掉，而变为经理。

（2）称呼对方时不要一带而过。在交谈过程中，称呼对方时，要加重语气，称呼完了停顿一会儿，然后再谈要说的事，这样能引起对方的注意。如果你称呼得很轻又很快，有种一带而过的感觉，对方听着不会太顺耳，有时也听不清楚，就引不起听话的兴趣。此外，如果太不注意对方的姓名，而过分强调了要谈的事情，也会让对方对你的事情失去兴趣。所以一定要把对方完整的称呼，很认真、很清楚、很缓慢地讲出来，以显示对对方的尊重。

（3）关系越熟越要注意称呼。与对方十分熟悉之后，千万不要因此而忽略了对对方的称呼，一定要坚持称呼“对方的姓 + 职务（职称）”，尤其是有其他人在场的情况下。人人都需要被人尊重，越是朋友，越是要彼此尊重。如果熟了就变得随随便便，称呼“老王”“老李”，甚至用一声“唉”“喂”来称呼了，会显得极不礼貌，令对方难以接受。

礼仪小常识

日常交往的“3A”法则

美国学者布吉林教授谈到在人际交往中怎样成为受欢迎的人时，提出了“3A”法则。

第一个 A：接受对方（Accept）。因为人和人的受教育程度、性别、职位、社会阅历、待人接物风格等都不相同，因此，要严于律己、宽以待人。与人交往要有容人的雅量。

第二个 A：重视对方（Appreciate）。在人际交往中，要知己知彼，重视对方。如记住对方的姓名、头衔、单位等重要信息。

第三个 A：赞美对方（Admire）。欣赏对方，肯定对方。

二、介绍的礼仪

介绍是社交活动中最常见，也是最重要的礼节之一，它是初次见面的陌生双方开始交往的起点。介绍在人与人之间起桥梁与沟通作用，几句话便可以缩短人与人之间的距离，为进一步交往开个好头。

1. 自我介绍

在不同场合，遇见对方不认识自己，而自己又有意与其认识却无人引荐时，往往需要自我介绍。自我介绍时要注意如下几个方面：

（1）明确自我介绍的目的。任何自我介绍，都不是简单地给对方介绍自己的基本情况，而是根据不同的场合及目的，有意识的一种行为选择。比如，面试的时候，往往会遇到进行自我介绍的要求。这样的自我介绍就不仅仅是单纯地向对方说说自己的基本情况，而是通过自己的介绍，来说服面试官自己是最适合面试岗位的那个人。因此，认真地去分析每一次自我介绍的目的，再围绕这些目的来组织自己的自我介绍内容，是非常必要的一种意识和习惯。

（2）把握自我介绍的时机。在交际场合，自我介绍的时机包括：与不相识者相处一室，不相识者对自己很有兴趣；他人请求自己作自我介绍；在聚会上与身边的陌生人共处；打算介入陌生人组成的交际圈；求助的对象对自己不甚了解，或一无所知；前往陌生单位进行业务联系；在旅途中与他人不期而遇而又有必要与人接触；初次登门拜访不相识的人；利用社交媒介，如信函、电话、电报、传真、电子信函，与其他不相识者进行联络；初次利用大众传媒，如报纸、杂志、广播、电视、电影、标语、传单，向社会公众进行自我推介、自我宣传。

（3）选择自我介绍的方式。自我介绍的方式主要有以下几种：

第一，应酬式的自我介绍。这种自我介绍的方式最简洁，往往只包括姓名一项即可。比如说："您好！我叫王平。"它适用于一些公共场合和一般性的社交场合，如途中邂逅、宴会现场、舞会、通电话时。它的对象主要是一般接触的交往人。

第二，工作式的自我介绍。工作式自我介绍的内容，包括本人姓名、供职的单位及部门、担负的职务或从事的具体工作等三项。如"我叫唐婷，是大地广告公司的客户经理"。

第三，交流式的自我介绍。这种介绍也叫社交式自我介绍或沟通式自我介绍，是一种刻意寻求交往对象进一步交流沟通，希望对方认识自己、了解自己，与自己建立联系的自我介绍。它大体包括本人的姓名、工作、籍贯、学历、兴趣以及与交往对象的某些熟人的关系等。如"我叫陈前，是招商银行的理财顾问，说起来我跟您还是校友呢”。

第四，礼仪式的自我介绍。这是一种对交往对象表示友好、尊敬的自我介绍。这种介绍适用于讲座、报告、演出、庆典、仪式等正规的场合，内容包括姓名、单位、职务等项。在进行这种自我介绍时，还应多加入适当的谦辞、敬语，以示自己尊敬交往对象。如“女士们、先生们，大家好！我叫宋河，是精英文化公司的常务副总。值此之际，我谨代表本公司热烈欢迎各位来宾莅临指导，谢谢大家的支持”。

第五，问答式的自我介绍。针对对方提出的问题，做出自己的回答。这种方式适用于应试、应聘和公务交往，在一般交际应酬场合也时有所见。如对方发问：“这位先生贵姓？”回答：“免贵姓张，弓长张。”

（4）掌握自我介绍的分寸。首先，语言要力求简洁。要节省时间，通常控制在半分钟左右，如无特殊情况最好不要超过1分钟。为了提高效率，在做自我介绍时，可利用名片、介绍信、微信名片等资料加以辅助。其次，态度要友好自信。态度要保持自然、友善、亲切、随和，整体上讲求落落大方、笑容可掬。要充满信心和勇气，敢于正视对方的双眼，显得胸有成竹、从容不迫。语气自然，语速正常，语言清晰。最后，内容要追求真实。进行自我介绍时所表达的各项内容，一定要实事求是，真实可信。过分谦虚，一味贬低自己去讨好别人，或者自吹自擂、夸大其词，都是不足取的。

4-4 拓展阅读：第一印象效应——面试中自我介绍的重要性

请结合以上拓展阅读所学内容，以小组为单位，向小组成员介绍自己，选出小组自我介绍最佳队员，与班级中其他小组的最佳自我介绍成员进行评比，选出你心中最佳自我介绍员。

2. 他人介绍

他人介绍即社交中的第三者介绍。在他人介绍中，为他人做介绍的人一般有社交活动中的东道主、社交场合中的长者、家庭聚会中的女主人、公务交往活动中的公关人员（礼宾人员、接待人员、文秘人员）等。他人介绍时要注意如下几个方面：

（1）他人介绍的时机。他人介绍的时机包括：在家中或办公地点接待彼此不相识的客人；与家人外出，路遇家人不相识的同事或朋友；陪同亲友，前去拜会亲友不认识的人；陪同上司、来宾时，遇见了其不相识者，而对方又跟自己打了招呼；打算推介某人加入某一交际圈；收到为他人做介绍的邀请等等。

（2）他人介绍的顺序。一般来说，在被介绍的两个人中，应让女士、长者、位尊者拥有“优先知晓权”。例如，介绍年长者与年幼者认识时，应先介绍年幼者，后介绍年长者；介绍长辈与晚辈认识时，应先介绍晚辈，后介绍长辈；介绍老师与学生认识时，应先介绍学生，后介绍老师；介绍女士与男士认识时，应先

图 4-1　他人介绍顺序规则

介绍男士，后介绍女士；介绍已婚者与未婚者认识时，应先介绍未婚者，后介绍已婚者；介绍同事、朋友与家人认识时，应先介绍家人，后介绍同事、朋友；介绍来宾与主人认识时，应先介绍主人，后介绍来宾（见图 4-1）。

在进行集体介绍时要注意以下几点：

第一，少数服从多数。当被介绍者双方地位、身份大致相似时，应先介绍人数较少的一方。

第二，强调地位、身份。若被介绍者双方地位、身份存在差异，虽人数较少或只有一人，也应将其放在尊贵的位置，最后加以介绍。

第三，单向介绍。在演讲、报告、比赛、会议、会见时，往往只需要将主角介绍给广大参加者。

第四，对人数多的一方的介绍。若一方人数较多，可采取笼统的方式进行介绍，如“这是我的家人”“这是我的同学”。

（3）他人介绍的细节。细节决定成败，细节体现温度，细节也让人感到温暖。在介绍时还要注意如下细节，只有这样才能取得良好的交际效果。

第一，介绍者为被介绍者介绍之前，一定要征求被介绍双方的意见，切勿上去开口即讲，这样显得很唐突，让被介绍者措手不及。

第二，被介绍者在介绍者询问自己是否有意认识某人时，一般不应拒绝，而应欣然应允。实在不愿意时，则应说明理由。

第三，介绍人和被介绍人都应起立，以示尊重和礼貌；待介绍人介绍完毕后，被介绍双方应微笑点头示意或握手致意。

第四，在宴会、会议桌、谈判桌上，视情况介绍人和被介绍人可不必起立，被介绍双方可点头微笑致意；如果被介绍双方相隔较远，中间又有障碍物，可举起右手致意，或点头微笑致意。

第五，介绍完毕后，被介绍双方应依照合乎礼仪的顺序握手，并且彼此问候对方。问候语有“您好，很高兴认识您”“久仰大名”“幸会幸会”，必要时还可以进一步做自我介绍。此外，介绍时不要开玩笑，不要使用易产生歧义的简称，特别是在首次介绍时要准确地使用全称。

三、握手的礼仪

当今，握手已成为全世界最为普遍的一种礼节，其应用的范围远远超过了鞠躬、拥抱、亲吻等。在日常交际中，我们必须注意握手的基本礼节。

1. 握手的次序

4–5 握手礼仪小视频

根据礼仪规范，握手时双方伸手的先后次序，一般应当遵守“尊者先伸手”的原则，由尊者首先伸出手来，位卑者只能在此后予以响应，而绝不可贸然抢先伸手，不然就是违反礼仪的举动。其基本规则如下：

（1）男女之间握手。社交场合男女之间握手，男士要等女士先伸出手后才握手。如果女士不伸手或无握手之意，男士应向对方点头致意或微微鞠躬致意。男女初次见面，女方可以不和男士握手，只是点头致意即可。男女握手时，男士要脱帽和脱右手手套，如果匆匆忙忙来不及脱，要道歉。女士除非对长辈，一般可不必脱手套。

礼仪小常识

公务场合男女之间握手

在社交场合，男女之间握手的顺序主要取决于双方的年龄和性别。而在公务场合握手的顺序主要取决于双方的身份、地位。例如，一位年长、职位低的女士与一位年轻、职位高的男士握手，在公务场合，应该是这位男士先伸手，而不是女士先伸手。

（2）宾客之间握手。宾客之间握手，主人有向客人先伸出手的义务。在宴会、宾馆或机场接待宾客，当客人抵达时，不论对方是男士还是女士，女主人都应该主动先伸手。男士若是主人，尽管对方是女宾，也可先伸出手，以表示对客人的热情欢迎。而在客人告辞时，则应由客人首先伸出手来与主人相握，在此表示的是“再见”之意。

（3）长幼之间握手。长幼之间握手，年幼的一般要等年长者先伸手。和长辈及年长者握手，不论男女，都要起立趋前握手，并要脱下手套，以示尊敬。

（4）上下级之间握手。上下级之间握手，下级要等上级先伸出手。但涉及主宾关系时，可不考虑上下级关系，做主人的应先伸手。

（5）个人与多人握手。若是一个人需要与多人握手，则握手时也应讲究先后次序，由尊而卑，即先年长者后年幼者，先长辈后晚辈，先老师后学生，先女士后男士，先已婚者后未婚者，先上级后下级，先职位、身份高者后职位、身份低者。

值得注意的是，在公务场合，握手时伸手的先后次序主要取决于职位、身份；而在社交、休闲场合，则主要取决于年龄、性别、婚否。

2. 握手的方式

握手的标准方式，是在距握手对象约 1 米处，双腿立正，上身略向前倾，伸出右手，四指并拢，拇指张开与对方相握。握手时应用力适度，上下稍许晃动三四次，随后松开手来，恢复原状。具体应注意如下几点：

（1）神态。与人握手时神态应专注、热情、友好、自然。在通常情况下，与人握手时，应面带微笑，目视对方双眼，并且口道问候。在握手时切勿显得自己三心二意、敷衍了事、傲慢冷淡。

（2）力度。握手时用力应适度，不轻不重，恰到好处。如果手指轻轻一碰，刚刚触及就离开，或是懒懒地、慢慢地相握，缺少应有的力度，会给人以勉强应付之感。一般来说，手握得紧表示热情。男人之间可以握得较紧，甚至另一只手也加上，握对方的手大幅度上下摆动，或者在手相握时，左手又握住对方胳膊肘、小臂甚至肩膀，以表示热烈。但是注意既不能握得太用力，使人感到疼痛，也不能显得过于柔弱，不像个男子汉。对女性或陌生人，轻握会显得不热情，尤其是男性与女性握手应热情、大方，用力适度。

4-6 拓展阅读：为什么生活需要仪式感

（3）时间。握手通常是握紧后打过招呼即松开。但如果是在亲密朋友意外相遇、双方敬慕已久而初次见面、至爱亲朋依依惜别、衷心感谢难以表达等场合，握手时间则可长点儿，甚至可紧握不放，话语不休。在公共场合，如列队迎接外宾，握手的时间一般较短。握手的时间应根据与对方的亲密程度而定。

3. 握手的禁忌

在交际中，握手虽然司空见惯，看似寻常，但由于它可被用来传递多种信息，因此在行握手礼时应努力做到合乎规范，并且注意下面几点：

（1）不要用左手与他人握手，尤其是在与阿拉伯人、印度人打交道时要牢记这一点，因为在他们看来左手是不洁的。

（2）不要在握手时争先恐后，而应当遵守秩序，依次而行。特别要记住，与基督教信徒交往时，要避免两人握手时与另外两人相握的手形成交叉状，类似于十字架，这在基督教信徒眼中是很不吉利的。

（3）不要戴着手套、帽子握手，在社交场合女士的晚礼服手套除外。

（4）不要在握手时戴着墨镜，只有患有眼疾或眼部有缺陷者才能例外。

（5）不要在握手时将另外一只手插在衣袋里。

（6）不要在握手时另外一只手依旧拿着香烟、报刊、公文包、行李等东西而不肯放下。

（7）不要在握手时面无表情，不置一词，好似根本无视对方的存在，而纯粹是为了应付。

（8）不要在握手时长篇大论，点头哈腰，滥用热情，显得过分客套，那样会让对方不自在、不舒服。

（9）不要在握手时把对方的手拉过来、推过去，或者上下左右抖个没完。

（10）不要在与人握手之后，立即擦拭自己的手掌，好像与对方握一下手就会使自己被污染似的。

4. 握手的技巧

（1）主动与每个人握手。在商务场合，如谈判开始之前，双方都要做自我介绍。这时候，最好的表现就是要积极主动一些，表示你很高兴与他们认识。为了表示你的这种诚意，你可以主动地与对方的每一个人握手。因为你主动就说明你对对方尊重，只有在你尊重别人时，才会得到别人的尊重。

（2）有话想让对方出来讲，握手时不要松开。有时你想找对方谈一些事，不巧的是里边还有其他人在，你想与对方单独谈，耐心等了很久仍然没有机会，那你只好想办法让对方出来说了。但你又不能明白地告诉对方："我有点事，咱们到外边说。"因为这是不礼貌的。你得想办法让对方起身相送。在你起身告辞时，对方站起来，你就边与对方交谈边向外走。如果对方无意起身，你就走近他，很礼貌地与他握手，出于礼貌对方会站起身走出自己的座位，然后你边说边往外走，千万不能断了话。因为当你还有话要说时，对方是不好意思不送你的。说话时，眼睛也要看着对方，不要只顾走。走到门口对方要与你告辞，你主动伸手与他握手，握手之后不要马上松开，要多握一会儿，并告诉对方"你看我还有件事……"，你说得缓慢些，对方也就意识到了，并主动走了出来。

（3）握手时赞扬对方。握手时的寒暄话是非常重要的。在你与对方握手时，可以对对方表示一下关心和问候，或赞扬对方两句。握手时双方的距离很近，对方的衣着服饰可以尽收眼底，如果你用心观察，肯定会有某一方面值得你赞扬。而每个人又都有自己特别注重修饰的地方，有人特别爱惜自己的发式，每天修理头发，使自己神采奕奕；有人特别注意领带，不惜高价买一条，或用一枚精致的领带夹点缀一下，使自己容光焕发；有的穿了一件新西装，质地优良、做工考究；有的穿了一件色彩和谐明快的衬衣，使人显得年轻漂亮。见面握手时不能对这些熟视无睹，要加以赞美。双方会因此而显得亲近，你则显得格外大方、热情、细心，因而会给人留下好印象。

5. 常见的其他见面礼节

在国内外交往中，除握手之外，以下见面礼也颇为常见：

（1）点头礼。点头礼适用于路遇熟人，或在会场、剧院、歌厅、舞厅等不宜与人交谈的地方，或在同一场合碰上自己多次见面者，或遇上多人又无法一一问候之时。行礼的做法是：头部向下轻轻一点，同时面带笑容，不宜反复点头不止，点头的幅度不必过大。

（2）举手礼。行举手礼的场合与行点头礼的场合大致相似，它最适合向距离较远的熟人打招呼。其做法是：右臂向前方伸直，右手掌心向着对方，其他四指并拢，拇指分开，轻轻向左右摆动一两下。不要将手上下摆动，也不要在手摆动时用手背朝向对方。

（3）脱帽礼。戴着帽子的人，在进入他人居所、路遇熟人、与人交谈并握手或行其他见面礼时，在进入娱乐场所、升挂国旗、演奏国歌等情况下，应自觉主动地摘下自己的帽子，并置于适当之处，这就是所谓的脱帽礼。女士在社交场合可以不脱帽子。

（4）注目礼。行注目礼的具体做法是：起身立正，抬头挺胸，双手自然下垂或贴放于身体两侧，笑容庄重严肃，双目正视于被行礼对象，或随之缓缓移动。一般在升国旗、游行检阅、剪彩揭幕、开业挂牌等情况下，行注目礼。

（5）拱手礼。拱手礼是我国民间传统的会面礼，现在也经常使用，如在过年时举行团拜活动、向长辈祝寿、向友人恭喜（结婚、生子、晋升、乔迁）、向亲朋好友表示无比感谢，以及与海外华人初次见面时表示久仰大名等。行礼时应起身站立，上身微微前倾，将右手半握拳放在胸前，再用左手包住右手，双手在胸前轻轻摇动，同时眼睛应注视对方面带笑意。

武术礼节中的抱拳动作与拱手礼是不同的，是用左手手掌搭在右手的拳头上，这个动作还有一个传说，就是左手五指伸直并拢代表“五湖”，右手握紧拳头代表“四海”，将左手搭在右手上，表示五湖四海皆兄弟（见图 4–2）。这个礼节在生活中已不常用。

图 4–2　武术抱拳

（6）合十礼。在东南亚、南亚信奉佛教的地区以及我国傣族聚居区，合十礼最为普遍。行合十礼时双掌十指在胸前相对合，五个手指并拢向上，掌尖和鼻尖基本持平，手掌向外侧倾斜，双腿立直站立，上身微欠低头，可以口颂祝词或问候对方，亦可面带微笑，但不准手舞足蹈、反复点头。一般而论，行此礼时，合十的双手举得越高，越体现出对对方的尊重，但原则上不可高于额头。

（7）拥抱礼。在西方，特别是在欧美国家，拥抱礼是十分常见的见面礼与道别礼。在人们表示慰问、祝贺、欣喜时，拥抱礼也十分常用。正规的拥抱礼，讲究两人正面面对站立，各自举起右臂，将右手搭在对方左肩后面；左臂下垂，左手扶住对方右腰后侧。首先各向对方左侧拥抱，然后各向对方右侧拥抱，最后再一次各向对方左侧拥抱，可以视对方的感受决定是否在拥抱的同时贴面。

其实在中国比较流行的是一次拥抱，即两人相对站立，伸开双手，将右臂举起搭在对方的左后肩上，然后用左手从对方的右肋环抱至背后，两人头部及上身同时向左伸相互拥抱，用手轻轻拍对方的背部几下，以表示问候之情，拍背 3~5 下后分开。

（8）亲吻礼。亲吻礼，也是西方国家常用的见面礼，有时它会与拥抱礼同时使用，一般用于长辈与晚辈之间。施礼时，长辈亲吻晚辈脸的一侧或两侧；晚辈可用双手搂抱长辈的颈部，或双手下垂亲吻长辈脸颊。关系亲近的女性之间也可采用吻面颊的礼节，两人同时亲吻对方的右侧、左侧，或亲吻一侧。长辈对晚辈也可吻额头，亲吻额头的中间部位。异性、同性之间，也可采用贴面颊的礼节。施礼时，两人的面颊相贴，顺序为先左后右。

（9）吻手礼。吻手礼主要流行于欧美国家。它的做法是：男士行至已婚妇女面前，首先垂手立正致意，然后以右手或双手捧起女士的右手，俯首以自己微闭的嘴唇，去象征性地轻吻一下其手背或是手指。行吻手礼的地点，宜在室内。吻手礼的受礼者，只能是妇女，而且应是已婚妇女。

礼仪小常识

中国拱手礼的由来

中国是礼仪之邦，在深厚的中国传统文化中，拱手礼作为很常见的礼仪形式，已有三千多年的历史，沿用至今。

拱手礼又称为作揖、抱拳礼，是中国人传统的见面礼仪。《论语·微子》中曾记载“子路拱而立”。这里的子路对孔子所行的就是拱手礼。拱手礼已经有两三千年的历史了，中国的礼仪大多数都源自于西周初年周公开创的“周礼”。周代礼乐文化的主要内容都保存在《周礼》《仪礼》和《礼记》这三本书中，在《仪礼》中，规定士与士之间的交际礼仪的这一部分叫作相见礼，而揖礼就是相见礼之一。

一、拱手礼适用场合

拱手礼常见于华人之间的社交场合或重大节日场合等。适用于平辈之间，如同事、朋友等，不可向父母长辈行拱手礼。按照传统礼仪，给长辈行礼，如拜年，应该用鞠躬或跪拜礼。同时，长辈可以对晚辈回拱手礼作答。

拱手礼在不同场合，也有着不同的含义。每逢重大节日或重大场合时行拱手礼，表示祝愿。

双方道别、分别时行拱手礼，表以留恋之情。当做错事或说错话时，行拱手礼，并说“对不起”，表示歉意。行拱手礼时，往往与寒暄语同时进行，如：“恭喜”“久仰”“请多关照”“过年好”等。

二、使用注意事项

拱手礼是最具中国特色的问候礼仪，但在行礼时最好避免着装和行礼的搭配，如穿西式风格的服装时最好行鞠躬礼。

行拱手礼时，双腿站直，上身直立或微俯，男士左手在前、右手握拳在后，女士相反，双手抱拳于胸前，有节奏地晃动两三下，并说出自己的问候。但不对长辈行拱手礼。

4–7 拓展阅读：都是“称呼”惹的祸

4–8 本节 1+X 证书技能点测试

任务二　流动的礼物：互惠原则与人情伦理

“互惠互利”是人际关系的根基。人与人之间的相处如果没有做到“互惠互利”，就不可能建立和谐融洽的人际关系。古希腊哲学家德谟克利特（Demokritos）曾说：即使很小的恩惠，如果实施得及时，对受惠的人也会产生很大的价值。生活中，人们也经常看到这样一种现象：吃亏的人，人缘必然好；人缘好，机会必然多；机会多，幸福来得也必然多。这些都是互惠原则与人情伦理在人际关系中的作用。中华民族素来重视遵循礼规交情，古代就有“礼尚往来”之说。如今人际交往中也常常出现这种互惠，以保持彼此间的亲密关系的现象。礼品常常被作为人际交往的必需品，通过礼品的馈赠，表达人们之间友好、关怀、真诚和信任，是人们消除隔阂、增进感情、融洽关系最好的媒介物和润滑剂之一。有些时候，缺少了礼品的流动，可能会显得缺少人情味，使双方的交往陷入古板和公式化。因此，礼仪和送礼关系密切，馈赠是礼仪的重要组成部分，是礼仪的执行方式之一。馈赠是一种文化传统，有其约定俗成的规范。日常交际活动中，在遵循合法合规的前提下，运用好互惠原则、讲究人情伦理是必要的。

一、互惠原理内涵

在著名经济人类学家卡尔·波兰尼（Karl Polany）看来，经济嵌在社会之中，互惠（Reciprocity），再分配（Redistribution）和市场交换（MarketExchange）三种经济行为，构成了人类主要的三种经济生产方式。[①]“互惠”在日常生活中普遍存在，“互惠原理”是在同事、朋友、夫妻……之间相处时不可缺少的一门艺术。互惠原理认为，我们应该尽量以相同的方式回报他人为我们所做的一切，我们有义务在将来回报我们收到的恩惠、礼物、邀请等。因为这一类东西的接受往往与偿还的义务紧紧联系在一起。互惠原理以及与之形影相随的负债感给人印象最深刻的一点就是，它们在人类文明中几乎无处不在。人们在与别人分享某些东西的时候，可以确信这一切都不会被遗忘。人类在进化的过程中终于达到了这样一种文明程度：当一个人将财物等资源分给他人时，其实并没有真正将这些东西失去。这种现象的结果就是，那些以一方向另一方提供资源为开端的交易变得容易起来，错综复杂而又井然有序的援助、送礼、防御和贸易体系也成为可能，给社会带来了极大的利益。

既然互惠原理对人类文明的积极意义是这样的显著，它在我们社会化的过程中变成一种深深植根于我们心目中的行为体系也就不是什么奇怪的事情了。一位大学教授做过一个小小的实验。他从一群素不相识的人名中，随机挑选出一些人来，给他们寄去圣诞卡片。他估计可能会有一些回音。但随后发生的一切还是大大出乎他的意料。这些人回赠的节日卡片如雪花似地寄了回来。大部分给他回赠卡片的人根本就没想过打听一下这个陌生的教授到底是谁。他们收到卡片，自动就回赠了一张。

这个实验规模虽小，却很巧妙地证明了互惠原理在人们的行为中所起的作用。在现实生活中，我们总是采用尽量相同的方式回报别人为我们所做的一切。由于互惠原则的影响力，当我们收到恩惠、礼物和邀请后，我们感到自己有义务将来予以回报。因为对恩惠的接收往往与偿还的义务紧紧联系在一起。有道是滴水之恩，涌泉相报。

---

①［匈］卡尔·波拉尼．冯钢，刘阳译．大转型：我们时代的政治与经济起源［M］．杭州：浙江人民出版社，2007.

礼仪小常识

套路：一个被普遍应用的互惠原理

或许你在生活中没有发现这种互惠原理的影响力。商家卖一件衣服，多数的时候价格是虚高的，这个套路大家都知道。当你与对方讨价还价时，商家只要看似合理地退让，那么你依然将落入“退让”的互惠心理原则里，因为对方退让了，我们不由自主地也将退让，以便完成交易。根据一项调查，如果一个人有求于对方，只要事先给予对方好处，那么成功的机率将大大提高。生活中如果有人请你吃了一顿饭，再提出借钱，是不是更加容易一些？生活中退让的心理原则也经常被当做套路使用。当他一个人需要借钱时，例如他要借一千块，那么他会向你借两千块，若你说最近手头也紧，他就退一步，说只借一千块。成则借了双倍钱，不成则借到原来希望借到的钱。所以日常生活中，有一类人总是先提出极端要求，再退让一步，以便达到自己原有的目标。

二、识破互惠的陷阱

互惠的心理机制，简单来说就像“礼尚往来”，你送我东西我肯定也还你。这种机制长久地印在人们的心里，所以常常被借以营销。如一些商家为什么会事先送点小玩意，不过是为了激发这种互惠原则，使你感到不买点东西不好意思。

那么，只要你认清了这种陷阱，只要在心理上把握这种思维错误，便不会触发互惠原理，你也不会感到不好意思，因为对方本来就带有目的，没有必要以恩报“不怀好意”。

三、馈赠礼仪的原则

1. 馈赠礼品的标准原则

（1）注重情感性。馈赠礼品要重视其情感意义。礼品作为友好的象征物，其意义并不在礼品本身，而在于通过礼品所传达的友好情意，这是馈赠礼品的基本思想。“千里送鹅毛，礼轻情义重”就是说情义是无法用金钱来衡量的。“烽火连三月，家书抵万金”同样说明“情”的价值。著名作家萧乾当年访问一位华人朋友，特意捎去几颗生枣核。他深深知道：朋友身在异国他乡，年纪越大，思乡越切，送去几颗故乡故土的生枣核，让它在异国他乡生根、开花、结果。果然那位华人朋友一见到那几颗生枣核，便勾起了缕缕乡情，他把枣核托在手掌，仿佛比珍珠、玛瑙还贵重。因此选择礼品时，勿忘一个“情”字。应挑选价廉物美、具有一定纪念意义，或具有某些艺术价值，或为受礼人所喜爱的小艺术品，如纪念品、书籍、画册等。

（2）具有独创性。选择礼品，应当精心构思，匠心独运，富有创意，力求使之新、奇、特，这就是礼品的独创性。赠送具有独创性的礼品于人，往往可以令其耳目一新，既兴奋又感动。同时兼具时代性，赠送礼品应折射时代风尚。当今人们追求生活的高尚品位，什么样的礼品够档次，多半取决于礼品是否符合时代风尚。近几年随着人们生活水准的提高和思想观念的转变，人们相互馈赠礼品也发生了质的变化和飞跃，从经济实用的物质型礼品向高雅、新潮的精神型礼品转化。“精神礼品”已成为当今人际交往中一道亮丽的风景线。

（3）注意适俗性。挑选礼品，特别是要为交往不深或外地区人士和外国人挑选礼品时，应当有意识地使赠品与对方所在地的风俗习惯一致。例如，在我国大部分地区，老年人忌讳发音为“终”的钟；恋人们反感发音为“散”的伞；探望病人忌讳送发音为“离”的梨。因此应根据不同国家、地区的习惯与个人的爱好做必要的选择，赠礼问俗是我们不能忽视的，这也是一个重要标准。

2. 馈赠礼品的适度原则

选择礼品的价值要“得体”。并非价值越昂贵的礼品所表达的送礼者的情意越深厚。送礼要与受礼者的经济状况相适合。中国人历来有“礼尚往来”的习俗，礼品超过了一定的价值界限，就超出了礼品的范畴，就会失去礼品固有的性质，从根本上背离了礼仪的属性，变成了贿赂和图谋，会给接受礼物者较大的心理负担。特别是在新时代背景下，礼物的传递更要有自律的觉悟。接受贵重礼品的人要严格自律，对于影响公务的公正执行或牺牲他人利益的馈赠要敢于拒礼。一般来说，有意义的纪念品、实用类物品、象征美好的常见物品、物美价廉的地方特产、对工作和学习有帮助的资料等较适合馈赠。

四、馈赠的场合和礼仪

1. 馈赠礼品的场合

在社会交往中，人们在不同的场合下应该选送不同的礼品。

（1）表示谢意敬意。当我们接受他人或某个组织的帮助之后应当表示感谢。如某位医生妙手回春治愈你多年的顽症，某个组织为你排忧解难等，此时为表示感谢和敬意，可考虑送锦旗，并将称颂之语书写在锦旗上。

（2）祝贺庆典活动。当友人和其他组织逢庆典纪念之时，如某学校成立

70周年，为表示祝贺，可送贺匾、书画或题词，既高雅别致又具有欣赏保存价值。

（3）公共关系礼品。开展公共关系活动中所送的礼品要与公共关系活动的目标一致，并且送礼的内容与送礼的组织形象要相符。例如，上海大众汽车公司赠给客人的汽车模型、上海大中华橡胶厂精心设计研制的轮胎外形的钢皮卷尺等。

（4）祝贺开张开业。社会组织开张开业之际，都是宣传自身、扩大影响的好机会。一般来讲，都是要借机大加宣传一番的。此时应送上一份贺礼，以示助兴和祝愿。一般会选送鲜花贺篮，在花篮的绸带上写上祝贺之语和赠送单位或个人的名称。

（5）适逢重大节日。春节、元旦等节庆日都是送礼的热季，组织可向公众、组织内部的员工等适时送上一份小小的礼物，对他们给予组织工作的关心和支持表示感谢，并希望继续得到他们的帮助。亲朋好友之间也可通过节日联络感情，此时也可选择适宜的礼品相赠。

（6）探视住院病人。公司的客人、员工生病或亲友患病住院，均应前去探视，并带上礼品。目前探视病人的礼品也不断地从“讲实惠”到“重情调”，以往送营养品、保健品，如今变为用多种水果包装起来的果篮和一束鲜花。

2. 馈赠礼品的礼仪

（1）精心包装。送他人礼品，尤其是在正式场合赠送于人的礼品，在相赠之前，一般都应当认真进行包装。可用专门的纸张包裹礼品或把礼品放入特制的盒子、瓶子里等。礼品包装像是“外衣”，这样才能显得正式、高档，而且还会使受赠者感到自己备受重视。

（2）表现大方。现场赠送礼品时，要神态自然，举止大方，表现适当。千万不要像做了“亏心事”，小里小气，手足无措。一般在与对方会面之后，将礼品赠送给对方，应起身站立，走近受赠者，双手将礼品递给对方。

（3）认真说明。当面亲自赠送礼品时要辅以适当的、认真的说明。一是可以说明因何送礼，如若是生日礼物，可说“祝你生日快乐”；二是说明自己的态度，送礼时不要自我贬低，说什么“没有准备，临时才买来的”“没有什么好东西，凑合着用吧”，而应当实事求是地说明自己的态度，比如“这是我为你精心挑选的”“相信你一定会喜欢”等；三是说明礼品的寓意，在送礼时，介绍礼品的寓意，多讲几句吉祥话，是必不可少的；四是说明礼品的用途，对较为新颖的礼品可以说明其用途、用法。

礼仪小常识

馈赠的六要素

馈赠中一般都遵循着“5W1H”的“六要素”。分别是：Who——送给谁，Why——馈赠目的，Where——什么场合送，When——什么时间送，How——如何送，What——送什么。在馈赠的过程中，应该要先想清楚这六个基本要素，才不至于将美好的情谊变成彼此的负担和尴尬。同时，馈赠中要坚持“六不送”原则，即：

（1）不送过于昂贵的礼品；

（2）不要选择便宜货和劣质产品；

（3）不送不合时宜、不健康之物；

（4）不送轻易让对方产生误解的物品；

（5）普通异性之间不要送过于亲密的物品；

（6）礼品上不要带有标签。

五、馈赠的技巧

如何赠送和接受礼物是馈赠礼仪研究的重要内容，不当的赠送和接收会违背馈赠的初衷，出现与送礼完全相反的结果。

（1）送礼的礼节。送礼是一门艺术，关键在于“送”的方法和技巧。送礼得当会皆大欢喜、境界全出；送得不当，会适得其反，如果遭到受礼者的言辞拒绝，带来尴尬的同时赔了夫人又折兵。送礼的时候一定不要显得过于唐突，要水到渠成，更要考虑对方接受时的心境。

①赠送土特产时，通常情况下，不要说特意捎来的，可表达顺便品尝之意，这样，受礼者就不会因无法回报而拘礼。

②送礼的时候也不必突出送字，可轻描淡写地表示要顺便一起分享，既提升了兴致，也增进了友情。如果与受礼之人有些过节和生疏，可请朋友帮忙转送或陪同。

③所送的物品一定要考虑对方的现实情况，一定不能让礼物的接收者觉得所送之物是一种同情和怜悯，或暗示对方的伤痛之处。

④赠礼时需注重态度、举止和言语表达。应亲切友善和落落大方，以微笑和注视的表情、自然主动的递送态势、礼节性的语言表达，请求对方接受。

⑤可有意识地将选择礼品时独具匠心的考虑传递给受礼者，适时解答和说明礼品的功能、特性等，从而激发受礼者对自己一片真情的感激和喜悦之情。

4–9 拓展阅读：送礼小技巧

4–10 拓展阅读：《红楼梦》里话馈赠礼仪

4–11 本节 1+X 证书技能点测试

⑥忌讳东张西望、面红耳赤、做贼心虚地悄悄将礼品置于桌下或房中某个角落的做法，以至于受礼者不知何人所赠，不仅达不到馈赠的目的，甚至会适得其反。

（2）收礼的礼节。在收礼的时候一定要给人以重视和真诚的感谢，站起身来双手接收，并放在显眼处，一般没有当众打开查看礼物和询问价格的习惯。不要当面批评和拒绝，以免失礼。陌生人的礼物因不了解送礼的背景和动机，不宜接收；送礼之人不是心甘情愿相送时应礼貌回绝。拒收礼物时不要板起脸来训人，可以说："谢谢您的心意，心领了"。不要伤害送礼者的感情，如果拒绝礼物会从道义上引起对方的心理负担时，应等待事情公正地处理完毕后再返还礼物。礼尚往来是人际交往的重要原则。收礼之人要找机会回礼，回赠礼物不能以相同的物品、包装相送，以免对方认为是有意退礼和不满自己之前所送的礼物。回赠礼物应找好时机，不宜今日受礼明日立即回礼，这样会让对方感到受礼之人不想收礼或不想友善地增进交往。

任务三　接待的礼仪：人情练达即文章

迎来送往，接待访客，是工作中常遇到的任务。接待工作的好坏，直接影响到组织的形象以及组织与公众的关系。随着经济的发展和对外交往的扩大，企业接待及拜访工作越来越频繁，正确地运用接待礼仪，对企业间建立联系、发展友谊、沟通合作有着极其重要的作用。

一、接待前的准备

1. 接待前的准备

接待前要充分了解来宾的基本情况。

（1）明确接待目的，每一次接待均有它特定的意义，一定要清楚此次接待的原因，明确通过此次接待需要达成的目的，根据接待原因与目的，灵活调整接待方案，如接待环境的布置、接待人员的确定等，每一个接待环节的设置均会围绕着需要达成的接待目的进行合理安排。

（2）确定接待类型或形式，如室内接待或室外接待，会议接待还是观光接待，公务接待或者商务接待等。

（3）确定接待对象，工作人员在接待来宾之前，要准确地掌握对方的基本情况。如果是个人接待，对于主宾的基本信息，如姓名、性别、年龄、籍贯、民族、单位、职务以及文化程度、宗教信仰、生活习惯、家庭状况等，都要清楚。

如果是团队接待，应清楚了解来宾的具体人数、性别概况等。对于来宾正式抵达的时间，如具体日期、具体时间，以及相关的航次、车次、地点等，接待人员必须充分掌握。

2. 制定接待方案

对接待形式及来宾情况做好充分了解后，制定详细的接待计划，确保每一个接待环节无误，安排好每一个接待环节的具体负责人，明确每一个接待环节所需要的物品等。如接送机的安排、餐饮接待等均需要提前做好接待方案。确保接待顺利进行。

（1）确定接待规格。接待人员要在接待之前确定接待规格，这关系到由哪位管理人出面接待、陪同，以及用餐、用车、活动安排等一系列接待活动的规格。接待规格主要取决于接待方主陪人的身份。高规格接待，就是主陪人比主宾的职务高的接待方式；对等规格接待，就是主陪人与主宾的职务相当的接待方式；低规格接待，就是主陪人比主宾的职务低的接待方式。

（2）拟订日程安排。为了让所有有关人员都准确地知道自己在此次接待活动中的任务，可制定两份表格，印发给各有关人员。人员安排表，包括时间、地点、事项、主要人员、陪 同人员。日程安排表，包括日期、活动时间、地点、内容、陪同人员等。

（3）注意接待细节。细节决定成败，在接待活动中，显得尤为重要，在接待宾客的具体活动中，接待人员既要事事从大局着眼，又要处处从小事着手，关注具体的细节问题。

另外，在准备中，要时时关注天气的变化情况，掌握当地的天气变化规律，针对可能产生天气变化的情况，制定应急方案。同时，还要注意交通状况，树立“安全第一”的观念。

二、接待的礼仪

1. 迎候礼仪

迎接宾客时，要体现出主人应有的主动和热情。对于远道而来的客人，要派专人提前到机场、码头或车站去等候迎接。在人声嘈杂的迎候地点迎接素不相识的客人时，为了方便客人识别，可试用以下方法：①使用接站牌。接站牌上可以写上“热烈欢迎某某同志”或者“某单位接待处”。②悬挂欢迎条幅。在迎接重要客人或众多客人时，这种方法最适合。③佩戴身份胸卡。迎宾人员佩戴供客人确认身份的标志性胸卡，其内容主要包括本人姓名、工作单位、所在部门及现任职务等。

2. 见面礼仪

在接待宾客时，要注意正确使用日常见面礼仪。接待人员要品貌端正，举止大方，服饰要整洁、端正、得体、高雅。当宾客到达后，要主动迎上去，热情地与对方握手，并有礼貌地询问和确认对方的身份，如“您好，请问您是从某某公司来的吗？”对方认可后，接待人员应作自我介绍，如“您好，我是某某公司的秘书，我叫张某某。”然后把迎客方的成员按一定顺序一一介绍给客人。如果客人递送名片，应双手接住，认真仔细地看一看，然后很郑重地把名片放入名片夹中，或放进上衣的上部口袋中。

3. 乘车礼仪

4–12 乘车礼仪小视频

对方如有行李，接待方应主动帮客人把行李提到车上。上车时，最好让客人从右侧门上，主人从左侧门上。安排座位要符合规范。轿车的座次尊卑一般是右高左低，在公务接待中，轿车前排副驾驶座通常为“随员座”，唯独在主人亲自驾驶时，主宾应坐在副驾驶座上，与主人“平起平坐”。

4. 引导礼仪

当客人到达公司时，要引导客人进入会客室。引导时要注意以下一些礼仪：在走廊上时，引导人员应走在访客左前方步；当 1 米到 1.5 米，访客走在走廊正中央时，接待人员要走在走廊的一旁，偶尔向后望，确认访客跟上了；当转弯时，接待人员要说“请往这边走”。在楼梯上时，接待人员先说一声“在某某楼层”，然后引领访客到楼上。一般来说，高的位置代表尊贵。不论上楼还是下楼，都应该走在访客前，以带路引领。

5. 电梯礼仪

上电梯时，接待人员要按电梯按钮，让客人先进，并按好目的地楼层。若客人不止一人时，接待人员一手按住“开”按钮，对客人礼貌地说：“请进！”到达目的地后，接待人员先出电梯，并一直按着“开”按钮，一手做“请出”的动作，并说：“到了，这边请！”客人走出电梯后，接待人员应立即赶到客人前，为客人引导方向。

6. 座次礼仪

客人进入会客室后，接待人员要请客人入座。招待客人入座时，要讲究座次礼仪。

（1）面门为上。主客双方采用“相对式”就座时，依照惯例，通常以面对房门的座位为上座，应让客人就座；以背对房门的座位为下座，宜由主人就座（见图 4–3）。

图 4–3　面门为上

（2）以右为上。主客双方采用“并列式”就座时，以右侧为上，应请客人就座（见图 4–4）；以左侧为下，应主人自己就座。若主客双方参与会见者不止一人，则双方的其他人员可分别按照各自身份的高低，由近而远在己方负责人两侧就座。

图 4–4　并列式座席

（3）居中为上。如果客人较少，而主方接待者人较多，往往可由主方的人员以一定的方式围坐在客人的两侧或者四周，而请客人居于中央（见图 4–5）。

图 4–5　居中为上

（4）以远为上。当主客双方并未面对房间的正门，而是居于房内左右两侧之中的一侧时，一般以距离房门较远的座位为上座，应请客人就座；而以距离房门较近的座位为下座，由主人就座。

7. 茶水礼

（1）座席礼。

面对主人，主人的左手边是“尊位”，顺时针旋转，由尊到卑，直到主人的右手边，不论茶桌的形式如何，这个是不变的铁律。其中，尊位的第一顺序为：老年人、中年人、比自己年龄大的人。其中师者、长者为尊，如果年龄相差不大，女士优先坐尊位（见图 4–6）。

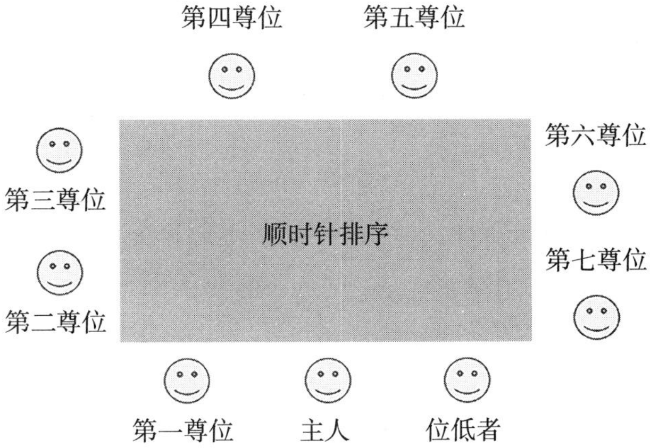

图 4–6　茶水座席礼

不过，座位方面还有一

个特别的规定：忌讳“对头”坐，就是头对头和主人面对面坐。哪怕就只有你和主人两个人，也不要坐“对头”的，知礼的客人应该坐在主人右边的“卑”位，人多，实在避免不了“坐对头”的情况，就最好让小孩子来坐这个位置。

（2）泡茶礼。

①茶具。应用上等的陶瓷制品，一是美观，而是品茶的基本要求。切记千万不要用金属制品，特别是铝制品，不美观的同时还有可能引起化学反应使人中毒。

平时要注意自己的手指甲，泡茶的工作是用手完成的，当着客人的面净手是必要的。最好起码应该在你从卫生间洗手回来以后，用干净的毛巾再擦一次手，但是没有必要使用香水，一双干净的手，比任何工具都实用和灵巧。

②沏茶。用滚水清洁所有要使用的茶具，当然包括茶托。既讲究卫生，又显得彬彬有礼。

沏茶不要用刚烧开的沸水直接沏，沸水沏茶会加重茶水的苦涩味，而且还会破坏茶叶中所含的维生素 C，降低茶的功效。一般是将烧开的水倒入保温瓶内，待水温降至 70℃ ~80℃时，再用来沏茶会比较合适。

③装茶。茶水都要适量。先说茶叶，用茶匙向空壶中装入茶叶，切忌用手抓茶叶以免手气或杂味混淆影响茶叶的品质，通常按照茶叶的品种决定投放量，一般要适当茶叶不宜过多，也不宜过少。茶叶过多，茶味过浓；茶叶太少，冲出的茶没有什么味道。加入客人主动介绍自己喜欢喝浓茶或淡茶的习惯，那就按照客人的口味把茶冲好。再说倒茶，无论是大杯还是小杯，都不宜倒得太满。水八分满足矣！茶水“溢杯”或者“溢壶”的话，不仅是失礼的问题，在一些高龄老人眼里，这是“大不敬”的举动。

④分杯。一是把客人的杯子摆在自己的面前公平分杯，然后双手连茶垫一起奉茶。一种是先把客人的杯子在客人面前摆放好，直接用公道杯分杯，注意不得溅出茶水，注意尽量做到每一杯茶水的水量一致——难度很大，所以表示礼仪更加贵重。

（3）请茶礼。

①上茶的礼仪规范。

4–13 上茶礼仪小视频

上茶的时候端茶要得法。按照我国的传统习惯，要用双手给客人端茶。但是，现在有的年轻人不懂这个规矩，多用一只手把茶递给客人了事。双手端茶时也要很注意，对有杯耳的茶杯，通常是用一只手抓住杯耳，另一只手托住杯底，把茶端给客人。没有杯耳的茶杯倒满茶之后周身滚烫，双手不好接近。但有的人不管三七二十一，用五指捏住杯口边缘往客人面前送。这样端茶虽然可以防止烫伤，但一点儿都不雅观，也不够卫生。

上茶的时候，可以由主人向客人献茶，也可以由工作人员或服务人员直接向客人上茶。如果是主人献茶，应该起身，用双手将茶杯（盖碗）递给客人，同时说一声："请"，此时客人也应该起身，双手接过，同时道一声："谢谢"。

假如是工作人员或服务员上茶，则一定要注意上茶的先后顺序，在客人和主人之间，要先给客人上茶；在客人和客人之间，则要先给主宾上茶，这需要依据座位的尊卑顺序，依次进行。

②敬茶的礼仪规范。

如果赴宴宾客较多，在给客人敬茶的时候就避免不了敬茶的先后顺序问题，上茶的顺序与上菜的顺序、敬酒的顺序是一样的，是商务宴请中非常重要的环节，一定要慎之又慎。千万不要随意行事。

通常情况下，敬茶的先后顺序应为：在敬茶礼仪中，先宾后主是中国流传已久的传统方式，而先女后男的西方礼仪则已经成为一种约定俗成。

在敬茶的顺序上一般由近而远，依着顺序来，不能跳跃，否则会有不尊敬客人之嫌。敬茶的最佳时刻应该是在客人落座之后，还没开始谈话之前。切记不能在客人正前方或正后方上茶，可以在客人右侧，杯耳朝向客人，方便客人端、接。敬茶的时候要双手端着茶杯，礼貌地说："请用茶"，不能一只手送茶或用手握杯口端茶。

当吃饭开始后，要在客人的肩与肩的狭窄空间递茶，同时要小声说："对不起，请用茶""打扰了"等礼貌用语来提示。如果不声不响地递茶，极有可能被突然转身的人碰翻。如果是用暖瓶斟茶倒水更要远离桌面，并在距离杯口十厘米左右的位置。

在客人较多的时候，敬茶的顺序可以以顺时针或逆时针方向依次进行，当只有领导和客人的时候，则应该先给客人敬茶再给领导敬茶，以示对客人的尊敬。

敬茶完后要礼貌地告退，正确的方式是先后退一两步再转身离去。转身的时候要向人多的一侧或离出口近的一侧转，不要给人家一个背影。

（4）品茶礼。

主人和客人在喝茶过程中应该是互动的，宾主应该是边谈边饮的，客人对于茶则需要善"品"，小心啜饮，满口生香，而不能做"牛饮"姿态。喝茶忌"一口闷"或者"亮杯底"的，因为喝茶的人和酒色之徒是有区别的。

可能是因为主人冲泡浓了，可能是茶叶不好变质了，可能是水温低了，可能是其他种种原因……总之，茶水不是那么的可口。但是，作为客人来说，第一泡的第一口茶千万不可当着主人的面吐出来。否则会被视为极大的失礼，甚至是一种挑衅的开始。在茶友家里喝茶，这种情况应该是经常会出现的，也许茶品真的难以下咽，但是第一口是不可以吐出来的，喝完一口，把茶杯放回去就是啦。交情深的，就可以直接说这个茶我不喝；交情一般的，你可以找个理由推诿一下，主人会马上觉察到。也许这样有点委屈了自己，但是茶桌上的礼仪是不可以忽视的。

（5）续茶礼。

4–14续茶礼仪
小视频

主人和客人在边谈边饮的过程中，主人应该注意续茶这个重要的环节，往高杯中续茶水时，左手的小指和无名指夹住高杯盖上的小圆球，用大拇指、食指和中指握住杯把，从桌上端下茶杯，腿一前一后，侧身把茶水倒入客人杯中，以体现举止的文雅。如果在续茶是发现客人的杯子中有茶渣，应该替客人重新洗杯，并且表示歉意。

（6）其他。

虽然没有一个恰当的分类，但是以下几点在茶礼仪中显得一样的重要。

①由于是待客，所以忌讳把茶水泡到发白的程度。当然你可以询问客人是否需要换茶，如果客人坚持再泡，最多再泡一至两次也要换茶的。

②准备茶点：不为客人准备茶点的，同样视为失礼行为。茶点的种类可以多种多样，例如：花生、蜜饯、腰果、杏仁之类的。不过茶点不必特别分盘，摆放在茶盘前的适当位置，由客人自行取用。

③交谈的过程中，应该注意语言平和，品茶和喝酒有质的区别，要的是那份“从容”“自在”和“平和”而已，作为主人而言，忌讳对自己的茶叶自吹自擂或者夸大其词。同时应该注意话题的选取，避让那些低俗的八卦话题，谈论层次应该有一个比较高的起点。

④动作应该优雅。喝茶是一种修行，是一种修身养性的过程，举手投足之间要有一份自信和优雅。赵老居士说过：“爱茶的人，就算坏也坏不到哪里去。”

⑤如果你是烟民最好忍忍，正规的茶道是严禁抽烟的。不过如果你和主人关系很好的话，你也应该在喝了几泡茶之后，征询一下主人的意见，得到同意以后方可吞云吐雾，刚坐下就发烟的，视为失礼。

⑥服装整洁。因为有客人在场，所以千万不可穿睡衣之类的，至少是着干净整洁的正装出场，如果是参加评茶会，还得是“三件套”。

8. 送客礼仪

当接待人员与来访者交谈完毕或领导与来访客人会见结束时，接待人员一般应礼貌地送别客人。“出迎三步，身送七步”是接待宾客最基本的礼仪。接待宾客要善始善终，所以，送别客人是必不可少的环节之一。接待工作是否圆满，在很大程度上体现在送别来宾这一环节上。

送别来宾时，有很多方面需要注意。首先，不要在客人面前看表，否则像在给客人下“逐客令”，所以，在会客的时候，接待人员不应该总是看时间。其次，当客人提出告辞时，要等客人起身后再站起来相送，切忌没等客人起身，自己先于客人起立相送。更不能嘴上说再见，而手中却还忙着自己的事，甚至连眼神也没有转到客人身上。最后，当客人起身告辞时，应马上站起来，主动为客人取下衣帽，与客人握手告别，同时选择最合适的言辞送别，如“希望下次再来”等礼貌用语。尤其对初次来访的客人更应热情、周到、细致。

（1）送别本地客人。对本地客人，一般陪同送至单位楼下或大门口。客人带有较多或较重东西的话，送客时要主动帮客人提重物。出办公室时，要轻轻关门，不可将门“砰”地关上，这样极不礼貌。在门口告别时，接待人员要与客人握手，帮客人拉开车门，待其上车后轻轻关上车门，挥手道别，目送客人离开。要以恭敬真诚的态度，笑容可掬地送客，不要急于返回，应挥手致意，待客人移出视线后，才可结束告别仪式。

（2）送别外地客人。首先，要确定时间。对于远道而来的客人，负责送别来宾的接待人员必须重视，一定要提前与对方商定双方会合的时间和地点。对于送别的具体时间，双方不仅要事先商定，而且通常讲究主随客便。接待人员在安排有关送别活动的时间表时，要留有一定的时间幅度。要在执行上留有适当的余地，即送别人员在执行送别任务时，应当提前到场，最后离场，并且在特殊情况发生时见机行事。其次，要充分准备。具体从事来宾接待工作时，接待人员必须高度重视送别工作，并悉心以待。

礼仪小常识

接待 3S

当客人到达时，接待人员应该做到：

1S——Standing。站立，起身迎接客人，不管客人的年龄和辈分怎样，对方刚刚到达时，需要站起来欢迎一下对方，这是最基本的礼貌。

2S——See。聚精会神，正视客人，让客人感觉自己受到重视，通过你的眼神把诚意准确传达给客人。

3S——Smile。面带微笑，微笑是世界上最好的沟通方式，微笑的魅力是无穷的，它会把欢迎和欣喜无言地传递给对方。

4–15 拓展阅读：良好交际的处理技巧——世事洞明皆学问，人情练达即文章

4–16 本节 1+X 证书技能点测试

任务四　说话的礼仪：一个人说话做事给人的舒服程度将决定他的人生高度

曾经有一位常青藤大学的校长说过："在造就一个有修养的人的教育中，有一种训练必不可少，那就是优美、高雅的谈吐。"交谈是交流思想和表达感情最直接、最快捷的途径。在交际中，因为不注意交谈的礼仪规范，或用错了一个词，或多说了一句话，或不注意词语的色彩，或选错话题等而导致交往失败或影响人际关系的事，时有发生。因此，在交谈中只有遵从一定的礼仪规范，才能达到双方交流信息、沟通思想的目的。

一、讲究语言艺术

瑞士语言学家费尔迪南德·索绪尔（Ferdinand de Saussure）曾经指出："语言是一种表达观念的符号系统。"[①]语言作为人类的主要交际工具，是沟通不同个体心理的桥梁。交谈的语言艺术包括以下几个方面：

1. 准确流畅

在交谈时如果词不达意、前言不搭后语，很容易被人误解，达不到交际的目的。因此在表达思想感情时，应做到口音标准、吐字清晰，说出的语句应符合规范，避免使用似是而非的语言。应去掉过多的口头语，以免语句割断；语句停顿要准确，思路要清晰，谈话要缓急有度，从而使交流活动畅通无阻。

语言准确流畅还表现在容易让人理解方面，因此言谈时要说普通话，尽量不用书面语或专业术语，因为这样的谈话使人感到太正规、受约束或是难以理解。

2. 清晰明了

口头传播的一大特点是传播速度快，稍纵即逝。据有关专家考证，口头语言留在人们记忆里的时间一般不超过七秒钟，十秒钟以后，记忆就会逐渐模糊，直至残缺不全。这就要求人们在讲话时尽量使用明确精练、通俗易懂的语言，避免那些模棱两可、似是而非的表述。这就要求，说话要力求简单明了。生活中常有这样的情形，有的人不顾场合，说起话来口若悬河，滔滔不绝；有的人车轱辘话来回说，生怕别人不解其意，或是说话中插入一些不必要的交代，节外生枝，不着边际。结果主要的信息被大量次要的信息淹没了，听者如堕入五里雾中，不知所云。

另外，应当特别注意同音异义字的使用，以免发生误会。在汉语中，容易引起歧义的词语并不少见，例如"全部（不）及格""治（致）癌物质"等，遇到

---

① [瑞] 费尔迪南德·索绪尔. 高名凯译. 普通语言学教程 [M]. 北京：商务印书馆，1980.

这类容易引起误解的词语，说话人可以换一种表达方式，指代清楚，如“全都及格”“导致癌症的物质”，这样对方就不会有疑问了。

3. 委婉表达

交谈是一种复杂的心理交往，人的微妙心理、自尊心往往在里面起着重要的控制作用，触及它就可能产生不愉快。因此，对一些只可意会不可言传的、人们回避忌讳的、可能引起对方不愉快的事情，不能直接陈述，只能用委婉、含蓄、动听的话去说。常见的委婉的表达方式有以下几种：

（1）尽量避免使用主观武断的词语，如“只有”“一定”“唯一”“就要”等不带余地的词语，要尽量采用与人商量的口气。

（2）先肯定后否定，学会使用“是的……但是……”这个句式，把批评的话语放在表扬之后，就显得委婉一些。

（3）间接地提醒他人的错误或拒绝他人。对此，美国管理学大师卡耐基曾经说过，“间接指出别人的错误，要比直接说出口来得温柔，且不会引起别人的强烈反感。为了不触犯对方的自尊心，即使发现了对方的错误，也不要立即指出，而应采取间接的方式。”

4. 掌握分寸

谈话要有放有抑有收，不过头，不嘲弄，把握“度”；谈话时不要唱“独角戏”，夸夸其谈，忘乎所以，要让别人有说话的机会；说话要察言观色，注意对方的情绪，对方不爱听的话少讲，一时接受不了的话不急于讲。开玩笑要看对象、性格、心情、场合，一般来讲，不随便和女性、长辈、领导开玩笑，一般不与性格内向、多疑、敏感的人开玩笑，当对方情绪低落、心情不好时不开玩笑，在严肃的场合、用餐时不开玩笑。

5. 幽默风趣

交谈本身就是一个寻求一致的过程，在这个过程中常常会出现不和谐从而产生争论或分歧。这就需要交谈者幽默风趣、随机应变，凭借机智消除障碍，化解尴尬局面，增强语言的感染力。幽默风趣是建立在说话者高尚的情趣、较深的涵养、丰富的想象、乐观的心境、对自我智慧和能力自信的基础上的，它不是要小聪明或“卖嘴皮子”，它应使语言表达既诙谐，又入情入理，应体现一定的修养和素质。

6. 声音优美

每个人的声音都是有感情的，也是有色彩的。如何让自己的声音富有吸引力，展现出独特的个人魅力呢？这是一门艺术。

首先，要注意音调的高低变化。无变化的声音是单调的，如同催眠曲，令人进入精神凝滞的状态，达不到讲话的目的。因此，与人交谈时，我们应根据谈话内容的变化，适当调整音调的高低，给人抑扬顿挫的感受。

其次，要控制好音量。谈话时，音量的控制也非常重要。音量太大会令人反感，以为你在那里装腔作势；音量太小会使人听不清楚，以为你怯懦。一般来说，应根据听者距离的远近来调节自己的音量，达到最适合的状态。

再次，要注意语速。说话时一直保持同一种语速会使人产生听觉上的疲劳，甚至昏昏欲睡，打不起精神。因此，在与人交谈时，我们应该把握说话的语速，不要太快或太慢，应追求一种有快有慢的节奏感。在主要的语句上放慢速度作强调，在一般的内容上速度稍微加以变化。

二、使用礼貌用语

使用礼貌用语，是人类文明的标志，也是全世界共同的心声。使用礼貌用语不仅会得到人们的尊重，提高自身的信誉和形象，而且还会对自身的事业起到良好的辅助作用。在我国，政府有关部门向市民普及文明礼貌用语，基本内容为十个字："请""谢谢""你好""对不起""再见"。在社交中，日常礼貌用语远不止这十个字（见表 4–1）。

表 4–1　日常礼貌用语

礼貌用语的类型	举例
问候用语	【标准式问候语】您好！各位好！小姐好！包先生好！谌书记好！
	【时效式问候语】早上好！徐经理早上好！涂总晚上好！各位下午好！
欢迎用语	欢迎！欢迎光临！欢迎您的到来！见到您很高兴！
送别用语	再见！慢走！走好！欢迎再来！一路平安！旅途顺利！多多保重！
请托用语	请稍候！请让一下！拜托！打扰！请关照！请您帮我一个忙！麻烦您让一下！
致谢用语	谢谢！谢谢您！十分感谢！非常感谢！上次给您添了不少麻烦！那件事情太让您操心了！
致歉用语	抱歉！对不起！请原谅！失礼了！失言了！失陪了！失敬了！失迎了！不好意思！多多包涵！很是惭愧！太不应该了！真过意不去！
征询用语	需要帮助吗？我能为您做点儿什么？有什么可以帮您？ 您觉得这套茶具怎么样？您不上一杯绿茶吗？ 您看这个颜色可以吗？您是不是想先来试一试呢？ 您打算预订雅座，还是预订散座？
应答用语	好！好的！是！是的！对！没错！是这样的！ 随时为您效劳！听候您的吩咐！很高兴能为您服务！我知道了！ 我明白您的意思！我会尽量按照您的要求去做！一定照办！ 请不必客气！这是我们应该做的！请多多指教！您太客气！过奖了！不要紧！没关系！我不会介意！
赞赏用语	太好了！真不错！对极了！相当棒！非常出色！您真有眼光！还是您懂行！您的观点非常正确！
祝贺用语	祝您成功！一帆风顺！心想事成！身体健康！生意兴隆！健康平安！健康成长！生日快乐！春节快乐！活动顺利！
推脱用语	您可以到对面的商场看一看。我可以为您联系其他部门！

三、有效选择话题

所谓话题，是指人们在交谈中所涉及的题目范围和谈资内容。换言之，话题是一些由相对集中的同类知识、信息构成的谈话资料及其相应的语体方式、表述语汇和语气风格的总和。在交际中，选择适合话题，能使谈话有一个良好的开端。

1. 宜选的话题

一是应选既定的话题，即交谈双方业已约定，或者一方先期准备好的话题，如征求意见、传递信息、研究工作等。二是选择内容文明、格调高雅的话题，如文学、艺术、哲学、历史、地理、建筑等，这类话题适合各类交谈，但忌不懂装懂。三是选择轻松的话题。这类话题令人轻松愉快、身心放松，适用于非正式交谈，允许各抒己见，任意发挥。主要包括文艺演出、流行、时装、美容美发、体育比赛、电影电视、休闲娱乐、旅游观光、名胜古迹、风土人情、名人轶事、烹饪小吃、天气状况等。四是选择时尚的话题。即以此时此刻正在流行的事物作为谈论的中心，这类话题变化较快，不太好把握。五是选择擅长的话题，尤其是交谈对象有研究、有兴趣的话题。比如，青年人对于足球、通俗歌曲、电影电视的话题关注较多，而老年人对于健身运动、饮食文化之类的话题较为熟悉；公职人员关注的多是时事政治、国家大事，而普通市民则更关注家庭生活、个人收入等；男人多关心事业、个人的专业，而妇女对家庭、物价、孩子、化妆、衣料、编织等话题更津津乐道。

在交谈时要注意交谈话题的忌讳。若双方是初交，则有关对方年龄、收入、婚恋、家庭、健康、经历这一类涉及个人隐私的话题，切勿加以谈论。

2. 扩大话题储备

由于受到人们的经历、职业、兴趣、学习状况以及每个人所掌握的话题状况各不相同等条件的局限，必须尽量扩大话题储备。其中，知识储备尤为重要。如果一个人有理想、有追求，思想境界高，而且肯下功夫学习，爱读书看报，并关注社会现实生活，把看到、听到的东西，有意识地加以记忆和积累，那么，他/她就会变得学识渊博，通晓时事政策、天文地理、政治外交、文艺体育、花鸟鱼虫、音乐美术等知识。由于视野开阔，所以，谈论的话题自然会比别人宽得多。

4–17 拓展阅读：电梯法则

四、学做最佳听众

有人说：“人为什么两只耳朵一张嘴，即耳朵的数量是嘴的两倍？那是因为上帝造人的时候就要求我们少说多听。”此话颇有一点意思。我国古代也有“愚者善说，智者善听”之说。听，可以是智慧的重要源泉。从谈话对象处获得必要的信息，领会谈话者的真实意图，兼听则明。如果不能认真地聆听，就无法了解和满足对方的需求，和谐的人际关系也只能是空谈。况且聆听本身还是尊重他人的表现。因此，应充分重视听的功能，讲究听的方式，追求听的艺术。正如老子讲“道”，通常隐含着做人的道理，“道隐无名”，有道之人，做人做事，也像“道”一样，立足于“隐”，见行于“无名”①，多听少说，不失为一种智慧。

1. 要耐心

在对方阐述自己的观点时，应该认真地听完，并真正领会其意图。许多人在听的过程中，一听到与自己意见不一致的观点或自己不感兴趣的话题，或者因为产生了强烈的共鸣就禁不住打断对方或做出其他举动，致使他人思路中断、意犹未尽，这是不礼貌的表现。当别人正讲到兴头上时，不宜插话。如必须打断，应适时示意并致歉后再插话；插话结束时，要立即告诉对方“请您继续讲下去”。聆听时还应注意自己的仪表，不应该从自己的举止或姿态中流露出不耐烦、疲劳或是心不在焉的情绪，因为这样会伤害对方的自尊心。

2. 要专心

在听对方说话时，应该目视对方，以示专心。要真正了解对方，语言只传达了部分信息，所以还应注意说话者的神态、表情、姿势以及声调、语气等非语言符号的变化传递的信息，以便全面、准确地了解对方的思想感情。同时，专注的目光表示认真聆听，对说话者来说也是一种尊重和鼓励，可以使其感到自己谈话的重要性和必要性。

3. 要热情

在交谈中，强调在对方谈话时目视对方、认真专心地去听，并不是说聆听者完全被动地、默默地听。经验告诉人们，在说话时，如果对方面无表情、目不转睛地盯着自己看，会使谈话者怀疑自己的仪表或讲话有什么不妥之处，并深感不安。因此，聆听者在听取信息后，为使对方感到你的确在听而非发呆，可以根据情景，或微笑，或点头，或发出“哦”“嗯”的应答声，甚至可以适时插入一两句提问，如“哦，原来是这样，那后来呢”“真的吗”等。这样就能够实现谈话者与聆听者不断地交流，形成心理上的某种默契，使谈话更为投机。

五、注意发问方式

发问是交谈的一项重要内容，在交谈中要注意发问的方式，问得其所，问到所需。

---

① 张国春．智慧的维度——《道德经》品悟［M］．北京：人民出版社，2014.

1. 认清对象，问得适宜

“到什么山上唱什么歌”，提问时同样也要注意这一点。年龄、收入、婚姻关系、家庭背景往往是交谈中应避免的话题。如果问到这类问题，尽管发问者并无恶意，却在客观上给对方造成不愉快，甚至恼怒。不同的公众，性格特征不一样，有的开朗外向、能言善辩，有的严肃内向、不善言辞。对前者提问可以开门见山，连连发问；而对后者，则要善于引发诱导，由浅入深，启发对方把心里话说出来。不同的公众有不同的学识、阅历，作为提问者应先了解对方这方面的背景，适当地发问，且不可问对方明显不懂的问题，以免使其难堪。一旦遇到这种情况，提问者切不可露出鄙夷、嘲笑的神态，而应当尽快使对方解脱困境。总之，一把钥匙开一把锁，要针对不同对象采用不同的对策进行提问，让对方轻松自如地说出你想获得的信息。

2. 抓住关键，讲究技巧

要注意问题不要问得过于笼统，缺乏逻辑性，以免对方难以开口或一开口就无法讲下去。对敏感性较强的问题，正面发问往往效果不佳，若能转化成具体的、侧面的问题，常有利于对方坦率地说出自己的想法。措辞也有讲究，要想知道所需的信息，就必须注意提问的措辞。例如，有一个教士问主教：“我在祈祷时可以抽烟吗？”这个请求遭到主教的断然拒绝。另一名教士也去问他的主教：“我在抽烟时能祈祷吗？”他的抽烟请求得到了允许。可见，提问的技巧很有讲究，它是社会交往的开门砖。

六、掌握闲谈的技巧

1. 闲谈的技巧

在交际场合中，闲谈可以帮助你与别人建立亲密的关系，缓和紧张的气氛。还会帮助你树立一个平易近人的良好形象，让别人从你的闲谈中感受你的见多识广，了解彼此的性格和建立和睦的私人关系。同时，你自己也可以从闲谈的过程中知晓各种有益的商业信息，因为人们往往在不经意的闲聊中获得有用的信息。闲谈能反映一个人的知识、修养、追求与爱好，善于与别人闲谈的人往往能得到别人的喜欢，获得更多的朋友，也让别人得到信息和感到快乐。

（1）话题选择的可参与性。

在闲谈的时候一定要选择有共通的话题，闲谈一定要考虑对方能共情，不能选择你自己感兴趣的话题一直侃侃而谈，让宾客无法加入，如对于有家庭的宾客，可以谈一谈孩子、谈谈孩子的教育等问题，对于年纪稍大的宾客，可以谈谈养身、谈谈健康等问题，也可以选择一些大众化的话题，如天气、交通、物价、环境、社会等话题，不要涉及他人收入、小道消息、私生活等话题，要避开办公室的有关公事。

（2）交谈中发问的适时性。

在交谈中，适时发问可以引导交谈按照某个目的继续进行，调整交谈的气氛。同时，我们必须在事先没有准备的情况下根据对方的身份、地位、场合、关系来决定自己的提问，进而使提问更得体。精妙的提问能使你获得需要的信息、知识和利益，并且证明你十分重视对方的谈话，从而激起对方的兴趣，向你提供更多的信息。

（3）闲谈中反应的合理性。

闲谈中要注意察言观色，一定要根据对方所谈论的内容给予适当的表情反馈，表情不可过于夸张，更不可完全面无表情地听着别人的倾诉，如当宾客谈及一些较为遗憾的事情时，应呈现遗憾的表情，并适当安慰客人，当宾客聊及一些比较欢乐的话题时，不可面无表情，应适当微笑予以回应，同时，如当你提出问题后，对方避而不答或转移话题，那就要换一个对方感兴趣的话题。

2. 闲谈中的注意事项

（1）闲谈的语言要求。

要注意礼貌对人，不要出语伤人，要注意机智幽默。闲谈中临场发挥的特点决定了双方都要注意高度的机智性和灵活性，适当的闲谈起着调节气氛的重要作用。假如有人对自己针锋相对、言语讽刺，或叫自己难堪，则应该含蓄以对，或采取装聋作哑、拐弯抹角、闪烁其词的方式，或采取顺水推舟、转移“视线”、答非所问的方式，谈一些完全与其问话“风马牛不相及”的事情，用这种委婉曲折的方法反驳对手，定会取得奇特的功效。①

（2）闲谈的注意事项。

在与宾客闲谈的过程中，一定要懂得来者是客、客人优先的道理，尊重宾客，耐心倾听宾客的倾诉，不可随意打断对方的谈话，更不可与客人争论，避免搬弄是非。要避免行话、术语，说客人听不懂的内容，幽默是很好的交谈方式，但不要胡乱幽默，造成交流冷场或令人尴尬。

七、多使用赞美的语言

赞美，是现代交际所不可缺少的。发自真诚的赞美可以使对方产生亲和心理，不失为交际最好的润滑剂。戴尔·卡耐基常说的一句话就是“称赞别人”。每个人都有可赞美之处，只要用真诚的目光去关注都能找到他身上的优点所在。事实上，承认别人的长处，正说明自己虚怀若谷。出于好感和善意，多多使用赞

① 汇智书源 . 让你身价倍增百万的社交礼仪［M］. 北京：中国铁道出版社，2016.

美语言可以让对方感到心理上最大的满足。马克·吐温曾说："一句精彩的赞辞可以做我十天的口粮。"莎士比亚也说："赞美，即是我的薪俸。"喜欢赞美，是人的天性。李白一首"桃花潭水深千尺，不及汪伦送我情"，让普通村民汪伦成了千百年来热情待客的美好形象。

1. 对男士的赞美

对年轻的男子应多赞美他的能力和表现，如"将来一定前途无量""你的工作表现很好""你很棒，我很看好你"等等。对于稍上年纪的男士，他喜欢人家赞美他的努力过程、社会地位、实力和成就、气度和信用，如"李总，甘拜下风啊，能不能请教一下，您这一路是怎么才有今天的事业成果的""不知道我哪天可以像您这样，能有这么多贴心的员工为您精心工作，您好厉害""你是个有气度、有风度的男士""跟您谈业务，我绝对放心"等等。

2. 对女士的赞美

女士一般比较重视外在和细节方面的感觉，所以第一是外貌，如"你真是天生丽质，我要是有你这么漂亮该多好啊！"第二就是能力，现在女性很在乎工作上的表现。第三是品味，如"你真是好品味，你看，这件衣服穿在你身上感觉就是不一样，我要多向你学习搭选服装"。第四是保养，如"看不出你都快 40 了，怎么看起来像二十几岁的小姑娘！"你这句话一出，就会发现她的神态就像年轻了 10 岁一般。第五是事业成就，如果她是女强人，那么事业对她就很重要，所以你也要关注一下她的事业成就。第六是感觉，如"你好随和啊，我很想和你做朋友"，这表明你是一个人际关系很好的人。需要注意的是，使用赞美的语言一定要得体适度，不然别人会认为你别有用意。

礼仪小常识

回应他人赞美的艺术

优雅地接受他人的赞美对某些人来说并不容易。因为从幼年起父母就教导他们不要过于卖弄，所以他们时常有冲动通过拒绝来否认这些溢美之词。例如，有人夸他们"你在工作方面真出色"，他们的典型回答是"哦，其实这没什么"。不过这种谦虚听起来并不诚恳，甚至会让赞美他们的人心里感到不适。事实上，更妥当的回答是简单地说一声"谢谢你"，然后告诉对方"真高兴你这么认为"，或者"你这样夸奖我真好"。别人夸奖你后，你应该同样夸奖对方（如果你的赞美确实发自内心），如"谢谢你。不过看看谁在夸我！你是 ×× 先生最棒的助手。"

八、避免冷场发生

与人交谈，一个话题谈完了，如果两个人不善言谈，而另一个话题又没接上，那么，就有可能出现“冷场”的尴尬局面，别人会显出局促不安的神态，你也会无所适从，怎么办？一般来说，冷场分为两种情况：一种是单向交流，听的人毫无兴趣，注意力分散；另一种是双向交流中，听者毫无反应，或仅以“嗯”“噢”之类应付。不管是由于哪种情况出现的冷场，根本原因都在于听者不愿听说话人所说的话，听者仅仅出于纪律的约束或处世的礼貌而扮演一个“接受”的角色。发言者要想发言，就必须实施控制，避免冷场的发生。避免和控制的办法如下所述：

1. 发言简短

单向交流中那种应景式讲话，越短越好。如某商场举行开业仪式，邀请了市内各方面人士参加。总经理只说了两句话：“女士们，先生们：热忱欢迎各位光临！现在我宣布丽华商场正式开业！”

双向交流中，任何一方都不要滔滔不绝地“包场”，要有意识地给对方留下发言的时间和机会。自己一轮讲不完，应待对方有所反应后再讲，不要在一轮中讲得很长。

4–18 拓展阅读：中国说话礼仪，一开口就看出教养

2. 交换话题

单向交流的话题变换是暂时的，所变换的话题是为了吸引听者的注意力，调动他们的兴趣。这一目的达到后，仍要回到原有话题的轨道上。比如，教师在讲课过程中发现学生精力分散、东张西望、打瞌睡、窃窃私语、在桌上乱画，可以暂停讲授，穿插几句应景、时髦、诙谐的话，或者简短地讲个与教学多少相关的典故、趣闻，学生的精力便会一下子集中起来。之后，再继续教学。双向交流的话题变换是不定的，可根据现场情况随时进行。比如你与别人谈论今日凌晨看的一场世界杯足球赛电视直播，可别人并不喜欢足球，也没有在半夜爬起来观看，对你所讨论的话题毫无兴趣，出现冷场，这时，你就应及时将话题转到其他方面去。

4–19 案例分析：“小”字别乱喊

3. 中止交谈

任何人在交谈时都不希望听者不愿接受。若这种情况出现，自己虽采取了诸如简短发言、变换话题等控制手段，仍然不能扭转冷场的局面，那就应中止交谈。没有人接受的交谈是无意义的，既白白消耗自己的精力，又无端浪费别人的时间。

4–20 本节 1+X 证书技能点测试

子曰："非礼勿视，非礼勿听，非礼勿言，非礼勿动。"

——《论语·颜渊》

项目五

职场礼仪：通向职场精英的桥梁

学习目标

- 做好求职面试的各项准备
- 面试符合礼仪，拥有职业化的举止，给面试官留下良好的印象
- 遵照办公室的各项礼仪规范，使自身的职业生涯有一个良好的起点，与上司、同事、下级等和谐相处

情境导入

“铁哥们儿”宋先生

“咱们的关系咋样？”是宋先生的一句口头禅。通常说完这句话，不等你回答，宋先生自己又接着说：“不错吧，是不是？”望着他那笑成两条缝的小眼睛，谁好意思否认呢？既然是关系不错的铁哥们儿，就得像个铁哥们儿的样子。比如说没有烟抽了，宋先生就挨桌子地搜寻，看到谁抽屉里有，管他半盒还是一盒，抓住就装进自己的口袋里；上班时渴了，不管谁的茶杯，端起就喝；最有失分寸的是，他连刮胡刀都没有，今天用这个的，明天用那个的。谁要是不高兴，那句口头禅就从笑着咧到耳根子的嘴里溜了出来，让你哭也不是，笑也不是。单位里的人，背地里谈起宋先生，都忍不住地摇头摆手。

5-1 任务设计

【案例思考】

1. 宋先生不符合职场礼仪规范的地方表现在哪里？
2. 职场礼仪包括哪些方面？

任务一　工作相处的礼仪：朋友可以选择，同事无法选择

一、与上司交往的艺术

管理是一项人的活动[①]，在一个工作单位里，最重要的人际关系是与上司的交往，因为他可以提拔自己也可能处分自己。根据盖洛普的调查，75% 员工离职，其原因是无法与自己的上司处好关系。上下级的关系，已经成为个人发展、团队绩效、组织稳定，甚至企业核心竞争力的重要因素。为了使自己的事业有良好的发展空间，员工一定要学会与上司交往的艺术。著名管理学家杰克·韦尔奇（Jack Welch）的助手罗塞娜·博得斯基认为，员工和上司间的交往和联系可以定义为向上沟通，但是单纯意义上的向上沟通是不够的，或者说是不完善的，她将自己 14 年的助理生涯整理成册，提出“向上管理”（Managing Up）的概念。在她看来，管理需要资源，资源的分配权在你的上司手上，因此，当你需要获得工作的自由资源时，就需要对上司进行管理，实际上是与上司进行最完美的沟通。

---

①［美］彼得·德鲁克，何缨等译. 德鲁克论管理［M］. 北京：机械工业出版社，2019.

1. 日常交际礼仪

工作场合见到领导，应该主动趋前打招呼。如果距离远不方便，可注视之，目光相遇，点头示意即可。近距离相处则用礼貌用语打招呼；在公共场合遇见领导，要表示热情但不能太过，礼貌地打声招呼就可以了；在公司电梯里或办公室有第三人在的情况下不要与领导谈家常；不要在领导面前搬弄是非；在公共汽车或地铁遇见领导，要主动招呼并让坐，下车别忘记说“再见”；但是在特别拥挤而狼狈的公共场所遇到领导，建议要巧妙躲开，因为一般人都不希望下属看到自己尴尬的场景；如果偶尔碰到领导的隐私时，应装着没有看见或者看不懂，不要触及领导的隐私，更不要再次提起，或者在公司同事间传播，做一个懂事贴心的下属吧！

2. 工作礼仪

工作中与上司的交往礼仪主要表现在汇报工作与执行工作上。在汇报工作时要注意自己的仪态，汇报时，表情应该自然，彬彬有礼，语速、音量都要适中，要让领导轻松而又清楚地听到自己的汇报内容，汇报的语气中要充分表现出对上司的尊重。在上司发表意见时，不要插嘴，不要显得不屑一顾。在听领导布置工作时，一定要专心致志，不能目无领导。在确定自己没有听懂的情况下，可以适当复述领导刚刚布置的任务，当面确认自己的理解是否到位。当工作无法完成，或出现比较棘手的任务时，要及时与领导沟通，并说明缘由。在工作中做错了事，要学会自我检讨，不要找借口，推脱责任。

5-2 拓展阅读：和领导说话时要注意，有些话千万不要对领导说

3. 与上司沟通的技巧

首先，要得到上司的认可。上司最信得过的是爱岗敬业、忠于职守、勤勤恳恳的下级，所以，作为下级，要尽职尽责、积极主动、出色地做好本职工作，不可故作姿态，光说不练。要以自己的精明实干和出色的工作能力奠定与上司交往的基础。

其次，要虚心接受上司的批评，巧妙地指出上司的错误。谁都可能出错，面对上司的批评，一定要调整好心态，虚心接受批评。要有一定的组织观念，上司并非是在找茬，他是在履行他的职责。要尊重上司的意见，当上司的意见与自己的想法不一致时，如果他的意见有错误，应该巧妙地指正上级。

再次，应注意不要到处表现自己。凡是职级比你高的人，至少有他的过人之处，所谓闻道有先后，术业有主攻，人家没有两把刷子，肯定不会在你之上。在上司面前，下级应表现得谦虚、朴实。正如一位教授所说，人们最迫切的愿望就是希望自己受到重视，尊重上司就会赢得上司。同时，不要忘记赞扬的作用，真心赞扬是对他人的一种尊重和肯定。不但可以满足上司的自尊心，还能赢得上司的好感与信任。还要记住，若自己在工作中有了功劳，不要到处去宣扬，以免让

上司认为你是个居功自傲的人。遇到棘手的问题时，也要谦虚地请教上司，不要越级去见别的上司。

另外，要学会站在上司的立场去思考问题，站在下级的角度去狠抓落实。是谓“思维升一维，行动降一维”。简单地说就是通过思考把头脑中的下位概念升级到上位概念，在现有的概念（下位概念）之上建立一个用于思考的概念层（上位概念），用上一层级的逻辑来看待本层次的逻辑，这种视角下的思考，会让这个问题看得更加全面，更有广度和深度，从而不会只被“现象层面”所困惑。真正能够解决“行为”上问题的，并不是“行为”“行动”的本身，而是比“行动”更高一个段位的东西，即价值、使命、愿景、情怀等。而在行动上，则应从比自己下一层级的角度来思考，考虑好具体的措施和细节，扑下身子，狠抓落实。

二、与同事交往的艺术

在一天的工作中，大部分时间是和同事在一起的。同事之间相处得如何，直接关系到自己工作、事业的进步和发展。同事之间关系融洽、和谐，大家会感到心情愉快，有利于工作的顺利进行。而同事之间存在既合作又竞争的特点，这使得同事间的关系微妙复杂，学会同事间的交往艺术，对自己的工作和生活都有很大帮助。

1. 互相尊重，尊重隐私

孟子有云：“爱人者，人恒爱之；敬人者，人恒敬之。”（《孟子·离娄章句下》）要处理好复杂的同事关系，必须要懂得尊重他人。尊重同事，就要尊重同事的隐私。隐私是关系到个人名誉的问题。背后议论他人的隐私，会损害其名誉，可能造成同事间关系的紧张。当同事在写东西、阅读书信或打电话时，应连忙避开，做到目不斜视、耳不旁听。尊重同事，还在于不轻易翻动同事的东西。如果要找同事的东西，要请同事代找，如果他本人不在，要先征得同事的同意。

2. 真诚待人，互相帮助

办公室是一个小社会，也是一个小集体。同事间要真诚相待，相互帮助，相互理解，相互宽容。这样的集体才能成为一个团结战斗的集体，才能成为一个有凝聚力、使人心情舒畅的大家庭。同事有困难时，应主动询问，伸出援助之手，给他以人力、物力的帮助；当某位同事受挫时，应给予诚恳的安慰，要热情地鼓励他，帮助他走出困境；当同事间发生误会时，要有度量，应主动道歉，说明情况，征得对方的谅解，这样会增进双方的感情，使关系更加融洽。对同事的错误和误解要能容纳，“宰相肚里能撑船”，不可小肚鸡肠、耿耿于怀。

3. 经济往来，透明清晰

同事之间可能有相互借钱、借物、馈赠礼品或请客吃饭等往来，但不能大意忘记。对于每一项都要清楚明白，即使是小款项也应记在备忘录上，以提醒自己及时归还。向同事借东西如不能及时归还，应每隔一段时间向对方说明一下情况。总之，对于同事间的物质经济往来要弄得清楚明白，无论是有意或无意地占人便宜都会令对方感到不快，也会影响同事之间的关系。

4. 公平竞争，权责分明

同事之间既有合作也避免不了竞争。与同事共处应遵守尊重、配合的原则，明确权责，尽量施展自己的才华，绝不轻率地侵犯同事的业务领域。应在透明、公平竞争中，各自施展自己的才华并求得发展。不要过分表现自己，免得落下孤芳自赏的名声，最后 只能是孤家寡人。但是也不可组建自己的小团伙，制造流言蜚语中伤某位竞争对手。同时做事要尽力而为，量力而行，踏踏实实做好自己的本职工作，不让别人有诋毁自己的机会，努力创造更多与同事沟通的机会，增进同事间的感情，消除彼此间的隔阂，在合作中进行良性竞争。当然，在权责难以分明的时候，不妨换位思考，比对方多做一点，对同事或同侪间的配合和协作是有百利而无一害的。

5. 语言和善，举止得体

“恶语伤人三春寒，良言一句三冬暖。”与同事交谈时，一定注意语言要有分寸、要得体。工作场合中要保持高昂的情绪，即使遇到挫折、饱受委屈、得不到上级的信任时，与同事交谈也不要牢骚满腹、怨气冲天。“己所不欲勿施于人”，不要把痛苦的经历当作谈资一谈再谈，这样会让人退避三舍。谈论自己和别人时，不要滔滔不绝，要观察对方的反应来决定谈话应不应该继续。在工作场合，不要说悄悄话，耳语就像噪音，影响他人的工作情绪，也会引起同事的反感。在与同事相处时，不要得理不饶人。有些人总喜欢嘴巴上占便宜，争上风。他们喜欢争辩，有理要争，没理也要争三分，这样会使同事感到烦闷，不利于同事之间的交往。要知道，一个好的倾听者，就是一个好的谈话者。善于倾听别人，能表现出自己对对方的关心与尊重，使对方获得满足感，从而愿意与自己交流。同事之间，善于倾听的人能拥有最多的朋友。

5-3 拓展阅读：《欢乐颂》里的关关告诉你：职场中最大的失败叫瞎忙

三、与下级交往的艺术

俗话说，看一个人好不好，不是看他 / 她对你好不好，而是看他 / 她对自己的家人好不好，看他 / 她对比自己弱小的人好不好。他 / 她对你好，或许是有求于你；他 / 她对家人好，那是本性使然；他 / 她对比自己弱小的人好，那是涵养的体现。孔子认为“君使臣以礼”，领导对下级应以礼相待。礼贤下士在中国已经存在了近两千年，像中国古代的点将台、拜将台，都是礼遇下级的体现。作为领导者，应该以礼对待员工，积极与员工进行有效的沟通。

1. 待人要公平、公正

《孙子兵法》中所言“上下同欲者胜”。只有上下同心，企业才会有发展。要做到这一点，领导者必须尽力做到公平、公正。因此，上级应该坚持客观、公正地对待下级，不要受情绪的影响。要学会做一个好的倾听者，站在下级的角度去考虑问题。身为领导者，要能听出下级的言外之意，对于下级的情绪和处境要多加理解，抛开自己的情绪。

作为领导，待人不能受偏见的影响，应该平等待人。有些人对某人向来印象不好，无论那个人有多么好都会视而不见、听而不闻。领导者不应该被各种各样的偏见蒙蔽了双眼。同时，身为领导者也不应偏激独断，要多听取别人意见才有利于与员工建立融洽的关系。

2. 尊重、理解下级

一个成功的领导者应该尊重和理解他的下级，为工作营造一个良好的氛围。上级要尊重下级的人格，尊重他们的意见和建议，让每个人都感受到自己是团队的一员。当下级的工作没有按预定的目标完成时，要学会换位思考，理解他们的难处，不能把责任都推到他们头上。领导者要有宽容人的度量，在与下级沟通时，不可分亲疏远近，也不能因顾及面子而冷落了才智之士奋发向上的心，还要以开阔的心胸容纳下级，原谅下级的过错。遇见一个好领导是下级的福气，其实遇见一个好的下级也是领导的福气。一个好的领导，要在尊重和理解下级的同时，宽以待人，严于律己，遇事先从自己身上找原因，这样才能博得下级的爱戴和敬重。

3. 掌握好批评和表扬

表扬和批评相结合是人类自古以来形成的一种管理方法。对于领导者，批评和表扬下级是激励他们继续努力工作必不可少的手段。但是生活中却常听到对下级大呼小叫、颐指气使的领导和喜欢抱怨的员工，这就说明批评和表扬需要一定的技巧，才会达到好的效果。

（1）批评要有充分的理由或事实根据。一些领导会把批评下级当作是发泄情绪或证明自己权威的一种手段，这是错误的做法。一个优秀的领导者应该在工作中建立明确的奖惩制度，并且贯彻落实，奖罚有度，才能树立自己的威信。

（2）批评下级时可以先表扬后批评。因为想让别人听取批评的意见不是一件容易的事。所以在进行批评时，可以先从正面肯定开始，这样才不会被看成是在搞个人针对，会让人更好地接受。同时，可以提出一些好的建议和忠告来帮助他们改进自己的工作。

（3）批评下级的时候要就事论事。在对员工进行批评的时候，要尽量避免使用一些会使问题扩大化的词语，注意就事论事。比如男性领导不要对女下级说

“你们女人就是这样”。

（4）批评下级的时候也要选对场合。一般情况下，不要在众人面前批评员工，这样虽然会起到杀一儆百的作用，但会伤害到被批评者的自尊，同时对领导者的形象和涵养也会有不好的影响。尤其值得注意的是，不能当着某部门员工的面批评此部门的领导，这样会让这个受批评的领导难堪，也会给他以后的工作带来不好的影响。

（5）批评的态度要真诚而宽容。批评是帮助员工发现自己的缺点并加以改正和完善的一种手段，而不是为了毁灭一个人的自信心。所以领导者在批评下级的时候，语气要温和，不要大动干戈，咄咄逼人。

5–4 拓展阅读：与下属相处的“三忌三注意”

四、与异性交往的艺术

异性交往中女性的礼仪修养。女性在工作中首先要注意自己的个人形象。职业女性的发型应以保守为佳，妆容以淡妆为好。办公室女性的着装应该庄重、大方，能够体现职业女性的专业素质。同时职业女性还要注意自己的举止应该端庄、自然、优雅，不要慌慌张张、忸怩作态、装腔作势。

女职员在工作中要注意效率。尤其在打电话时，最好将打电话的时间控制在5分钟之内，表述事件时要全面，交代事情要避免重复啰唆，否则会使人怀疑工作能力。

1. 异性交往要公私分明

在工作时间内应专心致志处理公务，不要在工作时间处理私事，要不断提高自身的素质，培养事业心和责任感。女性在与异性同事交往时得到男性的照顾是很自然的事情，但是要保持清醒的头脑，弄清楚男性是出于礼貌还是另有目的，再根据情况恰当处理。

2. 异性交往要注意礼仪修养

男性在工作交往中，不必过分追求外表的光鲜，能够给人以稳重、干净的感觉就可以了。男性要讲信誉，言而有信，所谓“大丈夫一言既出，驷马难追”。男性只有言出必果，工作认真，办事负责，对女性谦虚和气、有礼貌，才能博得女性的信任。

在与异性的交往中，男性要有度量，从大处着眼，目光远大，胸怀大志，不计较是非小事，宽厚待人，这样才能获得女性的赞赏。

5–5 拓展阅读：想对领导说 NO，一定要把握好时机

3. 异性交往的礼仪原则

首先要坦然交往。工作中男女同事完全可以堂堂正正地交往。有些人在与异性交往时表现得过分矜持、紧张或扭扭捏捏，这是一种不自信的表现，更是对别人的一种伤害，因为这会让对方觉得受冷落。现代社会，尤其是女性应摈弃封建

5–6 本节 1+X 证书技能点测试

社会的陈规陋习，坦然、大方、开朗地与男性同事交往。因为生理原因，男性在工作中的某些方面会比女性占优势，男性同事应在工作中给予女同事一些帮助。

任务二　办公行政的礼仪：遵守规则，珍惜相处

办公室礼仪很能体现一个人是否具备良好的素质和个人修养，因为办公室是日常工作的地方，同事们在这里朝夕相处，很多礼仪需要我们去注意。良好的礼仪不仅能树立个人和组织的良好形象，也会关系到一个人的前程和事业的发展。

一、办公室内的一般礼仪规范

（1）要守时，不迟到、早退。要遵守上班、下班、午餐时间，否则会给领导留下懒散、没有时间观念的印象。另外，要严格遵守上班时间，一般不能在上班时间随便出去办私事。

（2）不要随便打私人电话。有些企业规定办公时间不要随便接听私人电话，一般在外国公司里用公司电话长时间地、经常性地打私人电话是不被允许的。

（3）做错了事要勇于承认。如果有些与自己有关的事情办错了，当上司询问起来时，即使别的同事都有一些责任，也要直接替大家解释或道歉，更要勇于承担责任，绝不可以诿过于别人。

（4）乐于助人。当看到同事有需要帮忙的事情时，一定要热心帮助解决。在任何一个工作单位里，热心助人的人都是有好人缘的。

（5）不要随便打扰别人。当我们自己已经将手头的活儿干完时，一定不要打扰别人，不要与没有干完活的人交谈，这样做是不礼貌的。

（6）爱惜办公室的公共用品。办公室的公共用品是大家在办公室的时候用的，不要随便把它拿回家去，也不要浪费公用物品。

5-7 拓展阅读：为何被解雇?

二、办公室环境礼仪

若人们走进办公区的情绪是积极的、稳定的，就会很快进入工作角色，不仅工作效率高，而且质量好；反之，情绪低落，则工作效率低，质量差。如果在办公区内，体现出整洁、明亮、舒适的工作环境，容易使员工产生积极的情绪，充满活力，工作卓有成效。

随着现代化进程的加快，人们的办公“硬件”水平逐渐提高，办公环境也在不断改善，人们的工作效率也应该相应提高。

1. 办公室桌面环境

办公室的桌椅及其他办公设施，要保持干净、整洁、井井有条。从办公桌的状态可以看到当事人的状态，会整理自己桌面的人，做起事来肯定也是干净爽快。他们为了更有效地完成工作，桌面上只摆放目前正在进行的工作文件；在休息前应做好下一项工作的准备；因为用餐或去洗手间暂时离开座位时，应将文件覆盖起来；下班后的桌面上只能摆放计算机，而文件或是资料应该收放在抽屉或文件柜中。

（1）办公桌。办公桌是办公的集中点，是进入办公室办理公务的人员注意力最为集中的地方，办公桌摆放好了，办公环境就确立了一半。办公桌要向阳摆放，让光线从左方射采，以合乎用眼卫生。案头不能摆放太多的东西，只摆放需要当天或当时处理的公文，其他书籍、报纸不能放在桌上，应归入书架或报架。除特殊情况，办公桌上不放水杯或茶具。招待客人的水杯、茶具应放到专门饮水的上方，有条件的应放进会客室。文具要放在桌面上，为方便使用，可准备多种笔具，如毛笔、自来水笔、圆珠笔、铅笔等，笔应放进笔筒而不是散放在桌上。

（2）书架。书架应靠墙摆放，这样比较安全。如果办公室里有沙发，最好远离办公桌，以免谈话时干扰别人办公。茶几上可以适当摆放装饰物（例如盆花）等。临时的谈话可在这里进行，较长时间的谈话或谈判，应在专门的会议室。

（3）窗户。办公室办公人员较多，可不特别进行修饰，但要做到窗明几净。窗玻璃应该经常擦洗，书架的玻璃门要保持洁净、透明。办公室的门不应该关闭过紧，以免来访者误以为没人在，也不能用帘布遮挡。

（4）墙面。办公室墙面应整洁干净，不能随意乱贴乱挂各种文件、纸张和物件。在条件允许的情况下，适当挂一点山水画、地图等装饰，会让办公室环境看起来更为舒适。

（5）进门开门关门。办公室是公众场所，未经允许，主人和客人均不得吸烟或高声喧哗。任何人不应摔门或用力开门，出入要轻手轻脚。办公室中不宜堆放积压物品，堆积物会影响观瞻，给来访人以脏乱差的印象，要经常清理办公室里的废弃物。

2. 办公室心理环境

“硬件”环境的加强仅仅是提高工作效率的一个方面，而更为重要的往往是“软件”条件，即办公室工作人员的综合素质、心理素质。这个观点正在被越来越多的“白领”们所接受。

办公室内的软件建设是需要在心理卫生方面下一番功夫的。因为“精神污染”从某种意义上说要比大气、水质、噪声的污染更为严重。它会涣散人们工作的积极性，乃至影响工作效率、工作质量。为此，在办公室内需要不断提高心理卫生水平。

学会选择适当的心理调节方式，使工作人员不被“精神污染”。领导应主动关心员工，了解员工的情绪周期变化规律，根据工作情况，采取放“情绪假”的办法。工作之余多组织一些文娱体育活动，既丰富了文化生活，又宣泄了负面情绪。有条件的可以建立员工心理档案，并定期组织“心理检查”，这样可以“防微杜渐”，避免严重心理问题的产生。还可以经常组织一些“健心活动”，使工作人员能够保持积极向上、稳定的情绪，掌握控制情绪的技巧与方式。

5-8 办公室谈话礼仪小视频

三、办公室里谈话的注意事项

（1）一般不要谈论工资等问题。在很多公司里，每一个人的工作不一样，得到的报酬也不一样。如果你说出你的工资比别人高，容易引起一些麻烦事。

（2）不要谈论私人问题。在办公室谈论私人话题，特别是遇到的不好的事情时，会影响别人的情绪，或者引起别人对自己不好的看法，如果不注意，不但会影响形象，也会影响前途。

5-9 拓展阅读：谈话时小心隔墙有耳

（3）不要评论别人的是是非非。当面多说好话，背后莫议人非。当有人评论别人时，不要插嘴，也不要充当谣言的传播者。

四、在别人办公室的礼仪

1. 提前预约，准时赴约

即使是在同一个办公楼里办公，在见面之前，也应提前预约，而且要准时赴约。如果约好在某人的办公室会面，而那人不在屋里，一般你就不宜再进去。如果没有等候室的话，可在门外等候。进他的办公室之前先敲门，以便让他知道你来了，即使门开着也要这样做，等他示意后，再进屋。如果对方正在打电话，应在门外等一会儿或过一会儿再来。

2. 尊重同事办公室的规则

我们所谈到的有关客人拜访的规则同样适用于你的同事，在别人的办公室里，要等人示意后才能入座。如果有电话打断了你们的谈话，应该通过手势示意是否回避。不要把文件、茶杯等随意放在桌子上，因为那是他人的领地，应先征得同意。比如可以说：“我把茶杯放这儿行吗？”同样，需主人同意后才能挪动椅子，并在离开前放回原处。

如果确实需要使用某人的办公室或设备，应事先征得同意。如果主人同意了，给了你这项特权，也不可滥用。不要乱翻动文件，不要偷看桌上的文件。如果需用什么东西，应征求同意并及时完璧归赵，并向主人致谢。如果用坏别人的办公工具，应该说明情况，并征求是否需代为修理或买一个新的。

3. 及时撤离

到别人的办公室拜访时，无论是否达到拜访的目的，都不要停留过久，到了该走的时间就要离开，因为停留过久会影响被拜访人的工作。

礼仪小常识

会议通知小方法

公司经理在星期一早上告诉文员小刘，星期四上午9:00~11:00召开销售员会议，要求小刘通知有关人员。小刘刚到公司不久，不太清楚公司有多少销售员，她到几个业务部门转了转，大多数人外出了，也没有遇到销售员。接下来小刘忙于其他的事情，几乎把通知的事忘了。一直到星期三下午，经理问她会议通知了没有，她才匆忙在公司的布告栏里写了如下的通知："兹定于星期四上午在会议室召开销售员会议，会议重要，请务必出席。"星期四上午8:30左右，有2个销售员到了会议室，但会议室里没有人招呼，以为会议不开了，坐了一会儿就走了。9:00左右有6个销售员来了，什么资料也没带，其中两个说，他们已经约好客户在10:00见面。到了10点，只剩下4位销售员，也谈不出什么东西，会议草草结束了，经理很不高兴。公司一共有12位销售员，事后去问另外4位，他们说，根本没有看到通知。经理对小刘非常不满。

请问，小刘究竟错在哪些地方？正确的做法应该是怎样的？

1. 应该搞清销售员的人数和姓名，准备这份名单。

2. 打印好书面通知。

3. 在三天内，当面发放通知或电话通知（电话中需要对方确认时间，地点，内容等）到名单上的每个人。

4. 通知不能写在布告栏里，可能不被人注意。

5. 通知上应写清会议的时间（开始到结束时间）和地点。

6. 应详细写清会议内容，应做好哪些准备。

7. 应提前到会议室做好准备，做好签到工作。

8. 会后应该形成会议纪要或会议备忘录，以便事后查询、落实等。

5-10 拓展阅读：办公室礼仪帮你尽快融入职场新环境

5-11 本节 1+X 证书技能点测试

任务三　求职面试礼仪：阳光自信，周全礼貌

前文已述，“礼仪”是“礼”和“仪”的结合。礼仪是对人们进行社交的最起码的要求，也是一个人内在修养和素质的外在表现。对于大学生求职来说，礼貌周全的礼仪，显得尤为重要。在求职中是否有礼仪，一定程度上决定了是否能应聘到理想中的岗位。

一、求职的准备

1. 心理准备

无论是刚从学校毕业的新人，还是等待谋求新职的人，都必须面临求职面试这一关。每一个求职的人，都希望在面试时留给主考官一个好印象，从而增加录取的可能性。所以，事先了解面试时的一些必要的礼节，是非常重要的。可以说，这是求职者迈向成功的第一步。所谓“知己知彼、百战不殆”，面试就如同一场试探性的战斗，战斗的双方就是面试单位的主考官和参加面试的自己。

（1）要研究求职目的。俗话说，不打无准备之仗。求职之前，先研究一下求职的目的。从用人单位的角度来看，要研究用人单位是什么性质的单位，主要从事的行业是什么，这次招聘的有哪些岗位，这些岗位需要什么样的能力，这些能力需要哪些东西来证明等。从自己的角度来看，要研究自己为什么要去应聘，自己真正需要的工作是什么，应聘的单位和岗位与自己是否有契合，对应岗位需要自己有什么样的优点或特长，自己的这些优点或特长有哪些证书或实例、经验可以证明，自己还需要准备哪些材料等。知彼知己，才能百战不殆。

（2）要研究主考官。应聘者要“研究主考官”，这里所说的“研究”是要试想一下主考官会从哪些方面来考察、评价面试者。综合起来，有以下几个方面：主考官可能会先评价一个应聘者的衣着、外表、仪态和行为举止；主考官会对应聘者的专业知识、口才、谈话技巧做整体的考核；主考官可能会从面谈中来了解应聘者的性格和人际关系，并从谈话过程中了解应聘者的情绪状况以及人格成熟的程度；主考官会在面试时，观察应聘者对工作的热情程度和责任心，了解应聘者的人生理想、抱负和上进心。

（3）研究自己。这包括以下几个方面：

①认识自己，了解自己的长处、兴趣、人生目标、就业倾向等。许多学校都会为毕业生就业求职开设一些辅导，帮助毕业生分析个人的专业和志向，作为毕业生的你，可以充分利用这个渠道，为求职预先做好准备。

②听取家人和有社会经验的亲友的意见和建议，从而修正个人的志愿，也是很有必要的。

③搜集招聘公司的相关资料，了解该公司目前的经营状况、企业文化、未来的发展等情况，这项工作可以使你更能把握现有情况，增强面试时的信心。

④事前的演练可以帮你发现问题，放松紧张的精神。

⑤参加面试一定要抱着谨慎的态度，不浪费每一次机会，并把每一次面试当作重要的经验积累起来，千万不要有随便或侥幸的心理。人与人的作用是相互的，你若是郑重其事，对方也自然会重视你。

⑥了解并演练一下必要的面试礼仪。在平时，你可能是一个非常自由、无拘无束的人，对任何繁文缛节都不屑一顾，但在面试之前，你有必要了解一些面试的礼仪，它对你争取职位有很大帮助。在面试之前演练一下你并不熟悉的礼仪，会让你在面试中表现得轻松自如。

⑦准备一套适合面试的服装。对于一名大学毕业生来说，毕业工作意味着社会角色的转变，求职是参加工作的第一步，你的穿着一定要符合你的新社会角色。对男士来讲，拥有一套合身、穿着舒服但不用很昂贵的西装是非常必要的；对女士来讲，暂时把时装收起来，身着职业套装会平添几分成熟和风韵。

2. 材料准备

在双向选择过程中，大部分用人单位安排面试的依据是有关反映毕业生情况的书面材料，通过这些书面材料来判断和评价毕业生的学习成绩、工作潜力。毕业生要成功地向用人单位推销自己，拟订具有说服力和吸引力的求职面试材料是成功的第一步。

面试材料包括毕业生就业推荐表、简历、自荐信、成绩单及各式证书（获奖证书，英语、计算机等各类技能等级证书）、已发表的文章及论文、取得的成果等。

（1）毕业生就业推荐表。毕业生就业推荐表是反映毕业生综合情况并附有学校书面意见的推荐表。其主要内容一般包括：毕业生的基本资料、照片、学历、社会工作、获奖情况、科研情况、个人兴趣特长等，一般还应附有教务部门出具的成绩单。其中，该表的综合评定及推荐意见部分是由最了解毕业生全面情况的辅导员填写的，并且是以组织负责的形式向用人单位推荐，具有较大的权威性和可靠性。所以，大部分用人单位历来把该表作为是否接收该毕业生的主要依据。毕业生必须用正式的毕业推荐表签订就业协议。

（2）简历。简历主要是针对应聘的工作，将相关经验、业绩、能力、性格等简要地列举出来，以达到推荐自己的目的。由于毕业生就业推荐表栏目和篇幅的限制，多数毕业生更希望有一份个性突出、设计精美、能给用人单位留下深刻印象的简历。

①简历的设计原则。真实、简明、无错是简历设计的三个原则。

- 真实原则。就是指简历从内容上讲必须真实，比如选了什么课，就写什么课；如果没有选，就不要写。对于兼职工作更是如此，做了什么，就写什么。你的简历就是面试官的靶子，他会就简历上的任何问题提出疑问。

- 简明原则。简历，最好简单明了。这是简历的又一重要原则。如果简历的内容过多，又缺乏层次感，会给人以琐碎的感觉。必要信息如姓名、性别、出生年月、联系电话和地址等一定要写上。相比之下，身高、体重、血型、父母甚至兄弟姐妹做什么工作等这些信息并不是非常重要，这些内容纯属辅助信息，可要可不要，至少不应占据重要位置。可以将自己认为重要的信息全部浓缩到第一页上，然后把认为次要的信息，诸如每学期成绩单、获奖证书复印件等信息当作附件。对于这样的简历，主考官只看一页就清楚了，主次分明，非常有效，主考官如果感兴趣，可以继续看附件里的文件。

- 无错原则。是指简历应该没有错误。尽可能在寄出简历之前，一个字一个字地检查一遍，标点符号也不能落下。否则会被认为是一个粗心的人，在激烈的竞争中就可能被淘汰。

②简历的内容。简历并没有固定格式，对于社会经历较少的大学毕业生来说，其内容大体包括以下几方面：个人的基本材料、学历、实习实践、科研成果和毕业论文及发表的文章、社会工作、勤工助学的经历、特长、兴趣爱好与性格特点、联系方式等。

（3）自荐信。信函求职在毕业生求职过程中是最常用的、最主要的方式。求职信由开头、正文、结尾和落款四部分组成。在开头，要有正确的称呼和格式，在第一行顶格书写，如“尊敬的人事处负责同志”“尊敬的张教授”等，加一句问候语“您好”以示尊敬和礼貌。正文部分主要是个人基本情况即个人所具备的条件。求职信的核心部分要从专业知识、社会实践能力、专业技能、性格特长等方面使用人单位确信，他们所需要的正是你所能胜任的。结尾部分可适当提醒用人单位回复。

结束语后面，要写表示敬意的话，如“此致”“敬礼”。落款部分署名并附日期。如果有附件，可在信的左下角注明。

求职信的信封、信纸最好选用署有自己学校名称的信封、信纸，忌讳选用带有外单位名字的信封、信纸，字迹要清晰工整。如果写一手漂亮的书法，最好手写，因为很多人相信“字如其人”。如果字写得不好看，就不如用电脑打出来，篇幅要适中，不宜过长，1000 字左右较为合适。求职信是个人与单位的第一次接触。所以，文笔要流畅，可以有鲜明的个人风格，但不可过高地评价自己，也不可过于谦虚，要给用人单位留下较为深刻的印象。最后，要留下自己的联系方式。

在毕业生就业推荐表、简历和自荐信后面，还应附上成绩单及各式证书、已发表的文章复印件、论文说明、成果证明等。如果本专业比较特殊，还应附一份专业介绍。

结合上述内容，如果你即将面临就业，看到某公司在招聘销售主管，作为一名刚毕业的学生，你认为自己不太可能获得该职务，但在校学习期间的每一个寒暑假你都在做销售工作，并且出色地完成了你的销售任务并获得领导同事的一致认可，销售业绩和业内口碑都相当出色，基于以上情况，请为自己制作一份优秀的求职简历，尝试作为一名刚毕业的职场“新手”去争取销售主管的岗位，并进行全班评比，师生共同选出最优简历。

5-12 拓展阅读：写好一封求职信是职场的敲门砖

3. 方法准备

求职面试的基本方法主要有电话自荐、考试录用、网上应聘等，在各种方法之中也有很多应试技巧，掌握下面一些方法和技巧，有助于你在求职面试中取得成功。

（1）电话自荐。通过电话推荐自己，是常用的一种求职方式，如何充分地利用电话接通后的短暂时间，用最简洁明了的语言清楚地表达自己，能否给对方留下一个深刻清晰的印象，是同学们十分关心的问题。

打电话之前，一定要做好充分的准备工作。在谈话内容上，首先，要了解用人单位的有关情况，尽量做到心中有数；其次，要对自己有一个客观、公正的认识；最后，要根据用人单位的需求情况，结合自己的特长，列出一份简单的提纲，讲究条理并重点突出地介绍自己，力争给受话人留下深刻印象。另外还要调整好自己的心态，做好充分的心理准备，努力控制好说话的语音、语调、语速，在短暂的时间里，展现自己积极向上、有理有节的个人良好品质。

5-13 电话求职自荐技巧小视频

电话接通后应有礼貌地询问：“请问这是某单位人力资源部吗？”在得到对方单位的肯定答复后，应作简短的自我介绍，并说明来电意图。求职者一定要言简意赅，并着力表现自身特长与所求职位相互吻合。

（2）考试录用。笔试是常用的考核方法，一般限于对专业技术要求很强、对录用人员素质要求很高的单位，如一些涉外部门或技术要求高的专业公司等。

参加笔试前，应了解笔试的大体内容。一般而言，用人单位的笔试包括以下几个方面的内容：一是对于知识面的考核，包括基础知识和专业知识；二是智力测试，主要测试受聘者的记忆力、分析观察力、综合归纳能力、思维反应能力；三是技能检测，主要是对其处理实际问题的速度与质量的测试，检验其对知识和智力运用的程序和能力。参加笔试要按要求准时到场，不能迟到。卷面要整洁、字迹工整，给阅卷老师留下良好的印象。考试过程中，绝对不能作弊或搞小动作，对于这一点，用人单位是尤其看重的。

（3）网上应聘。网上求职，首先要准备一份既简洁又能吸引用人单位的求职信和简历。

求职信的内容包括：求职目标——明确你所向往的职位；个人特点的小结——吸引人来阅读你的简历；表决心——简单、有力地显示信心。

在准备求职信时还要注意控制篇幅，要让人事经理无须使用屏幕的滚动条就能读完；直接在篇内编辑，排版要工整；要做到既体现个人特点又不过分吹嘘。对于网上求职来讲，简历的准备相对比较简单，在各人才网站上都提供了标准的简历样本。需要注意的是，学历和工作经历要按时间顺序倒着填，也就是把最近的工作经历和学历写在最前面，以便招聘方了解你目前的状况。在填写工作经历时，很多求职者只是简单地列出工作单位和职位，没有详细描述工作的具体内容，而招聘方恰恰就是根据你做过什么来评估你的实际工作能力的。除非应聘美工职位，否则不要使用花哨的装饰或字体。

在网上填简历，要严格按照招聘方的要求填写，要求在网上填写的就不要寄打印的简历；要求用中文填写的就不要用英文填写；有固定区域填写的就不要另加附件。发送简历是网上求职关键的一步，如果是自己在网上通过邮件发简历，就应该以"应聘某某职位"作为邮件标题，把求职信作为邮件的正文，再把简历直接复制到邮件正文中。这样既方便对方阅读，又杜绝了附件带电脑病毒的可能性。如果通过人才网站求职，可以直接把填好的简历发送给招聘单位，网站的在线招聘管理系统还能把个人简历以数据库的方式存储起来，根据求职者的要求，供招聘单位检索和筛选。

二、面试的礼仪

5–14 拓展阅读：面试问题回答小技巧

面试时首先遇到的问题就是究竟应何时到达面谈地点较为恰当。是准时抵达还是提前到达？若是早到又应以几分钟为宜？在等待的时间里应该注意什么？由于目前城市的交通状况不甚良好，令人无法预计准确的车程时间，所以最好提早出门，可比原定时间早 15~20 分钟到达面谈地点，所谓"赶早不赶晚"。早到后可先熟悉这家公司附近的环境并整理仪容。但如果早到 10 分钟以上，千万别在接待区走来走去，因为这样会打扰公司上班的职员，有损他人对自己的第一印象，对后面的面试一点好处也没有。所以，此时可向别人询问洗手间在哪儿，在那里可再一次检查自己的服装及仪容。轮到自己上场面试时，需掌握以下要点：

1. 自信地进行自我介绍

求职者自我介绍的根本目的，是使面试考官对自己有个初步的、大概的了解，并且尽可能留下良好的印象，以便使面试能够深入进行下去，最终赢得面试的成功。求职面试的自我介绍必须讲究技巧，成功的自我介绍往往会给面试官留下深刻的印象，那样求职就成功了一半。在人的思想意识中，往往存在这样的误区：认为最了解自己的人一定是自己，把介绍自己当成是一件很容易的事。其实不然，说人易，说己难。在求职面试中，介绍自己是最难的部分，要想成功地进行自我介绍，可从以下方面着手：

面试中的自我介绍既要坦诚，又要有所保留；既要介绍自己的能力，也不要把自己搞成事事皆能，使自己进退维谷。在自我介绍中，求职者要尽可能客观地显示自己的实力，但同时应尽可能地避免使用保证式或绝对式的语言，如："我非常熟悉这项业务，我保证让部门改变面貌！"这些话往往没有具体内容，反倒会引起面试考官的反感，如果遇到较为平和、内敛的面试考官，也许不会为难你，但是如果遇到个性较强的面试考官进行追问时，求职者会因无法回答而张口结舌、尴尬万分。

5-15 拓展阅读：面试时如何做好自我介绍

2. 掌握面试中问与答的技巧

在求职面试过程中，如何与面试考官进行良性的双向沟通，是求职者能否求职成功的重要保证。因此，在面试过程中，要注意以答为基础、以问为辅助的沟通技巧。尽管不同的公司面试的程序和模式有所不同，面试考官的风格各异，但是有些问题是面试考官们比较喜欢问的。应聘者一定要对这些问题有所准备，知己知彼才能百战不殆。那么面试考官喜欢问哪些问题，又有哪些回答的技巧呢？具体可以从以下分析中得到答案。

一般来说，招聘方提出的问题可分为两类：一类是规定性提问，也就是招聘方事先准备好的，对每一位招聘者都要发问的问题；另一类是自由性提问，即招聘方随意穿插的问题，这些问题往往是千变万化、涵盖宽泛。招聘方可以从应聘者不经意的对答中发现其闪光点或缺点。无论是哪类问题，应聘者在回答时都应当掌握以下基本技巧：

①不要遗漏表现自己才能的重要资料；

②保持高度敏锐和技巧灵活的思维状态；

③回答既要表现自己的个性气质，又要表现出对招聘方的尊重与服从；

④通过用笔记录等方式认真倾听对方的提问，并注意对方的反应，以便及时调整自己不恰当的回答；

⑤避免提到"倒霉""晦气""不幸""疾病"之类可能招致对方忌讳的字眼。

3. 得体的服饰打扮

求职面谈是一种正式场合，求职者的服饰穿戴关系到招聘人员对其的第一印象，因而应当认真对待。一般来说，求职者的服饰要同自己的身材、身份、年龄等相符合，做到大方得体、整洁明快。在着装时，一要关注细节，比如衣服不必太贵，但要烫得平整，色彩要协调，扣子要扣对，皮鞋要擦亮，不要佩戴款式夸张的首饰。二要注意求职者的装扮须与希望的职业身份相协调，比如你面试的职业是教师、会计、工程师等，打扮就不能过分时髦，而应该选择庄重、素雅的着装，以显示出稳重文雅的职业特性。另外，所选的服装不一定要最漂亮，要选能衬托你内在气质的、穿着舒服的衣服，这样就不会因为服饰而产生潜意识的拘束和不自然。头发要梳理整齐、干净，头饰不宜过多。男士的胡须一般都要求刮净，女士可着淡妆。总之，在求职交际中，求职者要力求把内心的美和外表修饰的美都展现出来。

5-16 拓展阅读：糟糕的应聘者

4. 拥有职业化的举止

许多面试者往往只注重衣着和话语，却忽略了胜过有声语言的形体语言。职业化的举止，包括站姿、坐姿、走姿、手势和眼神等方面。前面相关章节已经阐述，在此就不再赘述。

5-17 课后练习

此外，面试者在面试时还要注意保持微笑，这显得亲切自然，是充满自信心的又一表现。

凡一切面试应聘，都是为了证明应聘者是该职位最适合的人选。面试者要综合运用有声的、无声的、职业化的举止，向招聘考官表明自己是最适合的人选。

5-18 拓展阅读：且看一个大专生如何成功敲开 IBM 的大门

5-19 本节 1+X 证书技能点测试

君召使摈，色勃如也，足躩如也。揖所与立，左右手，衣前后襜如也。趋进，翼如也。宾退，必复命曰："宾不顾矣。"

——《论语·乡党》

项目六

礼行天下：让你的职场活动更具魅力

学习目标

- 组织商务会议、展览会、赞助会、新闻发布会等专题会议，在会议进程中注重讲究礼仪规范
- 签字仪式、开业仪式、剪彩仪式符合礼仪规范
- 熟悉宴请的程序和规范，熟练、得体地遵守中、西宴会礼节
- 了解职场生存法则，更好适应职场环境

情境导入

新产品发布会

国内某饮料企业开发了一种新型的果汁饮料，准备举行一场新产品发布会。为了大力宣传新品，该企业邀请了国内著名的专家和电视、广播、报纸、杂志等多家新闻媒体参加，并将发布会时间定为××××年××月××日周五上午九点开始。考虑到来宾众多，还选定了一个离城市较远的、环境优雅的、有较大会议厅的宾馆。结果来宾因堵车未能准时到达，来的客人也不多，发布会因此延后一小时，会后的宣传报道也较杂乱，影响较小。

6-1 任务设计

问题：

本案例中该企业的新产品发布会存在什么问题？

任务一　细节决定成败：会议活动礼仪

一、商务会议礼仪

商务会议是商务活动中最重要、最频繁的内容之一。筹办、主持或者参加一次有效的商务会议，遵守商务会议的礼仪规范，对于商务人员来说十分重要。在筹办会议时，对各方面都要考虑周全。主持会议要体现出会议主持人员对整个会议良好的控制能力，出席会议时，仪态、精神都要与会议的内容、主题相吻合。一个重要会议的举行往往是商务人员才华显现的机会，又是其礼仪修养和礼仪业务水平的表演舞台，所以应特别留心。

（一）商务会议的主要阶段

（1）会议前。在会议前的准备工作中，我们需要注意以下这几方面：

① When——时间，你要告诉所有参会人员，会议开始的时间和要进行多长时间，这样能够让参加会议的人员很好地安排自己的工作。

② Where——地点，是指会议在什么地点进行，要注意会议室的布局是不是适合这个会议的进行。

③ Who——人物，以外部客户参加的公司外部会议为例，会议有哪些人物来参加，公司这边谁来出席，是不是已经请到了适合外部的嘉宾来出席这个会议。

④ What——会议的议题，就是要讨论哪些问题。

⑤ Others——会议物品的准备，就是根据这次会议的类型、目的，需要哪些物品。比如纸、笔、笔记本、投影仪等，以及是不是需要用咖啡、小点心等。

（2）会议中。在会议进行当中，我们需要注意以下几方面：

第一，会议主持人主持会议要注意介绍参会人员；控制会议进程，避免跑题或议而不决；控制会议时间。

第二，会议座次的安排一般分成两类，方桌会议和圆桌会议。

通常会议室中是长方形的桌子，就是所谓的方桌会议，方桌可以体现主次。在方桌会议中，特别要注意座次的安排。如果只有一位领导，那么他一般坐在这个长方形的短边，或者是比较靠里的位置。就是说以会议室的门为基准点，在里侧是主宾的位置。如果是由主客双方来参加的会议，一般分两侧就座，主人坐在会议桌的右边，而客人坐在会议桌的左边。

还有一种是为了尽量避免这种主次的安排，而以圆形桌为布局，就是圆桌会议。在圆桌会议中，则可以不用拘泥这么多的礼节，主要记住以门作为基准点，比较靠里面的位置是比较主要的座位，就可以了。

（3）会议后。在会议完毕之后，我们应该注意以下细节，才能够体现出良好的商务礼仪。主要包括：

会谈要形成文字结果，哪怕没有文字结果，也要形成阶段性的决议，落实到纸面上，还应该有专人负责相关事物的跟进；赠送公司的纪念品；参观，如参观公司或厂房等。如果必要，可以合影留念。

（二）商务会议的准备

（1）会场的选择。大型会议的会场选择对会议主题的深化有密切关系，对与会者参会的情绪也有很大影响。举办会议首先要选准会场会址。要考虑交通便利、设施齐全、环境安静、停车方便、大小适中、费用合理等因素，使与会者能够方便地到会，安心地开会。

（2）会场的布置。对于一般的小型会议，会议室只要清洁、明亮，有足够的桌椅让与会者方便看文件、做记录、讨论发言就行了。而大型会议的会场准备则比较复杂，需要体现会议的主题，应注意会场内座位的布局、主席台的布置以及其他可以渲染和烘托气氛所做的装饰等，一定要讲究科学性、合理性和艺术性。

会场环境布置应给人庄重、协调、整洁、舒适的感觉，环境整洁，灯光亮度适中。应适当摆放室内植物，控制适宜的室温和气味，选择桌面插花。根据会议内容，还应通过一定的物品和手段，渲染与之相配的气氛。在设备设施准备中，要接通计算机与屏幕的数据传输线。调整投影设备，亮度、大小适当。调试话筒效果。安排摄影、摄像位置。调节空调调温器，冬季室内温度控制在 18℃左右，夏季室内温度控制在22℃左右，并在会前30分钟左右喷洒适量空气清新剂，保持室内空气清新。

（3）会议台型布置。根据参加会议的人数选择会场大小及台型布置。小型会议可采用圆桌或“回”字台型；大中型会议可采用礼堂型或教室型。

（4）会议物品布置。

①会标。会标即会议全称的标题化。应将会议全称用大字书写后挂在主席台的正上方，一般用红底白字，也可以用红底金字。这是会议礼仪十分重要的一点，也是点睛之笔。它能增强会议的庄重性，揭示会议的主题与性质，使与会者一进会场就被会标引导，容易进入会议状态。

②会徽。会徽是体现或象征会议精神的图案性标志。要选择具有强烈感染和激励作用的图案，重大会议的会徽可向社会征集，也可在单位组织内部征集。会徽图案要简练、易懂、寓意丰富。

③标语。标语当然是会议主题的体现，会场上的气氛往往就是被恰到好处的标语、旗帜等渲染起来的。标语在准备会议文件时就应拟就，并报请领导批准。会议标语要集中体现会议精神，应使其简洁、上口、易记，具有宣传性和号召力。

④旗帜。会议的旗帜包括主席台上悬挂的旗帜和会场内外悬挂的旗帜。主席台上的旗帜应围挂在会徽两边，显得庄严隆重；主席台的两侧插上对应的红旗或彩旗，可增添喜庆气氛。而会场门口和与会者入场的路旁插上红旗或彩旗，使会议的热烈气氛洋溢在会场内外，以衬托会议的隆重。

⑤花卉。花卉是礼仪中不可缺少的重要道具，在会场上，花卉还能起到解除与会者疲劳的作用。选用的花卉应突出中华民族的文化特色，以梅花、牡丹、菊花、兰花、月季、杜鹃、山茶、荷花、桂花、水仙等十大名花为代表的中国原产花卉，早已被赋予浓重的文化色彩，以这些花为主构成的花卉艺术品，如插花、盆景等都能以无声的语言向人们传播中华民族的文化，表现民族精神。因此，越是重大的会议，越应选取有代表性的中国原产花卉作为摆放的主体花卉，并将中国传统艺术花卉的插放造型作为会议花卉的礼仪形式。

⑥灯光。会议场所的灯光应该明亮、柔和，既给人适宜的照明，也可减缓因会议时间过长而带来身体或精神上的疲劳。大型会议的会场灯光应设计几套，以便于满足会议颁奖、照相、演出等多种需要。

⑦座位。布置会场内的座位时要根据会议的不同规模、主题，选择合适的摆放形式。“而”字形的布局格式比较正规，有一个绝对的中心，因此容易形成严肃的会议气氛。

一些小型的、日常的办公会议以及座谈会等通常在会议室、会议厅进行，可以根据需要将座位摆放成椭圆形、T字形、回字形、马蹄形等，这些形式可以使参加会议的人坐得比较紧凑，彼此面对面，容易消除拘束感，座谈会、小型茶话会、联谊会等多选择六角形、八角形或者半圆形等布局形式。

（5）主席台的布置。主席台是会议的中心，也是会场礼仪的主要表现位置。主席台布置应与整个会场布置相协调，并作强调突出。

①座位。主席台的座位要满座安排，不可空缺。倘原定出席的人因故不能来，要撤掉座位，而不能在台上留空。主席台的座位若有多排，则以第一排为尊贵。第一排的座位以中间为贵，依照我国的传统一般由中间按左高右低的顺序往两边排开，即第二领导坐在最高领导的左侧，第三领导坐在最高领导的右侧，以此类推。 如果人数正好成双，则最高领导在中间左侧，第二领导在中间右侧，以此类推。但目前国际上流行右高左低，因此安排涉外会议时，也要灵活依据有关规矩。时下的一般处理方式为：开会以左为尊，宴请以右为尊。每个座位的桌前左侧要安放好姓名牌，既方便入座，也便于台下与会者和新闻采访人员辨认熟悉有关人士。主席台的座位不要排得太挤，桌上也不要摆放鲜花之类的物品，以免阻碍视线，但要便于主席团成员打开文件、做记录、翻阅讲话稿，并放置笔、茶水、眼镜等物品。

6–2 会议座次小视频

②讲台。主席台的讲台应设于主席台前排右侧台口，讲台不能放在台中央，那样会使主席团成员的视线受到妨碍。讲台上主要放话筒，也可适当放上一盆平铺的花卉。讲台的桌面要便于发言者打开讲话稿或摆放相关材料。在整个主席台的台口可围放一圈花卉，但要选择低矮些的绿色品种。

③话筒。发言席和主席台的前排座位都应设有话筒，以便于发言者演讲和会议主持人或领导讲话。一般发言席和主持人的话筒是专用的，其他主席台前排就座者合用两三个话筒，并且一般置放于主要领导面前。

④后台。一般在主席台的台侧与后台，应设置休息室，供在主席台就座的领导和与会者休息，并尽可能在后台排好上台入座的次序，以免造成混乱。若会议发生了小意外，后台还可以供有关人员作商量对策、排除困难之用。主席团成员开会也可利用后台休息室。所以，秘书人员切不可忽视后台的作用。

⑤会议上的其他用品。为方便会议的进行，秘书人员应为会议准备各种用品，包括笔、纸本、投影仪、指示棒、黑白板、复印机、电脑数据库以及投票箱、茶杯（须经过消毒，消毒时间不少于20分钟；茶杯、杯盖无黄斑、无缺口）、矿泉水（矿泉水瓶无灰尘，密封完好，瓶内无沉淀物，并在保质期内）等，并设置签到台（台布无污迹，无破损）。

不同的会议有不同的需求，满足与会者的需求是有关人员在安排会议、布置会场时必须考虑的。

（三）商务会议的组织

1. 会议准备阶段的礼仪

（1）时间选择。开会时间选择要合适。大型会议尽可能避开公众节假日。同时注意会期不能安排得太长，否则会影响与会者的日常工作，在某些紧急事件发生时，可以取消或延期举行会议。

（2）邀请对象。对出席会议的对象的选择要考虑各种因素，与会者既要有与会资格，又要有参与能力和水平修养。如果被邀与会者不能完成会议的有关任务，会感到痛苦或尴尬，使与会成了一次不愉快的经历。对会议组织者来说，这也是礼仪考虑不周的表现。

（3）详尽通知。会议通知的发送要做到："发得早"——既便于与会者安排手头工作，又便于与会者为会议内容做准备；"内容细"——会议名称、届次、主要议题议程、出席范围、与会者应递交什么材料或做哪些准备、会期、会址等都应明明白白告知，便于与会者有备而来，从而提高会议效率；"交代明"——食宿如何安排、费用多少、交通线路怎样，都要交代清楚，以免造成不必要的麻烦。对特邀贵宾的通知，应派专人登门呈送，以示郑重。

2. 会议召开阶段的礼仪

（1）接站。一般会议都规定了报到日期。在报到日应安排好接站。在车站、码头、机场等主要交通站点，用醒目的牌子标明"××会议接站"，使与会者一下交通工具就看见接站牌而安心。对所接到的与会者要表示欢迎，并慰问其旅途劳顿。

（2）登记。对到达报到地点的与会者，首先要做好签到、登记、收费、预订返程票、发放会议资料、发放会议身份证件等工作。这一过程应尽量在登记处一并解决，并应迅速办理，让与会者早点到客房休息。登记时，对与会者的合理要求应尽量予以满足。大型会议的东道主应在会议召开前一天晚上，到会议各住宿地看望与会者，尤其是对特邀贵宾和与会领导。

（3）联络。会议进行期间要注意与各小组联络，不要使任何一位与会者有被冷落的感觉。会议简报要对各小组进行相对均衡的报道，不要只将视点聚焦于有大人物、有热点的小组，使其他小组产生不愉快的心绪。

（4）安全。要确保每一个与会者的安全，包括其人身安全、财物安全以及食品卫生安全。涉密会议还必须强调文件安全。秘书人员要尊重每一个与会者，但涉及机密时，必须按章办事。

（5）娱乐。若会期较长，在会议期间可安排一些影视放映和文艺演出，以调剂精神，也应鼓励与会者主动参与文体活动。可组织一些自娱自乐的卡拉 OK 演唱或球类、棋牌活动等，活跃会议气氛，调节与会者情绪。还可适当组织与会者参观游览，使会议节奏张弛有度。

3. 会议结束阶段的礼仪

（1）照相。合影时，有时需要排定具体位次，有时则不必。但是在正式场合所拍摄的合影，一般应当进行排位。在非正式场合所拍摄的合影，则既可以排列位次，也可以不排列位次。

6–3 合影位次小视频

如果有必要排列合影参加者的具体位次时，应首先考虑是否方便拍摄。与此同时，还应注意以下七点：场地的大小；人数的多少；背景的陈设；光线的强弱；合影参加者具体的身份；高矮和胖瘦；方便与否。国内合影时的排位，一般讲究“居前为上”“居中为上”和“以左为上”。具体来看，它又有“人数为单”与“人数为双”的分别。在合影时，国内的习惯做法通常是主方人员居右，客方人员居左，即“以左为尊”。在涉外场合合影时，应遵守国际惯例，讲究“以右为尊”，即宜令主人居中，主宾居右，其他双方人员分主左宾右依次排开。合影之后，主办方应主动向参与合影的各方人士提供照片，并保证人手一张。不能“虎头蛇尾”，更不能“有头无尾”。那样会让合影的各方人士产生自己是“道具”之感，是很不礼貌的。如果会议有照相一项应早作安排，免得个别与会者提前离开而不能参与。早安排也可使与会者在离会前拿到照片。

（2）材料。发给与会者的材料要有口袋，以便于集中携带。如需收回材料要早打招呼，发现有人未交，应尽早查问。不一致的意见不要写到会议的决议或纪要中去。要乐于为与会者提供复印材料、邮寄材料等有关服务。

（3）送客。将为与会者所订车票 / 机票交给其本人时，要仔细核对车次、航班或船期，并仔细向与会者交代。若有不对或不周处，应主动承担责任。如果有人需要照顾而影响到了其他人，应向其他人解释，以争取大家的谅解。在每一个与会者离开时，都要热情相送，对集中离开的与会者，要尽可能准备车辆送他们去车站、机场或码头，对贵宾则必须送至机场登机处。

二、展览会礼仪

组织通过举办展览会，运用真实可见的产品和热情周到的服务、全面透彻的资料、图片介绍和技术人员的现场操作，吸引大量的参观者，使其留下深刻的印象。展览会是组织重要的公共关系活动之一。展览会主要涉及展会的分类、展会的组织与展会的参加这三个方面的大问题。举办展览会要精心组织并做好以下细致全面的工作。

1. 展览会的组织

（1）明确展览会的主题。每一次、每一种类型的展览会都应有明确的主题和目的。只有主题明确，才能提纲挈领，对所有的展品进行有机的排列组合，充分展示展品的风采。若主题不明、眉毛胡子一把抓，势必影响展览效果。

（2）搞好展览的整体设计。任何一个展览都是一项系统工程，要求必须有一个详细的整体设计。对展览场地、标语口号、展览徽章、参展单位及项目名称、辅助设备、相关服务部门的设置和人员安排、信息的发布及与新闻界的联络、对工作人员的培训等，都需要全面设计、周密安排。在某一个环节上安排不当都会影响整个展览的效果。

（3）成立对外新闻发布机构。成立专门机构负责与新闻界进行密切的联系，展览过程中往往会发生许多有新闻价值的事情，这就需要有关人员以敏锐的观察力去挖掘、分析并写成各种新闻稿件发表，以扩大影响。同时，要组成专门的机构，专门负责新闻发布的计划，如确定发布内容、发布时机、发布形式等，这样效果会更好。

（4）进行展览的效果测定。展览的效果一般体现在观众对展品的反映、对组织形象的认识以及对整个展览会从内容到形式的总体看法等方面。为了检验举办各类展览活动的目的是否达到，必须对展览效果进行检测。测定的方法很多，如设立观众留言簿、召开座谈会听取反映、检验公众对展品的留意程度等。

2. 展览会的礼仪

展览会的工作人员应当具备良好的素质，明确办展览的目的和主题，了解展览的知识和技能，具备与展览产品有关的专业素质，还要懂得礼仪，从各自不同的角度影响公众，使公众满意。

（1）主持人礼仪。主持人是一个展览会的操纵者，应该表现出决定性人物的权威性。 在着装上，要穿西服套装、系领带，显示出气派的样子，由此使公众也对其主持的展览会和产品产生信赖感。主持人的形象就是组织者实力的一种体现。与宾客握手时，主持人应先伸出手，等宾客先放手后再放手。

（2）讲解员礼仪。讲解员应热情礼貌地称呼公众，讲解流畅，不用冷僻字，让公众听懂。介绍的内容要实事求是，不弄虚作假，不愚弄听众。语调清晰流畅，声音响亮悦耳，语速适中。解说完毕，应对听众表示谢意。讲解员的着装要整洁大方，打扮应自然得体，不要装扮怪异和过于新奇而喧宾夺主。举止庄重，动作大方。

（3）接待员礼仪。接待员站着迎接参观者时，双脚略分开，与肩同宽，双手自然下垂或在身后交叉，这种站姿不仅大方而且有力。站立时切勿双脚不停地移动，表现出内心的不安稳、不耐烦，也不要一脚交叉于另一只脚前，因为这是不友善的表示。接待人员不可随心所欲地趴在展台上或翘着“二郎腿”，嚼着口香糖充当守摊者。应随时与参观者保持目光接触，目光要坚定，不可游移不定，也不可眼看向别处，要表现出接待员的坦然和自信。

三、赞助会礼仪

所谓赞助，通常是指某一单位或某一个人拿出自己的钱财、物品，来对其他单位或个人进行帮助和支持。在现代社会中，赞助乃是社会慈善事业的重要组成部分之一。它不仅可以扶危济贫，向社会奉献自己的爱心，体现出自己对于社会的高度责任感，以自己的实际行动报效于社会、报效于人民，而且也有助于获得社会对自己的好感，提高自己在社会上的知名度、美誉度，为自己塑造良好的公众形象。对于商界而言，积极地、力所能及地参与赞助活动，本身就是自己进行商务活动的一种常规的形式，而且也是自己协调本单位与政府、社会等公共关系的一种重要的手段。所以，赞助一向颇受商界的重视。为了扩大影响，商界在公开进行赞助活动时，往往会专门为此而举行一次一定规模的正式会议。这种以赞助为主题的会议，即为赞助会。赞助会一般由受赞助者操办，也可由赞助者操办。

1. 场地的布置

对于赞助会的举行地点，一般可选择受赞助者所在单位的会议厅，也可租用社会上的会议厅。会议厅要大小适宜，干净整洁。会议厅内，灯光亮度适宜。在主席台的正上方，需悬挂一条大红横幅，在其上面，应以较正式的字体书写“×× 单位赞助 ×× 项目大会”，或者“×× 赞助仪式”等字样。赞助会会场的布置不可过度豪华张扬，略加装饰即可。否则，极有可能会使赞助单位产生不满，因为它由此可能产生受赞助单位不务正业华而不实的感觉。

2. 人员的选择

参加赞助会的人员既要有充分的代表性，又不必在数量上过多。除了赞助单位、受赞助者双方的主要负责人及员工代表之外，赞助会应当重点邀请政府代表、社区代表、群众代表以及新闻界人士参加。在邀请新闻界人士时，特别要注意邀请那些在全国或当地具有较大影响力的电视、报纸、网媒等媒体人员与会。所有参与赞助会的各界人士，在与会之时，皆须身着正装，修饰仪表，并且检点个人的举止动作，以与赞助会的整体风格相协调。

3. 会议的议程

赞助会的整体风格是庄严而神圣的，因此任何与会者都不能与之唱反调。依照常规，一次赞助会的全部时间，不应长于一小时。因此，赞助会的具体会议过程必须既周密，又紧凑。具体的议程如下：

（1）宣布会议开始。赞助会的主持人，一般应由受赞助单位的负责人或公关人员担任。在宣布正式开会之前，主持人应恭请全体与会者各就各位，保持肃静，并且邀请贵宾到主席台就座。

（2）赞助单位正式实施赞助。赞助单位代表首先出场，口头上宣布其赞助的具体方式或具体数额。随后，受赞助单位的代表上场，双方热情握手。接下来，由赞助单位代表正式将标有一定金额的巨型支票或实物清单双手捧交给受赞助单位代表。必要时礼仪小姐要为双方提供帮助。在以上过程中，全体与会者应热烈鼓掌。

（3）双方代表分别发言。首先由赞助单位代表发言，其内容重在阐述赞助的目的与动机。与此同时，还可将本单位的简况略做介绍。然后由受赞助单位代表发言，集中表达对赞助单位的感谢。

（4）来宾代表发言。根据惯例可以邀请政府有关部门的负责人讲话。其讲话主要是肯定赞助单位的义举，呼吁全社会积极倡导这种互助友爱的美德。对于该项议程，有时也可略去。至此，赞助会结束。会后，双方的主要代表及会议的主要来宾合影留念。此后，宾主双方稍事晤谈，来宾即应告辞。

一般情况下，在赞助会结束后，东道主大都不为来宾安排膳食。如确有必要，则至多略备便餐，而绝对不宜设宴待客。在极个别的情况下，赞助会亦可由赞助单位操办。由赞助单位所操作的赞助会，其会务工作与以上所述基本相仿。

最后，需要进行活动的评估。在赞助会结束后，尤其是在整项赞助活动告一段落之后，赞助单位有必要对其进行一次认真而系统的评估。对任何商界单位而言，一项赞助活动无论如何都是其所重点进行的公共关系活动之一，都需要为此投入大量的人力、物力和财力。因此，在赞助活动结束后对其进行一次全面的评估，总结经验、吸取教训、听取意见、调整对策，是十分有益的。进行赞助活动的评估工作，一般应由赞助单位的公关部牵头负责。

四、联欢会礼仪

联欢会是一个宽泛的概念，它包括各种组织举办的节日联欢会（如新年联欢会、春节联欢会），各种文艺晚会（如歌舞晚会、电影晚会、戏曲晚会、相声小品晚会），游艺晚会等。联欢会对于提高组织凝聚力、向心力，活跃员工的文化生活，加强与外部公众的文化沟通，对提高组织形象都起着积极的作用。联欢会重在娱乐，但也不可忽视其礼仪，否则会事倍功半。

1. 联欢会的准备

（1）确定主题。为了使联欢会起到“教人”和“娱人”的双重作用，要精心确定联欢会的主题，使其有明确的指导思想和预期的目标。在此基础上选择联欢会的形式，适宜的形式对联欢会的成功意义重大，联欢会的形式可以不拘一格，可以不断创新。

（2）确定时间、场地。联欢会的时间一般应选在晚上，有时也可根据情况选择在白天，其会议长度一般在两小时左右。对于联欢会的场地选择非常重要，最好选择宽敞、明亮，有舞台、灯光、音响的场地。场地应加以布置，给人以温馨、和谐、喜庆、热烈之感。要将联欢会的座次事先安排好，一般应将领导安置在醒目的位置，其他公众最好穿插安排，以便交流。

（3）选定节目。要从主题出发来选定节目，尤其是开场和结尾的节目一定要精彩、有吸引力。节目应多种多样，健康而生动，各种形式穿插安排，不可头重尾轻，更不可千篇一律。正式的联欢会上，要把选定的节目整理编印成节目单，开会时发给观众，为观众提供方便。

（4）确定主持人。主持人是联欢会的关键人物，应选择仪表端庄，表达能力强，有一定的组织能力、应变能力，熟悉各项事物的人担当主持人。一场联欢会的主持人最好不少于两人（通常为一男一女）。主持人也不可过多，以免给人凌乱无序之感。

（5）彩排。开正式联欢会前一定要进行彩排。这样有助于控制时间、堵塞漏洞，增强演职人员的信心。开非正式联欢会也要对具体事宜逐项落实，做到万无一失。

2. 观众的礼仪规范

观众在参加联欢会、观看演出时，应严守礼仪规范，具体内容包括以下几方面：

（1）提前入场。在一般情况下，在演出正式开始之前一刻钟左右，观众即应进入演出现场，注意不要迟到。入场后要对号入座，在自己的座位上就座时，要悄无声息，坐姿优雅。切勿将座椅弄得一直响，或坐姿不端。

（2）专心观看。参加联欢会观看节目时要专心致志、全神贯注。不能交头接耳，窃窃私语；不能进行通信联络，要自觉关闭手机等移动通信设备，或将其处于“静音”状态；不要吃东西，不要吸烟，更不能随意走动或大声讲话、起哄等。总之，要自觉维护全场的秩序，保持安静，使联欢会顺利进行。

（3）适时鼓掌。在主要领导、嘉宾入场或退场时，全场应有礼貌地鼓掌。演出至精彩处时也应即兴鼓掌，但时间不宜太长，演出结束时可鼓掌以示感谢。对表演不佳的演员，要予以谅解，不要鼓倒掌，更不能吹口哨、扔东西等，因为这些做法是非常没有修养的表现。演出结束，全体演员登台谢幕时，观众应起立鼓掌，再次感谢演员的表演，不能熟视无睹，扬长而去。

五、茶话会礼仪

茶话会是我国传统的聚会方式。非正式的茶话会，一般是民间自发组织形成的，如一伙熟人聚在某家一起聊天，这家主人自然会给每位客人敬上一杯茶，大家边喝边说，热热闹闹，十分惬意。谈话一般也没有固定的议题。现在很多的组织也经常利用这一形式进行日常的沟通，所以熟悉茶话会的礼仪是必要的。

1. 茶话会的准备

正式的茶话会一般有主办单位或主办人，事先要发通知或请柬给被邀请人，告知其举办地是会议厅、客厅或花园。正式的茶话会除了备有足够的茶水之外，一般还备有水果、糕点、瓜子、糖果等。多在节日召开茶话会，如元旦、五一劳动节、五四青年节、中秋节、国庆节等，借节日之题而发挥主题，一般采用漫谈形式，无中心议题。在正式茶话会上，中心议题可以是祝贺、发感慨、谈感想、作总结、提建议、谈远景，也可以吟诗作唱，畅叙友谊，无固定的形式，气氛也比较活跃、轻松、自由。

举办茶话会时，除了准备上好的茶叶之外，还应注意擦净茶具。茶具一般以泥制茶具和瓷制茶具为最佳，其次是玻璃茶具和搪瓷茶具。在我国，泡茶一般不加其他东西，但某些民族以及国外的一些国家喜欢在泡茶时加上牛奶、白糖、柠檬片等。有的茶话会上还准备咖啡等饮料。

正式的茶话会有主办人和有关领导参加。主办人要负责对来宾的迎送和招呼，主持会议；有关领导也常常以一个普通与会者的身份发言。茶话会不排座次，宾主可以随意交谈。正式的茶话会简便易行，在服饰上也没有什么严格规定或特殊要求。

2. 茶话会的举行

茶话会开始时，一般由主办人致辞，应开宗明义地说明茶话会的宗旨，还要介绍与会单位代表或个人，为交流和谈话创造适宜的气氛。

茶话会的主持人要随时注意来宾在茶话会上的反应，随时把话题引导到大家都感兴趣的问题上来，或引导到轻松愉快的话题上。参加茶话会的每一个人都有义务维护茶话会的气氛，不使茶话会冷场，也不可使秩序大乱。

有人讲话时，要专心致志地倾听，不要随意打断他人的讲话，也不可显露烦躁、心不在焉，更不要妄加评论他人的话。自己发言的时候，用词、语气、态度要表现出文明礼貌修养，神态要自然有神，仪态要端庄大方。样子过分拘谨或做作会使人不快，发言时口里应停止咀嚼食物，更要防止嘴角上留有残渣。

自由交谈时不要独坐一隅，纹丝不动，而应与左右交谈，尽快找到共同的话题，打破僵局，融洽气氛。

幽默风趣的语言在茶话会上是受欢迎的，但要避免开玩笑，伤害他人的自尊；行为举止也不能无所约束，若随便走动、推推搡搡，秩序就会被搅乱。

茶话会结束时，来宾应向主人道别，也要和新朋友、老相识辞行。不要中途退场或不辞而别。

茶话会应讲究实效，时间不宜过长，以 1~2 小时为宜。

茶话会不带任务，但追求气氛与聚会的效果。通过与会者的交谈、畅叙和坐在一起喝茶时共同创造的氛围，来感受他人的思想感情，增进相互间的了解和友谊。

六、座谈会礼仪

邀请有关人员就某一个或某些问题召开会议，收集对某一个或某些问题的反映，就某些方面的问题发表看法，是座谈的形式。关于座谈会要注意以下礼仪：

1. 发送通知

会议通知要发送及时，至少在开会的前一天发到与会者手中，因为座谈会大都要求与会者发言早一天接到通知可以稍作准备。会议通知上要写明召开座谈会的时间、详细地点、座 谈内容、举办单位名称。如果用电话通知，最好找到参加者本人接电话，以示郑重。如果托人转告，则不要忘了告知座谈会的主题，以免与会者懵懂而去，打无准备的仗，发生尴尬，这对与会者将是失礼的。

2. 会前礼仪

安排座谈会的座位时，一般是让与会者围圈而坐，主持人也不例外，以便创造一种平等的气氛。如果参加座谈会的与会者互相多为不认识的人，主持人应该一一进行介绍，或引导他们做自我介绍，以融洽会议气氛。

3. 会中礼仪

座谈会开始时，主持者应首先讲明会议的主题，被邀请者的类别以及为什么邀请在座的来参加座谈会，以便使座谈者了解自己与这个座谈内容的联系，明确自己对座谈会的重要性，更积极主动地进入角色。如果开始有冷场现象，主持者可以引导大家先从比较容易作为话题的稍远处或外围谈起，然后逐步逼近座谈会主题。采取点名的方法请某人先发言，是不得已而为之的。

座谈会请一定的对象来参加，就是希望大家能畅所欲言。话不在长短，而在于能包容较大的信息量。讲话的时候也不要求非得一个个轮着来，讲完一个算一个，像完成任务似的，而允许你一言，我一语，鼓励大家插话和讨论。但插话时，切记不着边际地打“横炮”，也不要用反唇相讥、唯我独尊的方法和态度发言。要多用探讨、商榷的口气，即使有争论，也是冷静的，而不是使用冲动和粗暴的语言。

4. 结束礼仪

座谈会结束时，主持者应总结归纳大家的发言，并对发言提供的信息、参与座谈的态度做出肯定，表示座谈对于某项工作有积极的作用。最后，要向大家表示感谢。

七、新闻发布会礼仪

发布会一般是指新闻发布会，又称记者招待会。它是一种主动传播各类有关的信息，谋求新闻界对消息或某一活动、事件进行客观而公正的报道的有效沟通方式。新闻发布会的常规形式是：由某一单位或几个有关的单位出面，将有关的新闻界人士邀请到一起，在特定的时间里和特定的地点内举行一次会议，宣布某一消息，说明某一活动，或者解释某一事件，争取新闻界对此进行客观而公正的报道，并且尽可能地争取扩大信息的传播范围。简言之，新闻发布会就是以发布新闻为主要内容的会议。政府、企业、社会团体或个人都可公开举行，邀请各新闻媒介的记者参加。

举行发布会主要是为了把组织较为重要的成就以及信息报告给所有新闻机构，所以，在发布会上发布的消息对于产品和产品形象、组织和组织形象、先进人物和重要人物当选具有较重要的价值。

1. 发布会的准备

筹备发布会，要做的准备工作很多，其中最重要的是，要做好时机的选择、人员的安排、记者的邀请、会场的布置和材料的准备等。

（1）时机的选择。在确定发布会时机之前应明确两点：一是确定新闻的价值。即对某一消息，要论证其是否具有专门召集记者前来予以报道的新闻价值，要选择恰当的新闻“由头”。二是确认新闻发表紧迫性的最佳时机。以企业为例，新产品的开发、经营方针的改变或新举措、企业首脑或高级管理人员的更换、企业的合并、逢重大纪念日、发生重大伤亡事故等事件时，都可以举行发布会。如果基于以上两点，确认要召开新闻发布会的话，要选择恰当的召开时机：要避开节日与假日，避开本地的重大活动，避开其他单位的发布会，还要避开与新闻界的宣传报道重点相左或撞车。恰当的时机选择是发布会取得成功的保障。

（2）人员的安排。安排发布会人员的关键是要选好主持人和发言人。发布会的主持人应由主办单位的公关部长、办公室主任或秘书长担任。其基本条件是仪表堂堂，年富力强，见多识广，反应灵活，语言流畅，幽默风趣，善于把握大局，引导提问和控制会场，具有丰富的主持会议的经验。

新闻发言人由本单位的主要负责人担任，除了在社会上口碑较好、与新闻界关系较为融洽之外，对其基本要求是修养良好、学识渊博、思维敏捷、能言善辩、彬彬有礼。

发布会还要精选一批负责会议现场工作的礼仪接待人员，一般由相貌端正、工作认真负责、善于交际应酬的年轻女性担任。

值得注意的是，所有出席发布会的人员均需在会上佩戴事先统一制作的胸卡，胸卡上要写清姓名、单位、部门与职务。

（3）记者的邀请。对出席发布会的记者要事先确定其范围，具体应视问题设计范围或事件发生的地点而定，一般情况下，与会者应是与特定事件相关的新闻界人士和相关公众代表。组织为了提高单位的知名度，扩大组织的影响而宣布某一消息时，邀请的新闻单位通常是多多益善。而在说明某一活动、解释某一事件，特别是本单位处于劣势时，邀请的新闻单位的范围则不宜过于宽泛。邀请时要尽可能先邀请影响大、报道公正、口碑良好的新闻单位。如事件和消息只涉及某一城市，一般只请当地的新闻记者参加即可。

另外，确定邀请的记者后，请柬最好要提前一星期发出，会前还应电话提醒。

（4）会场的布置。发布会除了可考虑在本单位或事件所在地举行外，还可考虑租用大宾馆、大饭店，如果希望造成全国性影响的，则可在首都或某一大城市举行。发布会的现场应交通便利、条件舒适、大小合适。会议地点确定后，应实地考察，在会议召开前应认真进行会场布置。会议的桌子最好不用长方形的，而用圆形的，大家围成一个圆圈，显得气氛和谐、主宾平等。当然，这只适用于小型会议。大型会议应设主席台席位、记者席位、来宾朋友席位等。

（5）材料的准备。在举行发布会之前，主办单位要事先准备好以下材料：一是发言提纲。它是发言人在发布会上进行正式发言时的发言提要，要紧扣主题，体现全面、准确、生动、真实的原则。二是问答提纲。为了使发言人在现场正式回答提问时表现自如，可在对被提问的主要问题进行预测的基础上，形成问答提纲及相应答案，供发言人参考。三是报道提纲。事先必须精心准备一份以有关数据、图片、资料为主的报道提纲，并认真打印出来，在发布会上提供给新闻记者。在报道提纲上应列出本单位的名称、联系方式等，便于日后联系。四是形象化视听材料。这些材料供与会者利用，可增强发布会的效果。具体包括图表、照片、实物、模型、录音、录像、影片、幻灯片、光碟等。

2. 发布会进行过程中的礼仪

这主要包括：第一，搞好会议签到。要搞好发布会的签到工作，让记者和来宾在事先准备好的签到簿上签下自己的姓名、单位、联系方式等内容。记者及来宾签到后按事先的安排把与会者引到会场就座。第二，严格遵守程序。要严格遵守会议程序，主持人要充分发挥主持者和组织者的作用，宣布会议的主要内容、提问范围以及会议进行的时间，一般不超过两小时。主持人、发言人的讲话时间不宜过长，过长了则影响记者提问，对记者所提的问题应逐一予以回答，不可与记者发生冲突。会议主持人要始终把握会议主题，维护会场秩序，主持人和发言人在会前不要单独会见记者或提供任何信息。第三，注意相互配合。在发布会上，主持人和发言人要相互配合。为此首先要明确分工，各司其职，不允许越组代庖。在发布会进行期间，主持人和发言人通常要保持一致的口径，不允许公开顶牛、相互拆台。当新闻记者提出的某些问题过于尖锐或难于回答时，主持人要想方设法转移话题，不使发言者难堪。而在主持人邀请某位记者提问之后，发言人一般要给予对方适当的回答，不然，对那位新闻记者和主持人都是不礼貌的。第四，态度真诚主动。发布会自始至终都要注意对待记者的态度，因为接待记者的质量如何直接关系到新闻媒介发布消息的成败。作为专业人士，记者希望接待人员对其尊重热情，并了解其所在的新闻媒介及其作品等；希望提供工作之便，如一条有发表价值的消息，一个有利于拍到照片的角度等，记者的合理要求要尽量满足。

3. 发布会的善后事宜

发布会举行完毕后，主办单位需在一定时间内，对其进行一次认真的评估善后工作。

（1）整理会议资料。整理会议资料有助于全面评估发布会的会议效果，为今后举行类似会议提供借鉴。发布会后要尽快整理出会议记录材料，对发布会的组织、布置、主持和回答问题等方面的工作进行回顾和总结，从中吸取经验，找出不足。

6-4 拓展阅读：会务流程指南

（2）搜集各方的反映。首先要搜集与会者对会议的总体反映，检查在接待、安排、服务等方面的工作是否有欠妥之处，以便今后改进。其次要搜集新闻界的反映，了解一下与会的新闻界人士有多少人为此次新闻发布会发表了稿件，并对其进行归类分析，找出舆论倾向。同时，对各种报道进行检查，若出现不利于本组织的报道，应做出良好的应对策略。若发现不正确或歪曲事实的报道，应立即采取行动，说明真相。如果是由于自己失误所造成的问题，应通过新闻机构表示谦虚接受并致歉意，以挽回声誉。

6-5 本节 1+X 证书技能点测试

任务二　温度决定高度：仪式活动的礼仪

一、签字仪式礼仪

签字仪式是组织与对方经过会谈、协商，形成某项协议或协定，再互换正式文本的仪式。它是一种比较隆重的活动，礼仪规范比较严格。

1. 签字仪式的准备

签字仪式是组织具有“里程碑”意义的大事，应予以充分准备，做到郑重、严肃，隆重、温暖，细致、周到，万无一失。

（1）准备待签文本。洽谈或谈判结束后，双方应指定专人按谈判达成的协议做好待签文本的定稿、翻译、校对、印刷、装订、盖印等工作。确定使用的文字：如双方使用不同的语言文字，签字文本应当用双方的文字写成，必要时还可以使用第三种文字。确定正本和副本：会谈的正式文本分正本与副本，正本用于签字后由各方各自保存，或由专门的机构保存。副本不用签字、盖章，或者只盖章、不签字。一般在举行签字仪式前，先在签字文本上盖上双方的公章，外交方面的签字文本需事先加盖火漆印。文本一旦签字就具有法律效力，因此，对待文本的准备应当郑重严肃。

在准备文本的过程中，除了要核对谈判协议条件与文本的一致性以外，还要核对各种批件，主要是项目批件、许可证、设备分交文件、用汇证明、订货卡等是否完备，合同内容与批件内容是否相符等。审核文本必须对照原稿件，做到每字不漏，对审核中发现的问题，要及时互相通报，通过再谈判，达到谅解一致，并相应调整签约时间。在协议或合同上签字的有几个单位时，就要为签字仪式提供几份样本。如有必要，还应为各方提供一份副本。

与外商签订有关的协议、合同时，按照国际惯例，待签文本应同时使用宾主双方的母语。

待签文本通常应装订成册，并以仿皮或其他高档质料作为封面，以示郑重。其规格一般为大八开，所用的纸张务必高档，印刷务必精美。作为主方应为文本的准备提供准确、周到、快速、精美的服务。

（2）布置签字场地。签字场地有常设专用的签字厅，也有临时以会议厅、会客室来代替的。布置的总原则是要庄重、整洁、清净。

（3）安排签字人员。在举行签字仪式之前，有关各方应预先确定好参加签字仪式的人员并向有关方面通报。客方尤其要将自己一方出席签字仪式的人数提前给主方，以便主方安排。签字人要视文件的性质来确定，可由最高负责人签，但双方签字人的身份应该对等。参加签字的有关各方事先还要安排一名熟悉签字仪式详细程序的助签人，并商定好签字的有关细节。其他出席签字仪式的陪同人员，基本上是双方参加谈判的全体人员，按一般礼貌的做法，人数最好大体相等。为了表示重视，双方也可对等邀请更高一层的领导人出席签字仪式。

由于签字仪式的礼仪性极强，对签字人员的穿着也有具体要求。按照规定，签字人、助签人以及随员，在出席签字仪式时，应当穿着具有礼服性质的深色西装套装或西装套裙，并且配以白色衬衫与黑色皮鞋。

参加签字仪式的服务人员（礼仪人员），可以穿自己的工作制服，或是旗袍一类的礼仪性服装。签字服务人员应注意仪态、举止，要落落大方，得体自然，既不要严肃有余，也不要过分喜形于色。

2. 签字仪式的程序

虽然签字仪式的时间不长，但它是合同、协议签署的高潮，其程序规范、庄重而热烈。主要有以下几项：

（1）签字仪式开始。有关各方人员进入签字厅，在既定的位次上坐好。签字人按照主居左、客居右的位置入座，双方其他陪同人员分主客两方以各自职位、身份高低为序，自左向右（客方）或自右向左（主方）排列站于各签字人之后，或坐在己方签字人的对面。双方助签人分别站在己方签字者的外侧，协助翻揭文本，指明签字处，并为业已签署的文件吸墨防洇。

（2）签字人签署文本。签字人签署文本通常的做法是先签署己方保存的合同文本，再接着签署他方保存的合同文本，这一做法在礼仪上称为“轮换制”。它的含义是在位次排列上，轮流使有关各方有机会居于首位一次，以显示机会均等，各方平等。

（3）交换合同文本。双方签字人正式交换已经有关各方正式签署的文本，交换后，各方签字人应热烈握手，互致祝贺，并相互交换各自方才使用过的签字笔，以志纪念。这时全场人员应该鼓掌，表示祝贺。

（4）共同庆贺。交换已签订的合同文本后，礼仪小姐会用托盘端上香槟酒，有关人员，尤其是签字人当场干一杯香槟酒，这是国际上通用的旨在增添喜庆色彩的做法。如果不需要举杯庆贺，则由见证人鼓掌庆贺。

（5）有秩序退场。接着请双方最高领导者及客方先退场，然后东道主再退场。整个签字仪式以半小时为宜。

二、开业仪式礼仪

开业仪式，是指在单位创建、开业，项目完工、落成，某一建筑物正式启用，或是某工程正式开始之际，为了表示庆贺和纪念，而按照一定的程序所隆重举行的专门的仪式。筹备和举行开业仪式始终应按照“热烈、隆重、节约、缜密”的原则进行。

1. 筹备开业庆典的礼仪

（1）做好开业庆典的舆论宣传工作。此类工作包括两个方面：一是选择有效的大众传播媒介进行集中性的广告宣传。企业可在报纸、电台、电视台广泛发布广告或在告示栏中张贴开业告示，其内容多为开业庆典举行的日期及地点、开业之际对顾客的优惠、开业单位的经营范围及特色等，以引起公众的注意。开业广告或告示发布时间在开业前的 3 天内为宜。二是邀请有关大众传播界人士在开业庆典举行之时到场进行采访、报道，以期对本单位作进一步的正面宣传。

（2）做好来宾邀请工作。开业庆典影响的大小，往往取决于来宾的身份高低与数量多少。在力所能及的条件下，要多邀请一些来宾参加开业庆典。地方领导、上级主管部门与地方职能管理部门的领导、合作单位与同行单位的领导、社会团体的负责人、社会名流、新闻界人士，都是邀请时应予优先考虑的重点，其中新闻界人士是邀请的首要对象。

（2）发放请柬。提前一周发出请柬，便于被邀者及早安排和准备。请柬的印制要精美，内容要完整，文字要简洁，措辞要热情。

被邀者的姓名要书写整齐，不能潦草马虎。一般的请柬可派人送达，也可通过邮局邮寄。给有名望的人士或主要领导的请柬应派专人送达，以表示诚恳和尊重。

（3）布置现场。应突出喜庆、热闹的气氛，营造出一种隆重而令人振奋的氛围。开业庆典多在开业现场举行，需要较为宽敞的活动空间，所以正门之外的广场、正门之内的大厅、展厅门前等处均可作为开幕仪式的举行地点。按照惯例，举行开业典礼时宾主一律站立，故一般不布置主席台及座椅。为显示隆重与敬客，可在来宾尤其是贵宾讲话之处铺设红色地毯，并在场地四周悬挂横幅、标语、气球、彩带、宫灯。此外，还应当在醒目之处摆放来宾赠送的花篮、牌匾等。

（4）准备开幕词、致辞。仪式开始，组织的负责人致辞，向来宾表示感谢，并介绍本组织的经营特色和服务宗旨等。上级领导和来宾可在会上致辞祝贺，在祝贺中应多讲一些祝愿的话，但要注意限制发言时间。开幕词、致辞要言简意赅、热情庄重，起到密切感情、增进友谊的作用。

（5）做好接待服务工作。接待人员在会场门口接待来宾，待来宾签到后，引导来宾就位。重要来宾须由本单位主要负责人亲自出面接待，其他来宾可由本单位的礼仪小姐负责接待。若来宾较多，应准备好专用的停车场、休息室，并应为其安排饮食。

（6）要做好礼品馈赠工作。开业庆典赠予来宾的礼品应具有以下三大特征：第一，宣传性。可在礼品及其外包装上印上本单位的企业标志、广告用语、产品图案、开业日期等。第二，荣誉性。要使之具有一定的纪念意义，让拥有者对其珍惜、重视，并为之感到光荣和自豪。第三，独特性。它应当与众不同，具有本单位的鲜明特色，使人爱不释手。

（7）拟定典礼程序。从总体上来看，开业庆典大都由开场、过程、结局三个阶段构成。

第一阶段（开场）：奏乐，邀请来宾就位，宣布仪式正式开始，介绍主要来宾。

第二阶段（过程）：这是开业庆典的核心内容，它通常包括本单位负责人讲话、来宾代表致辞、启动某项开业标志等。

第三阶段（结局）：包括开业庆典结束后宾主一道进行现场参观、联欢、座谈等。它是开业庆典必不可少的内容。

（8）做好各种物质准备。这包括：①用品准备。如来宾的签到簿、本单位的宣传材料、待客的饮料等。②设备准备。对于音响、录音录像、照明等设备以及开业典礼所需的各种用具、设备，必须事先认真检查、调试以防在使用时出现差错。一般在开会前一小时应再检查一次。

2. 参加开业庆典的礼仪

（1）主办方礼仪。这主要包括：

①仪容整洁。出席典礼的人员事前要做适当修饰。女士要适当化妆，男士应梳理好头发，刮净胡须。

②服饰规范。最好着统一式样的服饰。如果着装不统一，也至少要保证男士穿深色西装或中山装，女士穿深色西装套裙或套装。

③准备充分。请柬的发放应及时，无遗漏；安排好座位、座次；安排好来宾的迎送车辆等。

④遵守时间。不得迟到、无故缺席或中途退场。仪式应准时开始，准时结束。

⑤态度友好。见到来宾要主动热情地问好，对来宾提出的问题应予以友善的答复。当来宾发表贺词后，应主动鼓掌表示感谢。不能随意打断来宾的讲话，提出挑衅性质疑，或是对来宾进行人身攻击。来宾致辞中如有不能接受的内容，当场一般不予理睬，如果敌意过于明显，应以委婉而简短的语言引开话题。

⑥行为自律。主办方人员不得嬉笑打闹，不要东张西望，表现出心不在焉的样子。

（2）宾客礼仪。这主要包括：

①准时参加。如有特殊情况不能到场，应尽早通知主办方，说明理由并表达歉意。

②最好送贺礼。贺礼可以选择花篮、镜匾、楹联等，以表示对开业方的祝贺，并在贺礼上写明庆贺对象、庆贺缘由、贺词及祝贺单位。

③恭致祝贺。致贺词要简短精练，以贺顺利、发财、兴旺的吉利话为主，不能随意发挥。

④广交朋友。到场后应礼貌地与周围人打招呼，可通过自我介绍、互换名片等方式结识更多的朋友。

⑤礼节性支持。如鼓掌、合影、跟随参观、写留言等。

⑥礼貌告辞。仪式结束后应和主办人握手告别，并致以谢意。

3. 开幕仪式礼仪

开幕仪式是开业仪式常见的形式之一，通常它是指公司、企业、宾馆、商店、银行等正式起用前或各类商品的展示会、博览会、订货会正式开始之前，所正式举行的相关仪式。每当开幕仪式举行之后，公司、企业、宾馆、商店、银行等将正式营业，有关商品的展示会、博览会、订货会将正式接待顾客与观众。一般举行开幕式时要在比较宽敞的活动空间进行，如门前广场、展厅门前、室内大厅等处。

开幕式的主要程序为：宣布仪式开始，全体肃立，介绍来宾，邀请专人揭幕或剪彩。揭幕时揭幕人行至彩幕前恭敬地站立，礼仪小姐双手将开启彩幕的彩索递交对方。揭幕人随之目视彩幕，双手拉起彩索，展开彩幕。全场目视彩幕，鼓掌并奏乐；在主人的亲自引导下，全体到场者依次进入幕门；主人致辞答谢；来宾代表发言祝贺；主人陪同来宾参观，开始正式接待顾客或观众，对外营业或对外展览宣告开始。

4. 奠基仪式礼仪

奠基仪式是指一些重要的建筑物如大厦、场馆、亭台、纪念碑等，在动工修建前，正式举行的庆贺性活动。其举行地点应选择在动工修建建筑物的施工现场，一般在建筑物的正门右侧，在奠基仪式的举行现场设有彩棚，安放该建筑物的模型、设计图、效果图，并使各种建筑机械就位待命。

用来奠基的奠基石应是一块完整无损、外观精美的长方形石料。在奠基石上写文字应当竖写，在其右上款，写上建筑物的名称，正中央应有“奠基”两个大字，左下款刻有奠基单位的全称以及举行奠基仪式的具体年月日。奠基石上的字体，大都用楷体刻写，并且最好用黑底金字或红字。在奠基石的下方或一侧，还应安放一只密闭完好的铁盒，内装与该建筑物相关的资料以及奠基人的姓名。届时，它将同奠基石一道被奠基石培土掩埋于地下，以志纪念。

奠基仪式的程序为：仪式正式开始，介绍来宾，全体起立；奏国歌；主人对建筑物的功能、规划设计等进行介绍；来宾致辞道贺；正式进行奠基，奠基人双手持握系有红绸的新锹为奠基石培土，再由主人与其他嘉宾依次为之培土，直至将其埋没为止。奠基时应演奏喜庆乐曲或敲锣打鼓，营造良好的气氛。

5. 落成仪式礼仪

落成仪式也称为竣工仪式，往往指本单位所属的某一建筑物或某项设施建设、安装工作完成之后，或是某一纪念性、标志性建筑物——诸如纪念碑、纪念塔、纪念堂等建成之后，以及某种意义特别大的产品生产成功之后，所专门举行的庆贺性活动。落成仪式一般应在现场举行，如新落成的建筑物之外，纪念碑、纪念塔的旁边等。参加落成仪式要注意情绪，在庆贺工厂大厦落成、重要产品生产等时应表现出欢乐和喜悦，在庆祝纪念碑、纪念塔落成时应表现出庄严而肃穆。

落成仪式的程序是：宣布仪式开始。全体起立，介绍各位来宾；奏国歌，并演奏本单位标志性乐曲；本单位负责人发言，以介绍、回顾、感谢为主要内容；进行揭幕或剪彩；全体人员向刚刚落成的建筑物行注目礼；来宾致辞；全体人员进行参观。

三、剪彩仪式礼仪

剪彩仪式是有关组织为了庆贺其成立开业、大型建筑物落成、新造的车船和飞机出厂、道路桥梁落成首次通车、大型展销会、展览会的开幕而举行的一种庆祝活动。

剪彩作为一种庆典仪式，可以在开业典礼中举行，也可举行专门的剪彩仪式，以期引起社会各界的重视。剪彩仪式要遵循以下礼仪规则：

1. 邀请参加者

参加剪彩仪式的人员主要分为：主办单位负责人和组织仪式的人员，上级领导、主管单位负责人、知名人士、记者等来宾；主办单位企业的员工；有关管理人员和技术人员。通过参加仪式，参加者身临其境，感受项目或展览的重要，从而形成深刻的印象。对仪式的参加者应做好接待工作。当宾客到达时，接待人员要请宾客签到，然后引领他们到指定的位置上。

2. 做好准备工作

剪彩仪式的主席台要事先布置好，主席台要铺好台布，摆放茶水和就职人员的名牌。为了增添热烈而隆重的喜庆气氛，可以邀请礼仪小姐参加仪式。礼仪小姐可从本组织中挑选，也可到礼仪公司聘请。对礼仪小姐要求仪容、仪表、仪态文雅、大方、端庄。着装宜选择西式套装或红色旗袍，穿高跟鞋，配长筒丝袜，化淡妆，并以盘起发髻的发型为佳。人员确定后，要进行必要的分工和演练。剪彩仪式的用品（如剪刀、白纱手套、托盘）应按剪彩者人数配齐，系有花结的大红缎带约 2 米，馈赠的纪念性小礼品也应准备好。

3. 剪彩者的形象

剪彩者是剪彩仪式的主角，其仪表举止直接关系到剪彩仪式的效果和组织形象。因此作为剪彩者，要有荣誉感和责任感，衣着大方、整洁、挺括，容貌要适当修饰，剪彩过程中要保持稳重的姿态、洒脱的风度和优雅的举止。

4. 剪彩仪式流程

（1）仪式开始。

仪式主持人在宣布仪式开始时，声音要高亢响亮。然后，向到会者介绍参加剪彩仪式的领导人、负责人与知名人士，并对他们表示谢意，同时，也对在场的其他与会者表示感谢。感谢还要用掌声表示，主持人把两手举得高一些，以作为对在场各位鼓掌引导的暗示。仪式上可以安排简短发言，言简意赅，充满热情，两三分钟即可，发言者一般为东道主的代表，向东道主表示祝贺的上级主管部门、地方政府及其他协作单位的代表。

（2）进行剪彩。

主持人宣布正式剪彩之后，剪彩者应在礼仪小姐的引导下，步履稳健地走向剪彩位置，如有几位剪彩者时应让中间主剪者走在前面，其他剪彩者紧随其后走向自己的剪彩位置。主席台上的人员一般要尾随至剪彩者之后 1~2 米处站立。当礼仪小姐用托盘呈上白手套、新剪刀时，剪彩者可用微笑表示谢意，并随即接过手套和剪刀。剪彩前要向手拉缎带的礼仪小姐点头示意，然后，全神贯注、表情庄重地将缎带一刀两断，如果几位剪彩者共同剪彩，要注意协调行动，处在外端的剪彩者应用眼睛余光注视处于中间位置的剪彩者的动作，力争同时剪断彩带。还应与礼仪小姐配合，让彩球落于托盘中，剪彩者在放下剪刀后，应转身向周围的人鼓掌致意，并与主人进行礼节性的谈话，然后在礼仪小姐的引导下退场。

（3）参观庆贺。

剪彩后，一般要组织来宾参观工程、展览等。有时候要宴请宾客，共同举杯庆祝。

礼仪小常识

剪彩仪式的由来

剪彩仪式起源于开张。据说美国人做生意保留着一种习俗，即一清早必须把店门打开，为了使人们知道这是一个新开张的店铺，还要特地在门前横系上一条布带。因为这样做既可以防止店铺未开张前闯入闲人，又起引人注目、标新立异的作用。等店铺正式开张时才将布带取走。

1912 年，美国圣安东尼州华狄密镇上有一家大百货公司将要开张，老板威尔斯严格地按照当地的风俗办事，在早早开着的店门前横系着一条布带，万事俱备，只等开张。这时老板威尔斯十岁的女儿牵着一只哈巴狗从店里匆匆跑出来，无意中碰断了这条布带。这时在门外等候的顾客及行人以为正式开张营业了，蜂拥而入，争先恐后地购买货物，真是生意兴隆。不久，当老板的一个分公司又要开张时，想起第一次开张时的盛况，又如法炮制。这次是有意让女儿把布带碰断，果然财运又不错。于是，人们认为让女孩碰断布带的做法是一个极好的兆头，因而争相效法，广为推行。此后，凡是新开张的商店都要邀请年轻的姑娘来撕断布带。

后来，人们又用彩带取代色彩单调的布带，并用剪刀剪代替用手撕，有的讲究用金剪子。这样一来，人们就给这种正式做法取了个名——“剪彩”。剪彩的人也逐步被一些德高望重的社会名流甚至是国家元首代替。

6–6 拓展阅读：成功不属于跑得最快的人，而属于一直在跑的人

6–7 本节 1+X 证书技能点测试

任务三　气度决定格局：宴请活动的礼仪

在中华五千年的历史长河中，有不少千古流传的宴会。有不辱使命的饭局（渑池之会），有杀机四伏的饭局（鸿门宴），有一朝权力在握的饭局（杯酒释兵权），有鼓舞人心的饭局（东晋新亭会）……一个个鲜活的历史人物，出没在宴会的舞台中，跃动在历史的长河里，诠释着谋略、智慧、气度，也彰显着规矩、礼仪、规训……

一、宴请的种类

根据不同的交际目的、邀请对象以及经费开支，交际场合常见的宴会类型和特点见表 6–1。

表 6–1　交际场合常见的宴会类型和特点

国宴	以国家名义举行仪式的最高规格的礼宴，有两种类型：一是国家元首或政府首脑为国家庆典、招待各国使节或各界知名人士的宴会；二是国家元首或首脑为来访的外国领导人或世界名人举行仪式的正式欢迎宴会

续表

正式宴会	通常是政府有关部门、人民团体，为欢迎邀请来访的宾客，或来访宾客为答谢主人而举行的宴会，其安排与服务程序大体与国宴相同，但规格和标准稍低于国宴，且不挂国旗，不演奏国歌
便宴	用于非正式的宴请，多用于招待熟悉的宾朋好友。一般规模较小，菜式有多有少，质量可高可低，不拘泥于严格的礼仪、程序，随意、亲切
家宴	在家中以私人名义举行的宴请形式，多用于招待熟悉的宾朋好友欢聚，共享欢乐，庆祝喜悦，并借此交流感情，增进友谊，加强团结
茶话会	一种意在联络老朋友、结交新朋友的具有对外联络和进行招待性质的社交性聚会。席间一般只摆放茶点、水果和一些风味小吃。宾主共聚一堂，漫话细叙，形式比较随便自由。有时席间还安排一些短小的文艺节目助兴，使气氛更加喜庆、热烈
冷餐会	目前国际上通行的一种非正式西式宴会，在大型的商务活动中尤为多见。其特点是菜点和餐具分别摆放在菜台上，宾、主根据个人需要，自己取餐具后选取食物，并可多次取食，可以自由走动，任意选择座位，也可站着与别人边谈边用餐
鸡尾酒	以招待酒水为主，略备小吃。酒会不一定都备鸡尾酒，但酒水和饮料应多一些，一般不用烈性酒。食物多为各色面包、三明治、小泥肠、炸春卷等，以牙签取食。酒水和小吃由招待员用盘端送，也可置于小桌上由客人自取。酒会不设座椅，宾主皆可随意走动，自由交往。这种形式比较灵活，便于广泛接触交谈。举行的时间亦较灵活，中午、下午、晚上均可，持续时间在两小时左右

二、宴请的组织

宴请宾客是一种较高规格的礼遇，所以主办单位、主人和被宴请宾客都要认真、周到地做好各项准备工作。包括制订宴请计划、拟定宴会日程、落实宴会事宜等。

1. 制订宴请计划

（1）确定宴请的目的。宴请的目的多种多样，可以是表示欢迎、欢送、答谢，也可以是庆贺、纪念等。目的清楚了，就可以根据需要安排宴请的对象、范围和形式了。

（2）确定宴请的对象和范围。要确定请什么人、请多少人参加；要根据主宾的身份、国籍、习俗、爱好等确定宴会的规格、主陪人、餐式等。

（3）敲定宴会的形式。根据规格、对象、目的来确定是举办中式宴会、西式宴会，还是冷餐会、酒会等。一般正规的、规格高的、人数少的，以宴会形式为宜，人数较多的则以冷餐会或酒会的形式更为合适。

2. 拟定宴会日程

（1）时间。确定正式宴请的具体时间，要讲究主随客便。主人不仅要从自己的客观能力出发，更要优先考虑被邀请者，特别是主宾的实际情况。如果可能，应该先和主宾协商一下，力求两相方便。最好尽可能提供几种时间上的选择，以显示自己的诚意。

（2）地点。用餐地点的选择非常重要。选择地点有三大要素：第一是环境。环境要幽雅，宴请不仅仅是为了“吃东西”，也要“吃文化”。一定要争取选择清静、优雅的地点用餐。第二是卫生。卫生条件要良好，否则会破坏用餐者的食欲。第三是交通。要考虑到用餐者的交通情况是否方便，有没有公交线路通过，有没有停车场，是不是要为聚餐者预备交通工具等一系列具体问题。

（3）主题。宴请活动的主题有欢迎、庆贺、纪念、答谢等。这样做主要是让来宾了解宴请的大概内容，便于安排赴宴。

3. 举办宴会的主要礼仪

（1）发出邀请函或请柬。

宴会一般都要用请柬正式发出邀请。这样做一方面出于礼节，另一方面也是供客人备忘。宴请的内容应包括：活动的主题、形式、时间、地点、主人姓名等。请柬应书写清晰、设计精美；通常提前一周左右将请柬发出，太晚则不够礼貌，也不便于被宴请者提早安排。

（2）确定菜单。

根据宾客的饮食习惯，在宴请前，主人需要事先对菜单进行再三斟酌。一般情况下，优先考虑的菜肴有“三特一拿手”：

①有中餐特色的菜肴。在宴请外宾的时候，这一条更为重要。像日常生活中的家常菜，如炸春卷、煮元宵、蒸饺子、狮子头等，虽不是佳肴美味，但因为其具有鲜明的中国特色，所以受到很多外国人的推崇。

②有本地特色的菜肴。例如，山东名菜包括曲阜孔府三大宴（家宴、喜宴、寿宴）；广东名有脆皮乳猪、荔浦扣肉；江南名菜有西湖醋鱼、南京板鸭、无锡脆鳝；浙江名菜有龙井虾仁、绍式小扣、西湖莼菜；安徽名吃有黄山炖鸡、芙蓉蹄筋、符离集烧鸡；贵州名菜有酸汤鱼、豆腐圆子、酸菜折耳根等；此外还有北京烤鸭、天津包子、西安饺子等。在这些地方宴请外地客人时，上这些特色菜，恐怕要比千篇一律的生猛海鲜更易受到好评。

③有本餐馆的特色菜肴。很多餐馆都有自己的特色，点上一份本餐馆的特色菜，能说明主人的细心和对被邀请者的诚意和尊重。

6-8 拓展阅读：中国的八大菜系

④主人最拿手的菜肴。举办家宴时，主人一定要当众露一手，多做几个自己的拿手菜。其实，所谓的拿手菜不一定是十全十美的。只要主人亲自动手，单凭

这一条足以让对方感觉到你对他的尊重和友好。

在安排菜单时，还必须考虑来宾的禁忌。

（3）安排席位。

在中餐礼仪中，席位的排列关系到来宾的身份，受到宾主双方的同等重视。

（1）桌次的排列。中餐往往采用圆桌布置菜肴、酒水，通常 8~12 人一桌。桌次的尊卑遵循“面门而定”的原则。

第一，以右为尊。一个房间内有两个并排的圆桌，则面对正门时，右边的为主桌，左边的为次桌，因此最受尊重的人应该在右侧桌就座。

第二，以远为尊。一个房间内有前后两个圆桌时，则面对正门时，离门远的为主桌，离门近的为次桌，因此最受尊重的人应该在远处的桌子就座。

第三，主桌定位。一个房间内有三桌或三桌以上的桌数时，除遵循“面门定位”“右为尊”“远为尊”的原则以外，还要遵循“主桌定位”原则。即距离主桌越近，桌次越高；距离主桌越远，桌次越低。

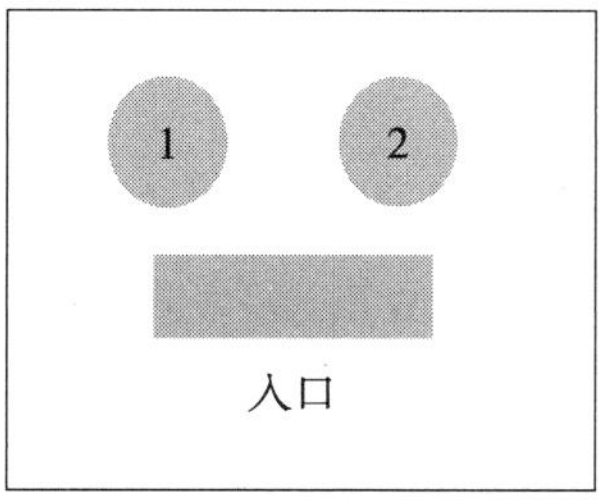

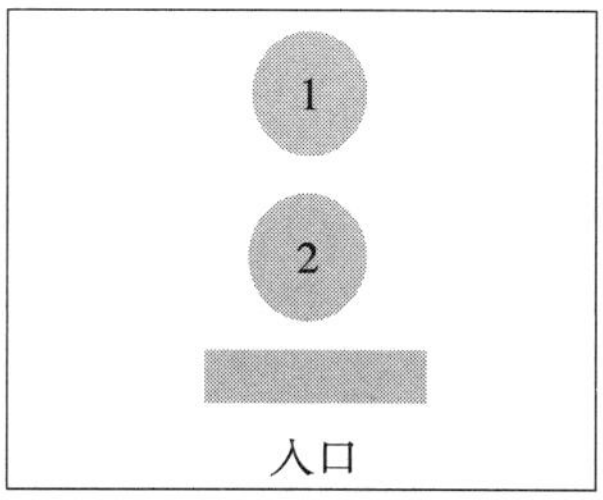

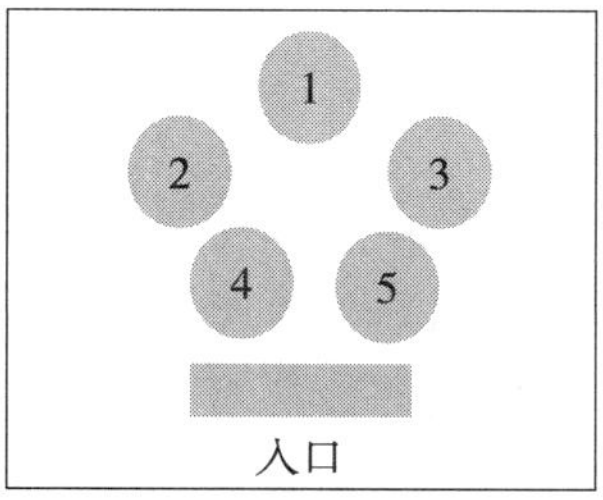

6-9 宴席位次小视频

（2）位次的排序。每张桌子的具体位次也有主次之分，排列位次要遵循如下几个原则：

第一，主位对门：主桌中面对正门的位置为主位。

第二，右高左低：当 2 人一同并排就座时，通常以右为上座，以左为下座。这是因为中餐上菜时多以顺时针方向为上菜方向，居右而坐者优先受到照顾。

第三，观景为佳：在一些高档餐厅内用餐时，往往在室内外有优美的景致或高雅的演出，应该以观赏角度最佳之处为上座。

第四，临墙为好：在中低档餐馆用餐时，为了防止食客和侍者的干扰。通常以靠墙之位为上座。

（3）宴请程序。迎客时，主人一般在门口迎接。官方活动除男女主人外，还有少数其他主要官员陪同主人排列成行迎宾，通常称为迎宾线。与宾客握手后，由工作人员引

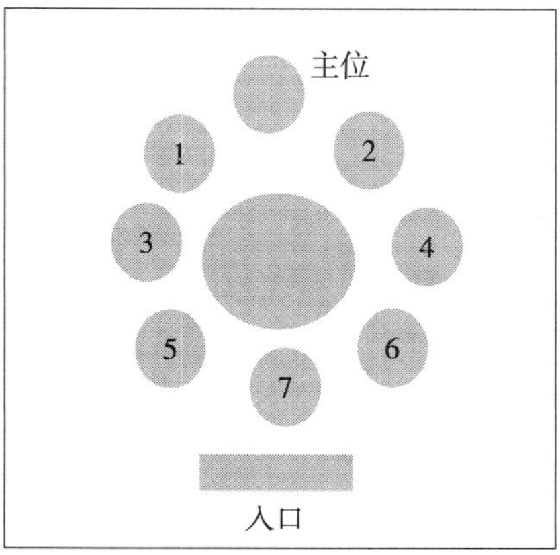

入休息厅或直接进入宴会厅。主人抵达后，由主人陪同进入休息厅与其他宾客见面。休息厅由相应身份的人员陪同宾客，服务员送饮料。

主人陪同主宾进入宴会厅，全体宾客入席，宴会开始。若宴会的规模较大，则可请主桌以外的客人先就座，贵宾后入座。若有正式讲话，一般安排在热菜之后甜食之前由主人讲话，接着由主宾讲话，也可以一入席双方即讲话。冷餐会及酒会讲话的时间则更灵活。吃完水果，主人和主宾起立，宴请即告结束。

外国人的日常宴请以女主人作为第一主人时，往往以她的行动为准。入席时，女主人先坐下，并由女主人招呼开始进餐。餐毕，女主人起立，邀请女宾与其一起离席。然后男宾起立，随后进入休息厅或留下吸烟。男女宾客在休息厅会齐，即上茶或咖啡。主宾告辞时，主人把主宾送至门口。主宾离去后，迎宾人员按顺序排列，与其他宾客握手告别。一般情况下，道别的顺序是男宾先向男主人道别，女宾先向女主人道别，然后再交叉道别。客人应向主人致谢，感谢主人的盛情款待，称赞主人的周到安排和精美菜肴。

6–10 拓展阅读：神奇的宴请仪式——“波特拉茨”

三、赴宴的礼仪

宴会是社交应酬的一种重要场合，形式多种多样，参加宴会，无论是作为组织的代表，还是以个人的身份出席，都应该注意礼仪。出席宴会前，要做简单的梳洗打扮，女士可通过淡妆修饰一下面容，显出秀丽高雅的气质。男士也要把头发和胡须整理和刮洗干净，穿上一套整洁大方、适合身份的衣服，容光焕发地赴宴，这既能体现一个人的道德素养与修养，也是对主人的一种尊敬。在出席比较正式的宴会前都应特别注意修饰自己的仪表，使其合乎宴请场合的礼仪要求。在国外，出席宴会对来宾的着装有比较严格的要求，有时主人甚至将对客人着装的具体要求在请柬上专门注明。一般认为，穿 T 恤衫、牛仔裤、背心和西式短裤、宽松式上衣配健美裤等赴宴都是不妥当的。一般要做到以下方面：

1. 接到邀请及时回复

当我们接到邀请后，对能否出席要尽早答复。不能出席的，要婉言谢绝并对对方表示遗憾和谢意；接受邀请后，不能随意改变，要按时出席。如果临时有事发生，不能前往赴约，要尽早给主人解释，并深表歉意。如果我们自己是主宾，又不能如约参加宴请活动，更应该郑重其事地道歉。

2. 适当地装扮自己

参加宴会活动前，应根据宴会活动的规格和要求适当地修饰自己，以表示对主人及参加宴会者的尊重。举办正式的宴会，主人在请柬上会注明对服装的要求，赴宴前要特别注意，应按要求着装。对于普通的宴请，虽然没有严格的规定，但也不能过于随便，要与宴请活动相吻合。

3. 按时出席宴请活动

按时出席宴请活动是最基本的礼貌，赴宴迟到是非常失礼的，当然也不能去得太早，如果去得太早，主人可能还没做好充分的准备，同样不妥。社会地位高或者身份高者一定要按时到达，其他客人可提前 2~3 分钟到达，如不能赴宴或延迟到达时间，应及时通知主人，以免主人等候。若是主人的至亲挚友，可提前更多时间到达，帮助准备工作和接待客人。

6–11 案例分析：会场的“明星”

4. 遵循宴席礼规

入席的规矩十分讲究，席位一般早已安排好，这时，和你同来的先生或女士绝不会被安排坐在你身边。欧美人认为熟人聊天的机会多得很，要趁此机会多交朋友。男女主人分别坐在长方形桌子的上、下方，女主人的右边是男主宾，男主人的右边是女主宾。其他客人的坐法是男女相间。男士在上桌之前要帮右边的女士拉开椅子，待女士坐稳后自己再入座。大家落座之后，主人拿餐巾，你就跟着拿餐巾。需要注意的是：不管这时出现什么情况（如主人有饭前祷告的习惯），主人没拿餐巾之前你不能拿餐巾。入席后，不要立即动手取食，而应待主人打招呼，由主人举杯示意开始时，客人才能开始；客人不能抢在主人前面。夹菜要文明，应等菜肴转到自己面前时，再动筷子，不要抢在邻座前面，一次夹的菜也不宜过多。要细嚼慢咽，这不仅有利于消化，也是餐桌上的礼仪要求。绝不能大块往嘴里塞，狼吞虎咽，这样会给人留下贪婪的印象。不要挑食；不要只盯住自己喜欢的菜吃，或者急忙把喜欢的菜堆在自己的盘子里；用餐的动作要文雅；夹菜时不要碰到邻座；不要把盘里的菜拨到桌上；不要把汤泼翻。不要发出不必要的声音，如“咕噜咕噜”地喝汤，吃菜时嘴里“叭叭”作响，这都是粗俗的表现。不要一边吃东西，一边和人聊天。嘴里的骨头和鱼刺不要吐在桌子上，可用餐巾掩口，用筷子取出来放在碟子里。掉在桌子上的菜，不要再吃。进餐过程中不要玩弄碗筷，或用筷子指向别人。不要用手去嘴里乱抠。用牙签剔牙时，应用手或餐巾掩住嘴。不要让餐具发出任何声响。

礼仪小常识

用筷十忌

（1）忌半途筷，就是把夹住的菜肴放下，再夹另一种。

（2）忌游动筷，就是举筷不定，东挑西拣。

（3）忌窥筷，即手持筷子，东张西望。

（4）忌碎筷，用嘴或手撕筷头上的菜肴。

（5）忌刺筷，以筷代叉，插菜进食。

（6）忌签筷，用筷子当牙签，挑剔牙缝。

（7）忌泪筷，夹菜途中，筷头上的汤汁，像泪水一样滴个不停。

（8）忌吮筷，用嘴吮舔筷头上的汤汁。

（9）忌敲筷，用筷子敲打碗盆或桌面。

（10）忌点筷，就是用筷子指点主人、客人或厨师。

另外，随着疫情防控常态化，分餐制和用公筷也成为一种习惯和礼仪。忌把公筷当私筷。

5. 席间祝酒

祝酒也就是敬酒，是指在正式宴会上，由男主人向来宾提议，因某个事由而饮酒。在饮酒时，通常要讲一些祝愿、祝福类的话，甚至主人和主宾还要发表专门的祝酒词，祝酒词的内容越短越好。在餐会上，致祝酒辞通常是男主人或女主人的优先权。如果无人祝酒，客人则可以提议向主人祝酒。如果其中一位主人第一个祝酒，一位客人可以在第二个祝酒。面对祝酒，被祝酒的人不用将酒喝光，可以站起来喝一些，并道“谢谢”，同时向对方祝酒。如果愿意的话，女性可以非常自由地敬酒，而且回答敬酒只要笑一笑，或向祝酒者的方向点头示意就足够了。在祝酒结束后，还可以朝他举起杯子，做出姿势表示“谢谢你，也祝你……”酒桌上可以显示出一个人的才华、常识、修养和交际风度，有时一句诙谐幽默的语言，会给客人留下很深的印象，使人无形中对你产生好感。所以，应该知道什么时候该说什么话，语言得当，诙谐幽默很关键，而敬酒可以随时在饮酒过程中进行。

要是致正式祝酒词，就应在特定的时间进行，并不能因此影响来宾的用餐。祝酒词适合在宾主入座后、用餐前开始，也可以在吃过主菜后、甜品上桌前进行。在饮酒特别是祝酒、敬酒时干杯，需要有人率先提议，可以是主人、主宾，也可以是在场的人。提议干杯时，应起身站立，右手端起酒杯，或者用右手拿起酒杯后，再以左手托扶杯底，面带微笑，目视其他人特别是自己的祝酒对象，同时说着祝福的话。在中餐里，干杯前，可以象征性地和对方碰一下酒杯；碰杯的时候，应该让自己的酒杯低于对方的酒杯，表示对对方的尊敬。当离对方比较远时，用酒杯杯底轻碰桌面，也可以表示和对方碰杯。

一般情况下，敬酒应以年龄大小、职位高低、宾主身份为先后顺序，一定要充分考虑好敬酒的顺序，分明主次。即使和不熟悉的人在一起喝酒，也要先打听一下身份或是留意别人对他的称号，避免出现尴尬或伤感情。但如果在场有更高身份或年长的人，也要先给尊长者敬酒，不然会使大家很难为情。如果因为生活习惯或健康等原因不适合饮酒，也可以委托亲友、部下、晚辈代喝或者以饮料、茶水代替。作为敬酒人，应充分体谅对方，在对方请人代酒或用饮料代替时，不要非让对方喝酒不可，也不应该好奇地“打破砂锅问到底”。在西餐里，祝酒干杯只用香槟酒，并且不能越过身边的人而和其他人祝酒干杯。

6–12 拓展阅读：喝酒为什么要碰杯？

6. 席间交流

席间要主动与同桌人员进行交流，不可一句话都不说，让人觉得我们是为吃而来。不要只是与个别人交谈，或只和自己熟悉的人交流；说话的声音不能太大或窃窃私语；也不能一边说话一边进食。在谈话的时候，要选择轻松、愉快的话题，而不要谈论严肃、沉重，甚至难过、悲伤的话题，以免影响大家的情绪。

7. 离席

天下没有不散的宴席，宴会总有结束的时候。用餐完毕告辞也要讲究礼仪，这不仅能加深别人对我们的好印象，还能提升对方的好感程度。用餐完毕，等主人示意宴会结束时，客人才能离席。如果客人有事要提前离席，则应向主人及同席的客人致谢。客人向主人道谢、告别时，该说的事交代完后即可离开，不要说个不停，否则对方无法招呼别人。如果是很多人要一起离席，某些客套话应尽可能省略，不要耽误别人太多的时间。

四、吃西餐的礼仪

西餐是西方国家的一种宴请形式。由于受民族习俗的影响，西餐的餐具、摆台、酒水菜点、用餐方式、礼仪等都与中餐有较大差别。由于正统的西餐礼仪出自古代宫廷，并且相沿已久，故此其程式化的规定极多。其中最重要的是，要求用餐者严格约束个人举止。力求使之高雅动人。所以有人曾说：吃中餐，主要是吃美味佳肴；而吃西餐，则主要是在“吃”风度和气氛。在吃西餐时，特别是在赴宴时，西方人非常讲究个人的穿着打扮。若是不谙此道，或明知故犯，既会为人轻视，也会失礼于人。根据用餐规模、档次的不同，用餐时的衣着也不尽相同。大体上说，可有礼服、正装、便装之分。目前由于我国对外交往活动的不断增多，西餐也已成为我国招待宴请活动的一种方式。因此，了解西餐的一般常识和礼仪是十分重要的。

6–13 案例分析：小张错在哪里？

西餐的餐具多种多样。常见的西餐餐具有叉、刀、匙、杯、盘等。西餐的摆台是西餐宴请活动中的一项专门的技艺，也是必不可少的一个礼仪程序。它直接关系到用餐过程、民族习俗和礼仪规范等。西餐的摆台因国家的不同也有所不同，常见的有英美法国式和国际式西餐摆台。这里我们介绍一下国际式西餐摆台。

6–14 西餐餐具摆放小视频

国际上常见的西餐摆台方法（见图 6–1）：座位前正中是垫盘，垫盘上放餐巾（口布）。盘左放叉，盘右放刀、匙，刀尖向上、刀口朝盘，主食靠左，饮具靠右上方，正餐的刀叉数目应与上菜的道数相等，并按上菜顺序由外至里排列，用餐时也是从外向里依序取用。饮具的数目、类型应根据上酒的品种而定，通常的摆放顺序是从右起依次为葡萄酒杯、香槟酒杯、啤酒杯（水杯）。吃西餐时，应注意掌握以下几个方面的礼仪。

图 6–1　西餐摆台

（1）上菜的顺序。西餐上菜的一般顺序是：①开胃前食，②汤，③鱼，④肉，⑤色拉，⑥甜点，⑦水果，⑧咖啡或茶等。菜肴从左边上，饮料从右边上。

6–15 西餐餐具使用小视频

（2）餐巾的使用。入座后先取下餐巾，打开，铺在双腿上。如果餐巾较大，可折叠一下，放在双腿上，切不可将餐巾别在衣领上或裙腰处。用餐时可用餐巾的一角擦嘴，但不可用餐巾擦脸或擦刀叉等。用餐过程中若想暂时离开座位，可将餐巾放在椅背上，表示还要回来；若将餐巾放在餐桌上表示已用餐完毕，服务员则不再为你上菜。

（3）刀叉的使用。吃西餐时，通常用左手持叉、右手持刀，用叉按住食物，用刀子切割，然后用叉子叉起食物送入口中，切不可用刀送食物入口。如果只使用叉子，也可用右手使用叉子。使用刀叉时应避免发出碰撞声。用餐过程中，若想放下刀叉，应将刀叉呈“八字形”放在盘子上，刀刃朝向自己，表示还要继续吃。用餐完毕，则应将叉子的背面向上，刀的刀刃一侧应向内与叉子并拢，平行放置于餐盘上。尽量将柄放入餐盘内，这样可以避免由于碰触而掉落，服务生也容易收拾。在用餐时，务必要正确使用各种餐具，不懂可以现场观摩他人，不要贻笑大方。不要把餐具用作他用，尤其是不要以之相互敲击，或指点别人。

6–16 拓展阅读：喝咖啡的礼仪

6–17 喝咖啡礼仪小视频

（4）用餐的礼节。用餐之际，不论有意还是无意，吃东西还是喝东西，绝对都不要弄出声响来，更不要搞得铿锵作响。西方人认为，唯独缺乏教养者，才会在进食时出声作响。当全体客人面前都上了菜，主人示意后可开始用餐。切不可自行用餐；喝汤时不要发出声响；面包要用手去取，不可用叉子去取，也不可用刀子去切，面包应用手掰着吃；吃沙拉时只能使用叉子；用餐过程中，若需用手取食物，要在西餐桌上事先备好的水盂里洗手（沾湿双手拇指、食指和中指），然后用餐巾擦干，切不可将水盂中的水当成饮用水喝掉；最好避免在用餐时剔牙，若非剔不可，必须用手挡住嘴；当服务员依次为客人上菜时，一定要服务员走到我们的左边时，才轮到我们取菜，如果在我们的右边，不可急着去取；吃水果不可整个咬着吃，应先切成小瓣，用叉取食；若不慎将餐具掉在地上，可由服务员更换；若将油水或汤菜溅到邻座身上，应表示歉意，并由服务员协助擦干。除用餐外，体内的任何声响，不管是咳嗽、打喷嚏，还是打嗝、放屁，都应自觉控制，不要当众出丑。另外，在就座、用餐时，也不要把座椅、餐桌、餐具弄出怪异之声来。

6–18 本节 1+X 证书技能点测试

任务四　道与术：职场活动的相处技巧

一、职场相处之道

职场如战场。要想让自己在职场中摆脱不必要的纷争，就要首先了解职场礼仪和规矩，学会遵循职场“场域”相应的逻辑和规范，按照职场之“道”，处理好与同事的各种关系。

1. 小不忍则乱大谋

“小不忍则乱大谋”。职场沟通情绪比内容重要：有研究表明，一次沟通中，70% 是情绪信息，30% 是内容信息，如果沟通情绪不对，那内容就会被扭曲。所以沟通内容之前，情绪层面一定要梳理好，不然误会可能会越来越深。带有情绪的沟通还不如不沟通，否则会把事情搞砸。有抱负、有理想的人，不应计较个人得失，更不应在小事上纠缠不清，而应有开阔的胸怀和宏远的抱负。只有如此，才能干成大事，从而实现自己的梦想。在职场中，往往有许多名义上看起来是吃亏的事情，比方工作的调动、环境的变迁等等。面对这些事情，我们应该做到泰然处之。“小不忍则乱大谋”，心怀宽阔，眼光放远一些。看这些事件对自己的长远发展是否有利，而不去逞血气之勇。

2. 众恶之，必察焉；众好之，必察焉

这句话含有两方面的意思，一是阐明了决不亦步亦趋，不因世人的长短标准影响自己的判断。要经由自己的独立思考和感性的断定，而后做出论断；二是一个人的好与坏是相对的，在不同的情势、不同的人心目中，往往会有很大的差异，所以应该用自己的尺度去评判自己。领导往往欣赏的是有个性、有主见的年轻人，这样的人能独当一面，今后才能有更好的发展。

3. 工欲善其事，必先利其器

“磨刀不误砍柴工”的道理早已被人们所熟知。在职场中，要想谋取一个更好的职位，你必须做充足的准备，把自己各方面的才能锤炼好，只待机会一到，立刻就能担负重担，而且还要做得很杰出。机会只青睐有准备的人。

4. 人无远虑，必有近忧

身处这个信息时代，社会工作的一个特色就是节奏很快。常识系统跟技巧的更新速度之快，要求我们不断学习新的知识，按时“充电”。即便身处一个比较安适的环境，也应当“居安思危”，思考当前局势的变动对自身发展的影响。如果不思进取、得过且过的话，总有一天会被淘汰。

5. 躬自厚而薄责于人，则远怨矣

人与人相处未免会有各种矛盾与纠纷，为人处事应该多替别人考虑，多从他人的角度看待问题。所以，一旦产生了抵触，应该多做自我批评，而不能一味责备他人的不是。责己严，待人宽，这是保持良好、协调的人际关系所不可缺少的原则。

职场中人与人相处并不像一些人说的全都是明争暗斗、欺上瞒下，很多时候仍是需要真挚相处的。同事之间产生了矛盾，不要唇枪舌剑、一味挑对方的毛病，那样只会损害同事之间的情感，无利于职场和气。首先应该自我检查一下，自己是否有什么错误，是否对对方产生了伤害，站在他人的角度上审视自己。多一些宽容，少一些非难，对人对己都是有利的。

与同事相处，要互相尊重，遇事要有协作精神；为他人的事情保密，诚心以待；发现问题及时、诚恳地提醒；保持积极乐观的心情；宽容对于他人的失误；对他人所托之事言既出，行必果；不要对其他同事谈及自己对于领导的看法；请求他人帮助时要表示感谢；不要扎堆抱怨公司、领导或他人，这对于问题的解决没有帮助。

6. 中庸之为德也，其至矣乎

中庸是孔子和儒家的主要思维，尤其作为一种道德观念，是孔子和儒家尤为倡导的。中庸属于道德行动的评估问题，也是一种德行，而且是最高的德行。宋儒说，中庸之道谓之中，平常谓之庸。中庸就是不偏不倚的平凡的道理。中庸又被懂得为“中道”，“中道”就是不偏于对立双方的任何一方，使双方保持平衡状况；中庸还能够称为“中行”，“中行”是说人的举止、德行都不偏于任何一方，对峙的双方互相牵制，互相弥补。总之，中庸是一种调和协调的思维。

不偏不倚与没有原则、随声附和不同，这是一种必要的和谐必不可少的关联。在职场良多时候往往需要这种为人处世的立场，由于职场也是一个大家庭，假如一味地讲求个性，不具有配合意识，会搞得一团糟，也不利于群体的发展。因而，在不违反原则的情形下，坚持一个中庸之道，的确是明智之举。

6–19 拓展阅读：愿你的努力，配得上你的梦想

二、职场生存之道

常言道，国有国法，家有家规。规则始终与我们每个人相伴，特别是身在职场的人们，无论从事什么行业，做什么具体工作，都是尽量去熟悉和了解职场的规则和程序，否则一旦不小心触犯了它，后果难以预料。职场生存，首要莫过于讲规矩、循规则。

1. 学会尊敬和服从上级

有的人在工作中有时和领导意见不一致，或者触及了个人、部门的利益，便和领导大声呵斥，甚至拍桌子，这是严重违背职场规则的行为。事后，表面上领导会说，我能理解你，但心里总会有些不舒服。上级考虑问题更多的要从一个团队或组织的整体角度，而很难兼顾到每一个人。上级要开展工作，是必须要掌握一定的资源和权力的。对于一个下级来讲，主动配合上级共同完成集体和自己的工作是首先要考虑的。即使领导做错了，也要给他留情面，不要当场让领导下不了台。在一个团队或组织中，下级尊重和服从上级也是确保一个团队或组织能够完成目标的重要条件。但是如果作为员工，不能站在团队或组织的高度来思考问题，而只是站在自己的角度、从自己的利益出发，不服从管理，那么这样的一个员工将很难在一个团队或组织里生存，更不要谈发展。请记住，凡是职级比你高的人，至少有他的过人之处。要学会用欣赏、学习的眼光去看到每一个职级比你高的上级和领导。一路走来，你会发现，你得到的是无数的老师。

2. 及时与领导保持沟通

如果你的工作暂时还不能达到上级的要求，一定要及时和上级进行沟通，要让他知道你的工作进度以及努力方向。在实际工作中，有的工作需要一定的时间来保证，可能在一定时期内你的工作还没有让别人看到显著成绩。这时不要和你的上级距离太远，你要创造一定的条件去和他进行沟通，让他知道你是在努力工作，并要让他知道你的工作进度和计划以及将要取得的成绩。如果你这样做了，上级一般不会去责备你，而且他还会利用他所掌握的资源给你提供一些帮助和一些建议，这样就会加快你工作的进度，使你提前取得工作成绩。工作完成后一定要在第一时间内向上级汇报，时间一定不要超过 4 小时，也就是国际上通用的“4 小时复命制”。如果工作完成需要很长时间，就要分几次汇报，比如 1 个星期才能完成，第一天晚上要汇报一次，第三天要汇报一次，第六天要汇报一次，完成后再汇报一次。

6–20 拓展阅读：领导不会提拔一个“不会说话”的人

3. 及时完成领导交给的任务

首先，领导安排的事，必须尽快完成。在职场中，有时上级会安排一些临时性的工作给你，这些工作有时可能会非常紧急和重要，一定要尽快完成，完成后尽快汇报。其次，如果领导安排有误，要马上向领导说明。说明时不要过于强硬，一定要注意方法，表达要委婉，提出自己的建议。比如可以这样说："王经理，您刚才安排的事情非常好，我一定努力完成，有个地方不大合适，您看看是不是可以这样做……"记住，下属对上司只有建议权。再次，如果领导执意按照自己的意见去做，要努力执行，但在执行过程中，尽量将损失降低到最低程度。经理人安排的事如果严重违背公司利益，不但不能做，还要向更高一级公司领导汇报。最后，工作完成后，取得了优秀的成绩，总结或领奖的时候，在成绩面前不要贪功，不要忘记给过自己支持和帮助的各级领导，不要忘记一起工作的同事，是大家共同努力的结果，要把他们的功劳都汇报上。

4. 满怀感恩之心

一个人的成长，要感谢父母的养育，感谢师长的教诲，感谢公司提供的工作机会，感谢上司的栽培，感谢周围人的帮助。没有父母养育，没有师长教诲，没有工作，没有大众助益，我们何能存于天地之间？感恩不但是美德，而且是为人的基本条件。为什么我们能够原谅一个陌生人的过失，却对自己的上司耿耿于怀呢？为什么我们可以为一个陌生人的点滴帮助而感激不尽，却无视朝夕相处的公司的种种恩惠，视之为理所当然呢？如果我们在工作中能始终怀抱着一颗感恩的心，公司给予你的机会就会大不一样。不懂得感恩的人，在公司里，难以成为称职的员工；一个不懂得感恩的人永远都得不到重用；一个不懂得感恩的人永远都不会成功。大声说出你的感谢，让他们知道你感激他们的信任和帮助。请注意，一定要说出来，并且要经常说。这样可以增强你的人际关系，增强公司的凝聚力。

5. 对组织或领导有意见采取正确的方法解决

作为一个员工，在一个团队或组织里，受到委屈甚至不公平的做法是正常的。在遇到委屈或不公正的待遇时，员工可以选择通过一定的程序和方式提出，按照公司反映问题的有关规定处理。如果公司没有相关的规定，一般情况下，可以找领导心平气和地沟通，说明自己的情况和用意；如果没有作用，可以找领导的上级逐级进行反映；如果还是没有任何作用，可以到人力部门或企管部门反映。但是采取煽动闹事的方式来解决问题，往往容易把自己推到一个更加不利的境地，因为这种方式，作为一个团队或组织是绝对不能容忍的。如果造成恶劣的影响或严重的后果，就会使自己面临法律的惩戒。切忌采取煽动同事公开与团队或组织进行对抗的方式来解决问题，基本上一个正常运转的团队或组织，对带头闹事的一般会"杀无赦"的。如果你的行动影响到一个组织的正常运转，甚至还可能触犯法律。

6. 完成上级安排的临时性工作一定要及时反馈

在职场中，有时上级会安排一些临时性的工作给你，这些工作有时可能会非常紧急和重要，并会要求完成和反馈期限。在实际工作中，尽量要在完成工作后的第一时间内回复。作为下级，在接到上级安排的临时性工作时，如果能够完成，最好不要推托，而且不管上级是否要求完成和反馈时间，都应该按照工作的性质和紧急程度给上级及时进行反馈。不可工作安排后，就被抛到九霄云外了，一旦这样，不但失去上级的信任，而且今后也可能丧失许多的机会。如果自己感到自己没有能力完成，也应在接到工作时向上级提出，以便上级能够找其他人来完成。同事间或上下级间，最珍贵的关系，就是信任。切不可因为粗心大意而一次次失信，不知不觉亲手埋葬了自己最宝贵的人脉关系。

7. 帮助上级成功就是帮助自己成功

由于是工作使大家走到了一起，所以同事首先就是一种合作关系。而如何和上级合作好，对任何一个身在职场之中的人都是极其重要的。尤其上级手中所掌握的资源和影响力对一个人在职场的发展都会起到至关重要的作用。帮助上级的好处：第一，上级会把更多的锻炼机会提供给他们，而且愿意去培养他们，把自己的一些经验传授给他们。第二，由于能够替上级去分担工作，他们自己就会逐步熟悉上级的工作内容和技巧，从上级那里学到职场上必备的工作方法和技巧。第三，当上级由于工作出色得到进一步提升时，他首先会考虑把升迁的机会提供或推荐给优秀的下属。当你在为上级偏心而抱怨时，应认真反思一下自己是否遵循了这个原则。机会有时真的不是从天而降的，更多时候是要靠自己去争取和努力的。

8. 建立正常和谐的人际关系

在单位中，一定要团结大多数的同事、工友，不要加入小团体。由于你与几位同事合作比较密切，又比较谈得来，于是你们几个人便经常聚在一起。久而久之，你们的情谊越来越深，工作上也只为几个人的利益考虑，把公司利益放在一边，甚至为了你们的小集体的事而违反公司的规章制度。就这样，在单位其他同事眼中，你们形成了一个小团体。一旦领导把你当成小团体的一员打入黑名单，你就会得不偿失，因为领导对小团体总有不信任感，对小团体里的人，会有很多顾虑。另外，领导会担心小团体里的人不忠诚，经常聚在一起的人脾气相投，某个员工与其他同事发生冲突，这几个人会联合起来对付别人，影响单位团结。

三、职场之禁忌

职场是人际交往的主战场。与领导和同事的相处都是一门学问。往往人们过多地知道是显性的“有所为”。而实际上，隐性的“有所不为”对每个职场人来说更为重要。

1. 与领导相处忌锋芒毕露

木秀于林风必摧之。锋芒太露，必遭人忌。我们常见有一些人，稍有成就便得意忘形，以为自己绝顶聪明，别人算不得什么，这可是聪明太显，殊不知树敌太多，事事必受他人阻挠。

“良贾深藏若虚，君子盛德容貌若愚。”即善于做生意的人，总是隐藏其宝货，不叫人轻易看见；君子之人，品德高尚，容貌却显得愚笨拙劣。

一个人的成长和进步离不开领导的栽培和提携。要获得领导的欣赏，与之相处时首要一点就是维护他的权威，懂得他内心深处的需求。只有体察到他的行事意图，才能够成为领导工作中的得力助手，不会因不慎的言辞使自己的事业横生枝节。工作中所取得的成绩，会给你带来一定的荣耀，在荣耀到来时，你一定要把这份荣誉归功于上司，把鲜花让给上司戴，把众人的目光引到上司身上。否则，独享荣耀的后果，会严重影响你在公司的人际关系。

当然，锋芒毕露与韬光养晦是辩证存在的。如果不显露锋芒，可能永远得不到重任；可是，锋芒太露又易招人敌视。锋芒毕露的人虽然取得了暂时成功，却为自己掘好了坟墓；虽然施展了自己的才华，却也埋下了危机的种子。所以，当你在工作上有特别表现而受到肯定时，千万记住不要锋芒毕露，否则这份锋芒会为你带来人际关系上的危机。

2. 忌替领导做决定

决策往往是领导的核心权力。献策，而非决策。真正成为领导靠得住、信得过、离不开的得力助手，就必须把握职场工作的特点，找准自己的位置。和领导沟通最重要的一条，不要代替领导做决定，而是在领导同意下针对其工作习惯和时间对各种事务进行酌情处理。

领导才是公司的最高决策者，无论事情的大小都有必要听取他的建议。但这些事情并不是一些零星的小事，而是有建设性的问题，这样才是对领导的尊重。员工的工作归根结底是为单位的利益，也完全围绕着企业的管理者展开，因此需要了解领导的工作风格、工作方式、工作重心及紧急程度，了解领导的人际网络，理解他的工作压力。和领导保持良好的沟通，就要对领导的地位及能力永远表示敬意。

对待不同性格的老板，都要保持耐心与宽容，把你的决定以最佳的方式渗透给他，从主动提议变成被动接受。忌急躁粗暴，多倾听和征询老板的意见和建议，少做一些不容辩驳的决定和争论，即使你可能是对的。即使对待能力不强的上级，同样要保持尊重，不擅自行动和做决定。这些如果你都做不到，就有可能遭受领导的冷遇。因此，凡事要量力而行，不可擅做主张。

3. 忌在同事间议论上司

在背后或在同事间议论别人或领导，是对自己人格独立完整的一种贬低。一个具有独立人格的人，应该是光明磊落，所谓“君子坦荡荡”。毕竟，换成同事是你，他今天可以在你面前议论领导，他明天也可能在别人面前议论你。所以，凡事都要有分寸，说话要有分寸，谈论事情要分场合，议论他人要看对象。一次无心的议论也许会变成他人的成事跳板，对自己无疑是一大坏处。因此说话办事应量力而行。

许多人都有一个通病，就是在闲暇的时候喜欢议论他人，但是千万要记住，议论也要分场合和对象。在午休时，或是在闲暇的时候与同事聊天，不注意说了关于上司和公司的坏话，说不定就会被谁听了去。结果传到了上司的耳中，上司对你的态度就会有很大的转变。这种事在现实生活中确实不少。这就是人们常说的“祸从口出”。所以，和同事不能议论上司，一定要注意这一点。总之，不论你是有意还是无意，在同事间随便议论领导者最容易惹是生非，所以还是不随便议论为好。

4. 忌有厌职情绪外漏

喜新厌旧是人的通病。在同一个单位或岗位时间久了，难免会有倦怠的情绪。但是，厌职情绪使我们失去了工作的乐趣，还会严重地影响我们的工作和生活，应该及早消除它。要消除厌职情绪，就要保持良好的工作心态，学会喜欢自己的职业，合理安排工作和生活，这样才能找回一个原本充满激情与活力的自己。

这种情绪出现的原因，主要是只知道单一工作，而没有明白自己工作的价值。只要在工作中树立起使命感，明确自己要实现一定的价值的话，就能在个人工作中产生前进的动力。要在工作中树立起使命感，就会主动地为自己出点儿难题，每天都有难题处理，你自然就会活得充实，坚持不懈，你就能发现自己每天都在进步，每天都会感到快乐。

要学会合理地调整自我。善于安排个人精力的人总是感觉到生活是轻松的，工作是愉快的。为了达到这种境界，你应该对所有的工作都做好计划，并在规定的时间内完成。工作结束后，要充分利用自己的闲暇时间，切忌将工作，尤其是工作中的负面情绪带回家。对于个人的进步应该定期进行“标记”，以便让自己明白，目前已经完成了什么，还有什么工作没有完成；对没有完成的任务，应该规划好完成的时间，并在某段时间，合理分配自己的精力，从而使工作、学习、生活、娱乐尽量做到更加有效，而且能够很好地自我循环、自我提升。

因此，对于一个人来说，不仅要有智商、情商，还有要“健商”“娱商”。所谓智商是指完成一个工作所需要的知识、智慧；情商则是与人共事的处世之道；

“健商”则是对自己身体状况的把握和控制，要善于了解自己的身体状况，把自己的状态调整到工作和生活最适宜的状态；“娱商”则是业余爱好。毕竟，工作不是生活的全部，生活在工作之余还有亲情、友谊、娱乐等等。只有智商、情商、“健商”“娱商”“四商合一”，才会有和谐美好的人生。

5. 不要占取他人功劳

在竞争激烈的工作环境中，有些人喜欢把别人的功劳占为己有。这样的人，不去创造业绩，而是偷偷地去占取别人的功劳，到最后只能是既损人又不利己。

做人就要坦坦荡荡，身在职场，不是自己的功劳，就不要挖空心思去占有。不抢功，不夺功，这样的人不仅人际关系好，而且会永立于不败之地。

古人云：“不见己短，愚也，见而护之，愚之愚也；不见人长，恶也，见而掩之，恶之恶也。”因此我们要想在工作中获得真正的竞争优势，就应该在不断完善和充实自己的同时坚守正确的职业道德。

6. 忌独享荣耀

职场的黄金原则就是要与同事合作，有福同享，有难共当。当你在职场上小有成就时，当然值得庆幸。但是你要明白：如果这一成绩的取得是集体的功劳，离不开同事的帮助，那你就不能独占功劳，否则其他同事会觉得你抢夺了他们的功劳。

在职业生涯中，最圆滑的处世之道就是当你的工作和事业有了成就时，千万记得不要独自享受。要让自己拥有团队意识，摒弃“自视清高”的作风，换之“众人拾柴火焰高”的职业意识。只要注意到这一点，你获得的荣耀就会助你更上一层楼，你的人际关系也将更进一步。

7. 忌传播同事的隐私

真正聪明的人，是懂得不要对别人的隐私报有好奇心，要知道有些事只能点到为止，才能给自己也给他人留下一片自由呼吸的空间。

每个人都有好奇心，但这种好奇心却无意中成了制造矛盾的根源。大家在一起谈论其他同事，将议论传播出去，就是制造同事之间的矛盾，使办公室人人自危，对你这根“导火索”只有避之唯恐不及。知道能力强的同事的隐私，也许会成为他的心腹，也许会成为他的心腹之患。

对同事的隐私的传播会造成很大的影响，会使该同事在办公室中轻者羞愧，重者颜面扫地。该同事对你恨之入骨，你与他的友情会戛然而止，也许在工作中还会成为死对头。同时办公室的同事会对你另眼相看，与你的距离将会变得很遥远。

8. 不在其位，不谋其政

必须明白，处于不同层次的人，决策权限是不一样的，有些决策自己可以做，有些决策必须由上司做。每一个人都有属于自己的位子。

在我们的工作中，每一个人都有属于自己的位子。即便得意时也不可忘形，不小心把手伸到人家的地盘上，难免不受到上司的戒备，同僚的排挤。知道什么事情该做，什么事情不该做，是一种智慧，更是一种气度。把本职工作做好，对于超出自己工作范围的工作，即使能力足够，也不要插手，如此才能不越位、不越权，才能走出一条平稳的发展之路。

在实际生活中，有作为的人应该找准自己的位置，知道哪些事该做，哪些事不该做，把握好适度的原则，而不要越位。这样，才能够与别人和谐相处，并得到他人的信任和赏识，在个人事业的发展上，也会少一些不必要的阻碍。

9. 忌不要把话说得太满

杯子留有空间，就不会因加进其他液体而溢出来；气球留有空间，便不会因再灌一些空气而爆炸；人说话留有空间，便不会因为“意外”出现而下不了台，因而可以从容转身。

我们在工作中更应该注意，上级交办的事当然应接受，但不要说“保证没问题”，应代以“应该没问题，我全力以赴”之类的字眼。这是为了万一自己做不到所留的后路，而这样说事实上也无损你的诚意，反而更显出你的谨慎。

说话不留余地等于不留退路，要么成功，要么失败的简单逻辑已不适合复杂多变的社会。为此付出的代价有时是你无法承受的，与其与自己较劲儿，不如多用一些缓和语气之类的说话方式。

6–21 课后练习

10. 忌同事相处情绪化

凡事要三思而行，考虑任何问题，都要看到它的正面和负面，切忌片面性和情绪化。有忧患意识，才是做人成熟的表现。

每个人对事物的看法和观念都带有强烈的感情色彩，这种感情色彩带有非常明显的个性特征。人们之间的喜好有时候是无法相容的。但是在办公室，这种情况一定要控制，无论遇到什么事情，都要冷静理智，千万不要意气用事。

6–22 案例分析：从《三国演义》里学职场生存法则

在工作中，什么样的情况都可能发生，什么样的事情都可能遇到，因此在处理工作和事务时，要学会保护自己免受伤害，要学会控制自己的情绪，不要轻易把自己的情绪表露出来，以免伤害自己和得罪别人。不加控制地直接流露自己的喜怒哀乐，也显示出自己本身的肤浅。

6–23 本节 1+X 证书技能点测试

子曰："有朋自远方来，不亦乐乎？"

——《论语·学而》

项目七

服务"一带一路"：让文明礼仪成为国人的名片

学习目标

- 了解涉外交往的原则，并在实际生活中遵循和理解运用
- 具备涉外的礼仪修养，并能够在涉外交往中贯彻实施
- 了解"一带一路"主要国家和地区的礼俗风情

情境导入

加大版的皮鞋

我们的周总理是位非常敬业也十分注重礼节的人。他在生病期间也坚持从事各种工作。在一次涉外旅游会见活动中，他病得连脚板也肿起来，他原来的皮鞋、布鞋都不能穿，只能穿着拖鞋走路。身边的工作人员非常关心他，工作人员让他穿着棉拖鞋参加外事活动，并认为外宾是能够理解的。然而他慈祥又严肃地说道："不行，穿棉鞋会见外宾是不得体的，我们要讲礼仪嘛！"于是，他让工作人员去为他特制了一双加大版的皮鞋用来参加外事活动。

7–1 任务设计

问题：

1. 为什么总理在特殊情况下还如此重视涉外接待？
2. 涉外交往应注意哪些交际原则？

任务一　外交无小事：涉外交往的原则

"外交无小事"。对外交往不同于国内交往，遵守一定的规定和原则，是非常必要的。这不仅有利于塑造个人良好形象，更重要的是有利于维护国家的形象和中华民族的良好形象。所以，每一名涉及外事工作的人员都必须认真遵守外事工作的基本原则。

一、忠于祖国

在任何时候、任何地点、任何情况下，忠于自己伟大的祖国都是第一位、最基本的要求。在对外活动中，一个不忠于自己祖国的人，绝对不是称职的外事工作者。不仅如此，这样的人往往还会被外方人士所蔑视；而始终如一地忠于自己祖国的人，才会真正赢得其交往对象的尊重。忠于祖国，作为一项外事礼仪的基本规则，也是第一原则，要求外事人员在外事活动中，必须无怨无悔地对自己的祖国忠诚以待，不讲任何条件、毫无保留地为其尽心尽力。在外事活动的具体实践中，遵守此项基本规则，通常体现在热爱祖国、热爱人民、拥护政府等基本方面。

7–2 拓展阅读：吉鸿昌的"我是中国人"的牌子

二、尊重隐私

尊重对方，就是不论对方的国家、民族大小，企业实力强弱，或者风俗习惯、宗教、法律等是否和我们相同，都不能歧视对方，要做到在人格上平等相待。尊重隐私往往是通过举止言谈表现出来的。在国际交往中，人们普遍讲究尊重个人隐私，并且将尊重个人隐私与否视作一个人在待人接物方面有没有教养，能不能尊重和体谅交往对象。因此，中国人在涉外交往中务必要严格遵守“尊重隐私”这一涉外礼仪原则。也就是说，在与海外人士打交道时，一定要充分地尊重对方的个人隐私权。进而言之，在言谈话语之中，凡涉及对方个人隐私的问题，都应该自觉地、有意识地予以回避。

7-3 拓展阅读：中美隐私观差异

因此，在涉外交际中，首先要避免与对方交谈时涉及个人隐私，要做到“五不问”。

（1）不问年龄，尤其是女士的年龄。外国人不论男女都希望自己永葆青春，尤其是外国女士，最忌讳被人知道她的实际年龄。所以在外国有这样一种说法：一位真正的绅士，应当永远“记住女士的生日，忘却女士的年龄”。

（2）不问个人收入。个人收入的多寡，一向被外国人看作是自己的脸面，十分忌讳他人进行直接或间接地打听。除去工资收入以外，那些可以反映个人经济状况的问题，比如，纳税数额、银行存款、股票收益、私宅面积、汽车型号、服饰品牌、娱乐方式、度假地点等，因与个人收入相关，所以在与外国人交谈时也不宜提及。

（3）不问婚姻。西方人视恋爱、婚姻等问题为纯粹的个人隐私，向他人询问是不礼貌的。在一些国家，跟异性谈论此类问题，会被对方视为无聊之举，甚至还会因此被对方控告为“性骚扰”，从而吃官司。

（4）不问所忙何事。“您正在忙些什么”“上哪里去”等问题，在外国人看来都属个人隐私。

（5）不问健康状况。在外国，人们在闲聊时一般都是“讳疾忌医”，非常反感其他人对自己的健康状况关注过多，对他人的这种过分关心，外国人会觉得不自在。

三、捍卫自尊

相互尊重的另一方面是自尊，只有自尊才能得到对方对你个人的尊重，才能谈得上真诚合作、平等合作。周恩来是伟大的马克思主义者，是中国共产党和中华人民共和国的主要缔造者和领导人之一，同时也是举世公认的杰出外交家。他与毛泽东和其他老一辈无产阶级革命家一起，制定了我国的外交路线、方针、政策，并且以其非凡的才能，卓有成效地贯彻执行，使社会主义新中国一扫旧中国任人欺凌的屈辱面貌，以崭新的姿态出现在世界舞台上。1955 年，在“克什米尔公主号”事件后，周恩来不畏艰险出席万隆会议，淋漓尽致地发挥了折冲樽俎、协和万邦的外交艺术，多次力挽狂澜，将会议一步一步引向求同存异、和平共处精神的胜利，赢得了国际上的普遍尊敬和赞扬，很多世界政要都称赞他“是一位卓越的谈判家”“世界上罕见的伟大外交家”。

礼仪小常识

“中国人不吃这一套！”

“美国没有资格居高临下同中国讲话，中国人不吃这一套！”

“没有必要害怕记者在场吧？不是讲民主的吗？”

“历史会证明，对中国卡脖子来打压，最后受损失的是自己！”

2021 年当地时间 3 月 18 日，中共中央政治局委员、中央外事工作委员会办公室主任杨洁篪，国务委员兼外长王毅，在安克雷奇同美国国务卿布林肯、总统国家安全事务助理沙利文举行中美高层战略对话。中方带着诚意应邀来到安克雷奇同美方进行战略对话，并做好按双方事先商定的程序和安排开展对话的准备。但美方在先致开场白时严重超时，并对中国内外政策无理攻击指责，挑起争端。这不是待客之道，也不符合外交礼仪，中方对此做出了严正回应。中国外交天团面对美国的蛮横，勇敢地捍卫国家利益，说出了中国人民的心声，也激荡了国人的志气！

四、实事求是

7–4 拓展阅读：李鸿章的客套惹麻烦

实事求是是涉外交往中必须坚持的一个重要礼仪原则，应该有一说一，有二说二，不浮夸，不能只讲优点、成绩，不讲缺点、不足，报喜不报忧。虽然对牵涉对方的话题，为表示尊重可采用委婉的说法，但外国人特别是西方人往往喜欢直率的谈吐，而禁忌那些言不由衷的客套。例如，我们请人吃饭时，饭前饭后常常伴随一类自谦客套的话，对这种习惯西方人很不适应。

五、入乡随俗

海外各国的文化传统有很大不同，在礼仪习俗上自然存在着差别，即使就欧美国家而言，不同的国度间、民族间，甚至同一个国家的不同区域间，礼仪习俗也有差别。这就要求我们在对外交往时，首先了解和掌握对方的一些礼仪习惯，做到入乡随俗，因人施礼。在前往其他国家或地区进行工作、学习、参观、访问、旅游的时候，要对当地所特有的风俗习惯加以认真的了解和尊重。做不到这一点，对于交往对象的尊重、友善和敬意，就好似敷衍了事，无从谈起。

礼仪小常识

“小故事”串起中美大外交

1979 年 2 月 2 日晚，邓小平一行到达美国得克萨斯州休斯敦的骑术表演场，两位女骑士来到邓小平副总理面前，把两顶牛仔帽献给了他。邓小平面带微笑接受了这一礼物向美国人挥手致意，这一画面永远定格在中美关系的史册中。对于美国人来说，邓小平欣然戴上牛仔帽观看美式牛仔表演这一入乡随俗的举动，表达了他对美国文化的尊重和对美国人民的友好之情。

2006 年 4 月 18 日至 21 日，时任中国国家主席胡锦涛应美国总统布什的邀请对美国进行国事访问。在波音公司的演讲台上，胡锦涛当场戴上波音员工赠送的棒球帽，还大动作地给对方一个美式拥抱，赢得如雷般的掌声。

六、不卑不亢

不卑不亢，就是对对方表现出一种节制和礼节，热情时不殷勤，冷淡时不失礼，愤怒时不失控，这在涉外交往中是尤其需要重视的一个原则。它要求每一个人在参与国际交往时，都必须意识到，自己在外国人的眼里，是代表着自己的国家，代表着自己的民族，代表着自己的所在单位。因此，其言行应当从容得体，堂堂正正。在外国人面前，既不应该表现得畏惧自卑，低三下四，也不应该表现得自大狂妄，放肆嚣张。在涉外交往中坚持“不卑不亢”的原则，是每一名涉外人员都必须给予高度重视的重大问题。

礼仪小常识

如果信念有颜色，那一定是中国红！

2021年9月25日，被加拿大囚禁3年的华为公司副董事长、CFO（首席财务官）孟晚舟女士终于回到了祖国的怀抱。

一千天前，她无论如何也想不到，一次正常的出差，让自己身陷囹圄，在他国异乡滞留三年之久。这是一场美加对中国公民的政治迫害，仅为了打压日益发展和强大的中国企业。24小时带着电子脚镣，虽然看着只是不痛不痒的限制，但对任何一个秉公守法的人来讲，佩戴电子脚镣是对人格巨大的侮辱，脚镣上带有精确定位的电子系统，方便警方随时随地监控她的活动范围。24小时不间断的监督，无论是吃饭还是睡觉，甚至是洗澡的时候。但是孟晚舟女士在出门会见记者，接受采访的时候，她从没有刻意回避、遮挡，总是面带微笑、优雅从容、大方得体地出现在众人面前。身为一个女子，独自面临这样的折辱，她时时刻刻都在维持着自己的体面，美方和加方多次逼迫她，只要她认罪，就可以交罚款，恢复自由身，但是，她从不屈服，将不卑不亢四个字完美诠释，她的从容淡定就是对西方自诩的民主、人权赤裸裸的讽刺。

被释放后，她在中国大使的陪同下，发表了简短的演说："我想感谢我的祖国，还有我祖国的人民对我的支持和帮助，这是我走到今天最大的支柱！"随后，她乘坐中国政府包机从加拿大飞回国，并在包机上庆祝祖国母亲生日快乐。她说："回家的路，虽曲折起伏，却是世间最暖的归途！祖国是我们最坚强的后盾，只有祖国繁荣昌盛，企业才能稳健发展，人民才能幸福安康！"

当天晚上，深圳机场聚集了无数的人群，这些人都是自发的，因为大家都想看这个花木兰一样的女子，看着她缓缓走下飞机，一身红衣，亲切地朝向众人挥手，发表了简短的致辞，她说道："如果信仰有颜色，那一定是中国红！"

涉外交往要求每一名涉外人员都要努力表现得不卑不亢，主要是因为这是事关国格、人格的大是大非的重要问题。在涉外交往中，"事事非小事，事事是大事”。每一个中国人在外国人面前的一言一行、一举一动，实际上都会被对方与中国和中华民族的形象联系在一起。忠于祖国，忠于人民，是涉外人员应具有的基本素养。而要做到这点，首先就应当热爱自己的祖国，时刻不能忘记祖国的利益高于一切，时时刻刻心中装着祖国和人民，坚决维护国家的主权和民族的尊严。

七、信守约定

在交际中，必须认真严格地遵守自己的所有承诺，说话务必算数，许诺一定要兑现，约会必须如约而至，尤其要恪守时间方面的约定。信守约定，讲求信用，从一点一滴做起，它事关信誉与形象。失实与失约的失礼行为，往往是使自己所做的工作走向失败的开端。

信守约定要做到以下三点：

（1）必须谨慎许诺。一切从自己的实际能力以及客观可能性出发，切勿草率从事，轻易承诺，凡承诺和约定必须慎之又慎，一定要字斟句酌，考虑周全。

（2）必须如约而行。承诺一旦做出，应尽可能避免对已有的约定任意进行修正变动，随心所欲地乱作解释。做到“言必信，行必果”，只有这样才能赢得交往对象的好感与信任。

（3）必须失约致歉。如果由于遭受不可抗力，致使自己单方面失约，或是有约难行，需要尽早向有关各方通报，如实解释，并且要郑重其事地向对方致以歉意，并主动负担给对方造成的损失。

7–5 拓展阅读：你诚实吗？

八、求同存异

在对外交往中，每一名外事人员都经常会面临一个非常实际的问题：同样一件事情，在不同国家、不同地区、不同民族，往往存在着各不相同的处理方式。面对同一难题，来自不同国家、不同地区、不同民族的人们，也通常会给出截然不同的答案。这是由于人们的思维方式与风俗习惯不同使然。求同存异，既是一种思想，也是认识问题、解决矛盾的一种基本方法。它是矛盾的普遍性与特殊性、共性与个性相统一原理的具体体现。“同”就是普遍、共性的一面，“异”是指特殊、个性的一面。在处理国与国之间的关系上，求同就是努力去寻求、扩大双方的共同点，存异就是正视并允许双方有一定的个性存在。两者是统一的。一方面，求同是存异的目的。另一方面，存异是求同的条件。那种不允许任何个性存在的所谓求同只能导致不平等的强权政治，最终只能是进一步扩大差异，实现不了求同的愿望。

7–6 拓展阅读：非洲的独特见面礼

7–7 本节 1+X 证书技能点测试

任务二　尊人者人尊之：涉外礼仪的修养

“人无礼则不立，事无礼则不成，国无礼则不宁”（《荀子·修身》）。孔夫子两千年前就宣扬以礼治国、以礼服人，打造谦谦君子之国。所谓礼兴人和，要谦恭礼让，谅解宽容，与人为善，重形象，讲礼义。现今的社会，经济发达，国际交际频繁，在人与人的接触与交际中，国际礼仪越发重要。

一、不必过谦

中国人在待人接物时，讲究的是含蓄和委婉，奉行“满招损、谦受益”的古训。在对自己的所作所为进行评价时，中国人大都主张自谦、自贬，不提倡多作自我肯定，尤其是反对自我张扬。在这方面若把握不好，就会被视为妄自尊大，嚣张放肆，不够谦逊，不会做人。实际上，在对外交往时，过于自谦并非益事，它常常会引起他人的疑惑和不满，过分自谦、客套，只能给人以虚伪、做作的感觉，不利于涉外交际的顺利进行。随着改革开放的深入，随着祖国实力的增强，改变曾经在中国与世界交往的历史中占据过相当长时间的“俯视”和“仰视”视角，用“平视”的视角“平视世界”，让世界成为世界，让中国成为中国，让各国成为各国，在核心概念、思维方式各方面摆脱路径依赖，客观还原西方，才能更好地向西方学习，把命运掌握到自己手里。

在涉外交往中，特别是在面临如下情况时，更要敢于、善于充分地从正面肯定自己。

1. 当面对赞美时

当外国友人赞美自己的相貌、衣着、手艺、工作、技术等时，一定要落落大方、高兴地道一声：“谢谢！”而不应加以否认和自我贬低，说什么“哪里，哪里”。接受外国人的赞美是对其本人的接纳和承认，是自己自信和见过世面的表现。

2. 当赴宴馈赠时

宴请外国人出席宴会时，不必说：“今天没什么好菜，随便吃一点。”当送礼给外国人时，也不要说“礼品很不像样子，真不好意思拿出手来”之类的话，而应得体大方地说：“这是本地最有特色的菜”“这是这家饭店烧的最拿手的菜”“这是我特意为您挑选的礼物”等。反过来，在接受外国人的赴宴邀请或接受外国人送的礼物时，也不应过于谦虚地没完没了地说“真不敢当”“受之有愧”之类的话，这会使人产生不愉快的感觉，使宴请和送礼者感到难堪，及时表示谢意才是得体的做法。

3. 当做客拜访时

到外国人家做客、拜访时，对主人准备的小饮不要推辞不用。如果主人问：“喝点什么，茶还是咖啡？”你可以任选一种。若桌上备有小吃，可随意取用，但不可失态。若主人问是否加糖或加牛奶，则可按自己的喜好谢绝和选择其中一种。

4. 当交往应酬时

当自己同外国友人交往应酬时，一旦涉及自己正在忙什么、干什么的时候，无论如何都不要脱口而出，说什么自己是“瞎忙”“混日子”“什么正经事都没有干”，那样会被对方认为自己是不务正业之人。

其实，李丹在当时假如对第一个问题的回答是“我有很强的交际能力，我对此充满了自信”，对第二个问题的回答是：“我想我非常适合做这项工作，而且只有我才能为贵公司做好这项工作”，那么这份工作大概就非他莫属了。

7-8 拓展阅读：过分谦虚会害了你

二、讲究次序

涉外交际中，对出席活动的国家、团体、人士的位次按某些规则和惯例进行排列，这种排列的先后次序被称为礼宾次序。为使国际交往顺利进行，必须讲究礼宾次序。

1. 礼宾次序的依据

在国际交往中，其礼宾次序主要按宾客的身份与职务高低，依次排列。在多边活动中，礼宾次序的依据比较灵活多样：可按姓氏的顺序排列；也可按参加国的字母顺序（一般以英文字母为准）排列；有时还可按代表团组成日期的先后排列；有时可按代表团抵达活动地点的时间先后排列等等。

2. 礼宾次序的具体要求

在各类涉外交际中，大到政治磋商、商务往来、文化交流，小到私人接触、社交应酬，凡确定礼宾次序，必须从其总的原则出发，这一总的原则就是“以右为尊”，即一般以右为大、为尊；以左为小、为卑。

按照惯例，在并排站立、行走或者就座的时候，为了表示礼貌，主人理应主动居左，而请客人居右。男士应当主动居左，而请女士居右。晚辈应当主动居左，而请长辈居右。未婚者应当主动居左，而请已婚者居右。职位身份较低者应当主动居左，而请职位身份较高者居右。

在不同场合也有特殊要求：两人同行，以前者、右者为尊；三人行，并行以中者为尊，前后行，以前者为尊；上楼时，尊者、妇女在前，下楼时则相反；迎宾引路时，主人在前，送客时，则主人在后；宴请排位，主人的右边是第一贵客，左边次之。

在进行官方往来、召开国际会议或从事国际体育比赛时，按照国际惯例，需要悬挂相关国家的国旗。国旗是一个国家的象征，也是其主要标志之一。在国际交往中依照惯例悬挂本国和其他相关国家的国旗，既表达了对本国的热爱，也表达了对他国的尊重。必须予以强调的是，在国际交往中悬挂国旗是一桩极其严肃的事情。悬挂他国国旗，并借此机会向他国表示尊重与敬意时，就更是如此。不仅不能将他国国旗弄错、挂错，而且还需给予其适当的礼遇。

7–9 拓展阅读：外宾排序技巧

目前，在各类国际交往中所悬挂的国旗，大多采用并排悬挂的方法。必须以"以右为尊"原则为指导。需要注意的是，我国的传统做法是"以左为尊"，也就是以左为上、以右为下。注意一下国内举行会议时的主席台排位，就会发现这一点。不过，在国际交往中，还是要注意"内外有别"，坚持"以右为尊"为好。

三、女士优先

我们在听演说时，演讲者总是首先称呼"女士们，先生们"，从没有人称呼"先生们，女士们"。这与国际社会公认的一条重要礼仪原则——"女士优先"有直接的关系。

"女士优先"主要是指成年异性间进行社交活动时的一个礼仪规范和礼仪原则。其含义是：在一切社交场合，每一位成年男子，都有义务主动、自觉地去尊重、照顾、体谅、关心、保护女性，并且想方设法为女士排忧解难，只有这样才能体现出绅士风度。外国人强调"女士优先"，并非因为妇女被视为弱者，值得同情、怜悯，而是将妇女视为"人类的母亲"，处处对妇女给予礼遇，是对"人类母亲"的感恩之意。

在国外的社交应酬中，"女士优先"作为一条礼仪的基本原则，早已逐渐演化为一系列具体的、可操作性的做法。不仅已是世人皆知，而且在社会舆论的督促之下，每一位成年男子均须将其认认真真地付诸实施。

礼仪小常识

如何做到"女士优先"？

在马路上行走时——男士须走在靠近车辆之侧，而让女士走在靠近墙壁或店铺之内侧。

进入餐厅时——女士应走在前面，行进的顺序应该是侍者——女士——男士。

就座与离席时——男士应走到女士的座位旁，替她拉出椅子，协助坐下后才能走回自己的座位再坐定；席间女士离席，在其身旁之男士也应该立即起身为其拉开椅子，让她方便离去，然后自己再坐下来。

上下轿车时——上车时，男士应先打开最近的一扇车门（一般是后座右侧的车门），待女士坐定后，关上车门，绕过车，再自己开门坐进车内；下车时，男士要先开门下车，然后绕到汽车的另一侧，替女士打开车门，协助女士下车，待女士完全离开汽车后再关车门，然后跟上。

进入电梯时——男士须先替女士按住按钮或挡住电梯门，待女士进入后，自己再进入电梯并按下欲达楼层。抵达该楼层时，也须用手挡住电梯门，待女士完全走出后再跟上。

上下楼梯或是乘电动扶梯时——男士应走在女士之后，以防万一女士跌倒时可以搀扶之；下楼时则相反，应男士领前，其道理与上楼梯时相同。

进入旋转门时——若门仍在旋转，则女士优先进入；若是处于静止状态，则男士先入以便为女士转动旋转门。

在公共场所——在巴士、轮船、火车上，一般来说男士不必让座给女士。一般比较有可能看到的情形是让座给孕妇、怀抱小孩的妇女、残障人士以及身体虚弱的人。

自助餐会时——主人多会宣布：请自取佳肴，OK! Ladies first! 这时男士须待在原位，待女士取完首轮后，男士再依序取用。

进影剧院或是听音乐会时——应由男士拿着入场券给检票员检票。在存衣室，男士应先协助女士脱下大衣、披风，然后再自己脱去外套。如果没有专人引导入座，男士就应走上前几步为女士引路。从两排之间穿行，走向自己的座位时，应面向就座的观众，并且女士走在男士的前面。如果是几个男士和几个女士一起观看影剧或听音乐会，那么最先和最后穿过就座观众的应是男士，女士夹在中间进去，这样，可以使女士不与陌生人坐在一起。散场人挤时，男士应走在女士前面；不挤时，女士稍前或并排与男士同行。

参加社交聚会时——男宾在见到男、女主人后，应当先行向女主人问好，然后方可问候男主人。男宾进入室内后，须主动向先行抵达的女士问候。女士们如果已经就座，则此时不必起身回礼。

女士携带较重的物品时——男士应该帮助女士携带属于他的较重的或拿着不方便的物品，如购物袋、旅行包、伞等。女士携带的东西掉在了地上，男士不论相识与否，都应帮她拾起。在女士可能失足、滑倒的时候，男士应该以臂相助。

四、不宜先为

所谓“不宜先为”原则，也被有些人称作“不为先”原则。它的基本要求是：在涉外交往中，面对自己一时难以应付、举棋不定，或者不知道到底怎样做才好的情况时，如果有可能，最明智的做法是尽量不要急于采取行动，以免冒昧。面对这种情况，不妨先按兵不动，静观一下周围人的所作所为，并与之采取一致的行动。这么做的话，就不至于弄巧成拙。有鉴于此，“不宜先为”原则在很多时候也被称为“紧跟”原则，或是“模仿”原则。

简而言之，“不宜先为”原则具有双重含义。一方面，它要求人们在难以确定如何行动才好时，应当尽可能避免采取任何行动，免得出丑露怯。另一方面，它又要求人们在不知道到底怎么做才好，而又必须采取行动时，最好先观察一下其他人的正确做法，然后加以模仿，或是同当时的绝大多数在场者在行动上保持一致。那样的话，要错大家一道错。

五、应对媒体

当今世界已进入信息化时代。在国外，尤其是在西方发达国家中，大众传播媒介异常发达，并且在现实生活里几乎无处不在、无孔不入发挥着十分重要的作用。作为涉外人员，在对外交往中，特别是在出访外国期间，自然难以回避媒体应对问题。在应对媒体时，涉外人员既要掌握政策、遵守纪律、注意分寸，又要沉着机智、落落大方、举止得体。因此，就必须遵守相关的礼仪规范。一般而言，在应对媒体时，我方人员主要应当在了解媒体、有备而至、现场表现这三个方面加以注意。

1. 必须了解媒体

知己知彼，百战不殆。在应对媒体时，要尽可能提前对自己即将面对的媒体有所了解。此处的媒体，指的是各种大众传播媒介。要了解媒体，对涉外人员而言，主要是要着重了解其政治倾向、实际影响、具体特征，以及其他一些方面的具体问题。第一，应对媒体的政治倾向有所了解。对于合法媒体，则不必再三回避。第二，应对媒体的实际影响有所了解：了解其属于主流媒体还是属于非主流媒体，属于官方媒体还是非官方媒体。另外还有对电视、报纸、广播、杂志、网络、微信、微博等媒体的具体特征有所了解。

2. 应该有备而至

在出访期间，必须正视外方媒体人员无处不在这一现实，做好必要而充分的准备，以求有备而至，在应对媒体时发挥正常。具体而言，准备工作大致包括以下三项：第一，联络媒体。第二，方便媒体。如欲真正赢得媒体的支持，为其提供各种方便往往必不可少。方便媒体的主要措施有三个：一是主动提供有益信息；二是为其提供采访便利；三是尊重媒体人员。在外事活动尤其是在出国访问时，我方人员应对媒体的一言一行均事关重大，不可不慎。第三，统一口径。具体而言，主要是要求我方有关人员保守秘密、统一行动、专人发言、提供文稿。

3. 需要注意表现

一般而言，涉外人员在媒体面前的表现，主要应当做到泰然自若、谨言慎行、善待记者、弥补失误。

（1）要做到泰然自若。不论是“初出茅庐”，还是“久经沙场”，涉外人员在应对媒体时，都应当努力做到泰然自若。

一是不慌不忙。应对媒体时，切勿手忙脚乱，手足无措，胡言乱语，自毁形象。在任何时候，在媒体面前不慌不忙的人，都会赢得媒体与公众的好感。

二是不骄不躁。不管是求助于媒体，还是媒体有求于自己，涉外人员在应对媒体时，都应当力戒骄傲自大、目中无人，避免急躁盲动、自乱阵脚。

7-10 拓展阅读：海外婚俗巡礼

（2）要注意谨言慎行。应对媒体时，涉外人员应当对自己的一言一行多加注意，力求谨言慎行，不出差错。应做到有问必答、真实无欺、巧妙作答、行为得当。

7-11 本节 1+X 证书技能点测试

（3）要学会善待记者。应对媒体时，每一位有教养的人士都懂得善待其工作人员，对对方待之以礼，多产生投桃报李之效。具体而言，现场应对媒体时，善待记者的最佳表现主要有：一是主动合作，二是态度友善，三是平等待人，四要及时弥补失误。

任务三 美美与共：
“一带一路”主要国家和地区的礼俗风情

2013 年 9 月和 10 月，中国国家主席习近平在出访中亚和东南亚国家期间，先后提出共建“丝绸之路经济带”和“21 世纪海上丝绸之路”的重大倡议。“一带一路”（The Belt and Road，缩写 B&R）是“丝绸之路经济带”和“21 世纪海上丝绸之路”的简称。“一带一路”建设是顺应世界多极化、经济全球化、文化多样化、社会信息化潮流的倡议，旨在促进经济要素有序自由流动、资源高效配置和市场深度融合，推动沿线各国实现经济政策协调，开展更大范围、更高水平、更深层次的区域合作，共同打造开放、包容、均衡、普惠的区域经济合作架构。共建“一带一路”倡议的核心内涵，就是坚持共商、共建、共享原则，促进基础设施建设和互联互通，加强经济政策协调和发展战略对接，促进协调联动发展，实现共同繁荣，共同构建人类命运共同体。具体来说，就是在“共商、共建、共享”原则指导下，在“一带一路”沿线国家推动政策沟通、设施联通、贸易畅通、资金融通以及民心相通，共同打造政治互信、经济融合、文化包容的利益共同体、责任共同体和命运共同体。借用古代丝绸之路的历史符号，“一带一路”高举和平发展的旗帜，有效促进了中国与世界的深度链接。

礼俗风情是某一国家、民族长期形成的，具有相对稳定性的礼节、人情、风尚、行为习惯、心理倾向等的总和，是一个民族区别于另一民族的重要特征。礼俗风情是一个历史范畴，随着社会的变迁、经济和文化的发展，它还会出现新的内容与形式。当前我国大力倡导“一带一路”，随着交往的日益紧密，了解和掌握“一带一路”国家的礼俗风情显得尤为重要。“一带一路”沿线涉及65个国家和地区，它们分别是东盟十国（新加坡、泰国、印度尼西亚、马来西亚、菲律宾、文莱、越南、老挝、缅甸、柬埔寨），南亚八国（尼泊尔、不丹、印度、巴基斯坦、阿富汗、孟加拉国、斯里兰卡、马尔代夫），中亚五国（哈萨克斯坦、土库曼斯坦、吉尔吉斯斯坦、乌兹别克斯坦、塔吉克斯坦），西亚十八国（伊朗、伊拉克、格鲁吉亚、亚美尼亚、土耳其、叙利亚、约旦、以色列、巴勒斯坦、沙特阿拉伯、巴林、卡塔尔、也门、阿曼、阿拉伯联合酋长国、科威特、黎巴嫩、埃及的西奈半岛），中东欧十六国（阿尔巴尼亚、波斯尼亚和黑塞哥维那、保加利亚、克罗地亚、捷克、爱沙尼亚、匈牙利、拉脱维亚、立陶宛、马其顿、黑山、罗马尼亚、波兰、塞尔维亚、斯洛伐克、斯洛文尼亚），独联体七国（俄罗斯、白俄罗斯、乌克兰、摩尔多瓦、亚美尼亚、阿塞拜疆、格鲁吉亚）及东亚蒙古。限于篇幅，本节仅简单介绍东盟的新加坡、泰国，南亚的印度，中亚的哈萨克斯坦，西亚的伊朗，中东欧的罗马尼亚，独联体的俄罗斯及东亚的蒙古的礼俗风情。

一、新加坡

新加坡全称为新加坡共和国（英语：Republic of Singapore），旧称新嘉坡、星洲或星岛，别称为狮城，是东南亚的一个岛国。“新加”在梵文中是“狮子”的意思，“坡”在梵文中是“城”，因此新加坡被称为“狮城”。由于新加坡是一个岛国，面积极小，华侨普遍称其为“星洲”“星岛”。新加坡气候宜人，环境优美，是一个城市国家，故又有“花园城市”的美誉。新加坡是世界第二大港口。

1. 交际习俗

在社交场合，新加坡人与他人见面的礼节多为握手。其礼仪习俗呈现多元化的特点，如在社交活动中，华人往往习惯于拱手作揖，或行鞠躬礼；马来人则大多数采用本民族的“摸手礼”。所以与新加坡人打交道要遇人问俗。

新加坡特别强调笑脸迎客，彬彬有礼。交际中讲究礼貌、以礼待人，不但是每个人应具备的基本素养，而且也已成为国家和社会对每一个人所提出的一项基本行为规则。

新加坡十分注重“礼治”，崇尚清爽卫生。政府专门制定了《礼貌手册》，对于人们在各种不同场合的所作所为是否符合礼仪都做出了严格的规定，在新加坡不讲礼貌会寸步难行。

2. 主要禁忌

新加坡人喜欢红色，认为红色是庄严、热烈、喜庆、吉祥的象征，会激励人们奋发向上。在一般情况下，过多地采用紫色、黑色不受人们欢迎，因为人们认为紫色、黑色是不吉利的。

新加坡人不喜欢“4”和“7”这两个数字，因为华语中“4”的发音与“死”相仿，而“7”被认为是消极的数字。在新加坡人看来“3”是“升”，“6”是“顺”，“8”表示“发”，“9”则表示“久”，都是吉祥的数字。

在新加坡是不能说“恭喜发财”的，因为在他们看来，“发财”有“发横财”之意，祝愿对方发财无疑是在鼓动他去发“不义之财”，是一种损人利己的行为。

在新加坡乱扔果皮及废纸、吐痰，在公共场所吸烟、嚼口香糖，过马路闯红灯都会被罚款，罚款额之高相当于一个普通工人一个月的工资，搞不好还会吃官司或受鞭刑等处罚。

3. 饮食特点

中餐是新加坡人的最佳选择，粤菜、闽菜等十分受欢迎。新加坡人口味偏好清淡，喜爱甜食，讲究营养，平日爱吃米饭和各种生猛海鲜，对于面食不太喜欢。

新加坡人喜欢喝茶，他们经常在清茶中放橄榄之后饮用，称之为“元宝茶”，认为喝这种茶可以令人财运亨通。新加坡人还喜欢喝鹿茸酒、人参酒等补酒。

7–12 有一种新加坡式的浪漫叫“娘惹”

二、泰国

泰国（英语：The Kingdom of Thailand），正式名称是泰王国，自称孟泰，简称泰国（Thailand）。泰语中“孟”是国家的意思，“泰”是自由的意思，“泰国”即自由之国。位于中南半岛中部，其西部与北部和缅甸接壤，东北边是老挝，东南是柬埔寨，南边狭长的半岛与马来西亚相连。

1. 宗教信仰

佛教是泰国的国教，全国90%以上的人口信奉佛教。在社会各方面，佛教都对泰国人发挥着重要的作用和影响。泰国的历法采用的是佛历。泰国男子年满20岁后，都要出家一次，当3个月的僧侣，即使是国王也不例外，否则会被人看不起。几乎所有泰国人的脖子上，都佩有佛饰，用来趋吉避邪。

2. 交际习俗

由于信奉佛教，泰国人在一般交际应酬时不喜欢握手，而是行带有佛门色彩的“合十礼”。行合十礼时，须站好立正，低眉欠身，双手十指相互并拢，并且同时问候对方“您好”，合十的双手举得越高表示对对方越尊重。行合十礼时，晚辈要先向长辈行礼，身份、地位低的先向身份、地位高的人行礼，对方随后还之以合十礼，否则是失礼的。

泰国人很有涵养，总喜欢面带微笑，所以泰国也有“微笑之国”的美称。在交谈时，泰国人总是细声低语。在其看来，跟旁人打交道时面无表情、愁眉苦脸，或是高声喧哗、大喊大叫，是不礼貌的。与泰国人交往不要信口开河，非议佛教，或是对佛门弟子有失敬意，特别是不要对佛祖释迦牟尼表示不恭。

3. 主要禁忌

泰国人认为头是智慧所在，神圣不可侵犯，不能用手去触摸佛像的头部，这将被视为极大的侮辱，若打了小孩的头部，会被认为是触犯了藏在小孩头中的精灵，孩子会生病的。别人坐着的时候，切勿让物品超越其头顶。见面时，若有长者在座，晚辈应坐下或蹲跪以免高于长者的头部，否则就是对长者的不恭。所以，在泰国，当人们走过或坐或站着的人面前时，都得躬身而行，表示不得已而为之。

泰国人认为用左手拿东西给别人是鄙视对方的行为，所以，给人递东西时都用右手，切忌用左手。

在泰国民间，狗的图案是被禁止的。泰国人的家里大都不种茉莉花，因为在泰语里，它与“伤心”发音相似。

在泰国，睡莲是国花，桂树是国树，白象是国兽，对于这些东西，千万不要表示轻蔑，或是予以非议。

泰国宪法规定，国王是神圣不可侵犯的，对泰国国王和王室成员，绝不允许任意评说。

4. 饮食特点

泰国人爱吃甜食，尤喜吃伴有香茅草辅料的菜肴；喜食辛辣、新鲜之食物，最爱吃的是体现其民族特色的“咖喱饭”。

泰国人是不喝热茶的，他们的做法是，在茶里加上冰块，令其成为冻茶。他们绝不喝开水，而习惯直接饮用冷水。在喝果汁时要加少许盐。

三、印度

印度全称印度共和国（英语：The Republic of India），简称“印度”（India），

位于亚洲南部。印度的南部伸入印度洋，成为亚洲、大洋洲、欧洲和非洲的交通要冲。印度全国人口1.38亿人（2020年），其中主要为印度斯坦族人，其次有泰鲁固族、孟加拉族、马拉地族、泰米尔族等。印地语为印度国语，英语为官方语言。

1. 宗教信仰

印度人大多信奉印度教，一小部分人信奉伊斯兰教、基督教、锡克教、佛教等。他们忌讳白色，认为白色表示内心的悲哀，习惯用百合花当作悼念品。印度人普遍喜爱绿色，认为绿色是吉祥的色彩，象征着春天和新生。传统印度妇女都喜欢在自己的前额正中点一颗指头般大小的圆形痣，人们都称其为“吉祥痣”。其颜色不同、形状各异，或红色，或黄色，或紫色，或绿色，黑色虽有，但较少见，一般视衣着颜色而定。印度人对蓝孔雀十分崇拜，并将其视作吉祥、如意、幸福的象征。印度是个极为尊重牛的国家，印度教徒把牛奉为神明。按他们的习惯，每逢饭前都要首先敬牛。

2. 交际习俗

印度教徒迎接贵宾时，主人要向客人敬献花环，并亲手将花环套在客人的脖颈上。花环的大小，要视客人的身份而定。献给贵宾的花环一般很粗大，其长过膝；给一般客人的花环仅及前胸。

印度人的形体动作语言丰富，不过一些动作所示的意思与我们区别很大。比如：表示同意时，他们总要先把头稍歪向左边，然后立刻恢复原状；表示不同意时，他们反倒点头示意。印度人相互见面的礼节，有合掌、举手示意、拥抱、摸脚、吻脚。一般两手空着时，口念敬语“纳马斯堆”，同时要施合掌礼。合掌之高低是有规矩的，对尊者宜高，两手至少要与前额相平；对晚辈宜低，可齐于胸口；对平辈宜平，双手位于胸口和下颌之间。若一手持物，则口念“纳马斯堆”，同时要举右手施礼。对于长辈，或对某人表示恳求时，则施摸脚礼。摸脚跟和吻脚礼是印度的最高礼节。

印度伊斯兰教徒的见面礼节是按其传统宗教方式，用右手按胸，同时点头，口念“真主保佑”。现代在社交场合上的印度男人们，也开始运用握手礼了，但印度妇女除在重大外交场合外，一般不与男人握手。正统的锡克教信徒头戴包头巾，不抽烟，不吃牛肉，并且不剪头发。进入印度人的住家要脱掉鞋子。见面与分手时，男人与男人握手。如被引见妇女，男人不与她握手而应双手合十，微微弯腰。男人不能触碰女人，在公共场所不能与单身女人说话。接受或传递食品时，一定要用右手。作客时，可以带水果和糖果作为礼物，或给主人的孩子们送点礼品。交谈时印度人喜欢谈论他们的文化业绩、印度的传统、有关其他民族和外国的情况。不要谈及个人私事、印度的贫困状况、军事开支以及外援状况。

3. 饮食特点

印度教徒不吃牛肉，牛在印度是神圣的动物。由于印度南部气候炎热，当地人一般口味重，嗜好辛辣性食物，北部印度人的口味相对就轻多了。印度是个香料之国。印度菜的烹调也极重视对香料的运用，主要调料就有十几种，几乎做每种菜肴都离不开。印度北部人烹制羊肉和家禽最为拿手，一般的炮制方法是将鸡肉、羊肉或其他肉类切成小块，腌好后用铁扦串起来挂在天多炉内，用火烘烤至熟。印度人喝茶的方法别具一格，一般是把茶斟入盘中，用舌头舔饮。他们一般不爱喝汤，认为任何一种汤都无法与无色无味、冰凉爽口的白开水相比。他们喜欢吃中餐，喜欢分餐制，不习惯用刀叉和筷子，一般用手抓食。印度的锡克教人禁止吸烟。印度人不爱吃蘑菇、笋、木耳、面筋等，也不喜欢旺火爆炒而成的菜肴。印度人素食者多，且等级越高荤食者越少，等级低者才乐于吃肉食。

4. 主要禁忌

他们忌讳弯月的图案。他们把 1、3、7 视为不吉利的数字，所以总要设法避免这些数字的出现。他们忌讳左手传递东西或食物，也不愿见到有人使用双手与他们打交道。印度教徒最忌讳众人在同一盘中取食，也不吃别人接触过的食物，甚至别人清洗过的茶杯，也要自己再洗涤一遍后才使用。印度耆那教徒有忌杀生、忌食肉类、忌穿皮革和丝绸的民间习俗。他们甚至把飞虫等都列入不能误伤的忌项，就连地里种的萝卜、胡萝卜等蔬菜也都忌吃。

7-13 拓展阅读：印度电影

四、哈萨克斯坦

哈萨克斯坦的正式名称是哈萨克斯坦共和国（英语：The Republic of Kazakhstan），是一个位于中亚的内陆国家，也是世界上最大的内陆国。具体而言，“哈萨克”一词来自突厥语，其含义为“自由之民”。而“斯坦”一词，在突厥语里，则含有“国家”之意。因此，“哈萨克斯坦”意即“自由之民的国家”。哈萨克目前的全国总人口约为 1495 多万，由哈萨克人、俄罗斯人等 13 多个民族组成。哈萨克人的主要宗教信仰是伊斯兰教，哈萨克的穆斯林多属于逊尼派，也有一定数量的人信奉东正教。哈萨克的国语是哈萨克语，哈萨克语与俄语并列为通用语。货币为坚戈。哈萨克目前实行总统制共和政体。它是独联体成员国之一。哈萨克的国庆日是 12 月 16 日。1992 年 1 月 3 日，哈萨克同中国建立了正式的大使级外交关系。

1. 交际习俗

在人际交往中，哈萨克人极其重视讲文明，讲礼貌。他们待人接物的信条是：“对长者要尊敬，对幼者要扶持，对友人要忠诚。”[①] 哈萨克人在交往应酬中

① 尹敬湘 . 喻子敬 . 涉外礼仪教程［M］，武汉：武汉大学出版社，2015.

所采用的见面礼节往往会因为交往对象的不同而有所不同。常用的见面礼节主要有：

（1）握手礼。它多用于正式的社交场合，并且多见于男子之间使用。

（2）亲吻礼。它一般使用于亲朋好友之间。性别不同、长幼不同的人，亲吻的部位往往会有所变化。平辈人相互之间，往往互吻面颊。晚辈对于长辈，通常是亲吻手背，或者互吻面颊。长辈对于晚辈，则吻其前额或眼部为礼。

（3）注目礼。它是夫妻之间在大庭广众之前所采用的见面礼节。

（4）屈膝礼。在一般情况下，哈萨克妇女在行见面礼时，是不习惯直接与交往对象进行身体接触的。面对对方，欠身屈膝，便是她们所用最多的见面礼节。

（5）抚胸礼。遇到尊长或接待来宾时，哈萨克人的传统礼节，是右手按胸，躬身约 30° 左右施礼，口中讲出吉祥祝颂之语，然后再与对方相互握手，此即所谓抚胸礼。

需要指出的是，哈萨克人在与他人相见的时候，有两个自己的独特做法。同他们打交道时，对此以心中有数为宜，免得对其产生误会。

一是哈萨克人在与别人见面或者交谈时，大都忌讳脱去帽子。在他们看来，在外人面前脱去帽子乃是不礼貌的行为。他们的这一独特讲礼，被戏称为“戴帽礼”。

二是哈萨克人在问候别人之时，一般都是首先问候对方“牲畜平安”，接下来才会问候对方“全家平安”。他们之所以对牲畜重视有加，主要是由于过去牲畜与以游牧为生的他们息息相关。

2. 习俗禁忌

在色彩方面，哈萨克人最喜爱的是绿色。他们认为，绿色象征着积极向上，并且可以给人们带来吉祥与幸福。哈萨克人不喜欢的色彩，主要是被认为丧葬活动专用的黑色。对于动物，哈萨克人有着自己的特殊眼光和品位。他们最喜欢的是猫头鹰。在他们看来，猫头鹰不仅仅是一种益鸟，而且还象征着坚定、勇敢和一往无前。在日常生活里，哈萨克人往往将猫头鹰的羽毛或图案作为珍贵之物，用来进行居所和服装的装饰。对于猪、狗及其毛皮制品或图案，哈萨克的穆斯林们都是非常忌讳的。

哈萨克人还有一个特殊的禁忌，即不允许用脚去踢羊，或是用脚去踩、踏动物和食盐。

当哈萨克人在场时，切勿用手指或棍棒对其指指点点，特别是不要用手指或棍棒对他们指指点点地清点人数。他们认为这是成心将人视作牲畜，是一种侮辱人的表现。

在哈萨克，人们历来讲究“右高左低”。因此，人们出门、进门要先迈右腿，服务、致礼要使用右手，就连穿衣服也要先伸右胳膊、右腿。用左手接触他人，则是被禁止的。

3. 餐饮礼仪

在哈萨克，不同的民族饮食习惯往往会有所不同。一般而言，哈萨克人平日以肉食为主，面食为辅。除城里人之外，其他人极少会吃蔬菜。哈萨克人所吃的肉食，主要是羊肉，兼以牛肉。有一部分人，也吃马肉、驼肉。他们最爱吃的东西，叫作“金特”。它是将幼畜肉用奶油混合之后，装入马肠之内煮成的。各种乳制品，诸如奶皮子、奶豆腐、奶疙瘩等等，都是哈萨克人的平常之食。哈萨克人一般都爱吃一种叫作“馕”的烤面饼，并且喜食抓饭与面条：

一般情况下，哈萨克人所吃的蔬菜品种不多，其中主要有黄瓜、西红柿、葱头、卷心菜等等。在制作菜肴时，他们口味较重，偏好甜、辣、酸，爱用胡椒和番茄酱。在哈萨克，不同民族的饮食禁忌大不相同。作为穆斯林，哈萨克族、乌孜别克族的人，通常忌食猪肉、自死之物、动物的血以及未通过安拉之名宰杀之物。狗肉、驴肉、骡子肉、整条的鱼，他们也是不吃的。另外，他们一般都禁饮酒。

按照哈萨克人的民族传统，牛奶、羊奶、马奶、酸奶和奶茶，都是上佳的饮料，并且可被用于待客。参加哈萨克人的宴请时，最好记住先从自己的盘子里取一些羊肉，请女主人品尝。此举在哈萨克人看来，意味着客人对主人的敬重和感谢之意。有时，客人还须切下一只羊耳朵，送给在场的最年轻的男子。此举意在叮嘱其孝敬父母。哈萨克人在用餐时，往往不摆桌子，而是在地毯上铺上一大块方巾，然后大家围坐在它的四周。一般情况下，哈萨克人爱用右手直接抓取食物而食。因此，在他们那里才出了大名鼎鼎的“手抓肉”和“手抓饭”。只有在很正规的社交宴请之中，哈萨克人才以刀叉取食。

五、伊朗

伊朗伊斯兰共和国（英语：Islamic Republic of Iran），简称伊朗（Iran），位于西亚，属中东国家。北面与土库曼接壤，西与土耳其和伊拉克为邻，东靠阿富汗、亚美尼亚、巴基斯坦，南隔波斯湾、阿曼湾与阿拉伯半岛诸国相望。1979 年 4 月 1 日正式宣布成立“伊朗伊斯兰共和国”。伊朗全国面积为 164.5 万平方公里。人口中主要是波斯人，还有阿塞拜疆人、库尔德人等。伊朗全国划分为 23 个省，省下设县、区和市镇。首都为德黑兰，货币为“里亚尔”，官方语言是波斯语。

1. 交际习俗

伊朗人喜欢别人在打招呼时称他们的姓并加上学术或职务的头衔。他们对打招呼的礼貌语言很注重，一般人们相见时都要说“萨拉姆（你好）”。甚至不相识的人见面也是如此。他们素来有敬重长者的美德，并以此感到自豪。在每个家庭中，晚辈都非常尊敬自己的父母，尤为敬重父亲。他们时间观念很强，习惯准时赴约，认为这是外交的礼节问题。玫瑰花是伊朗人最喜爱的鲜花。人们都把它看成是圣洁、完美、幸福和纯贞爱情的象征，并喻之为国花。

他们对金鱼怀有很深的感情，认为金鱼是一种美丽而又吉祥的观赏物。他们特别喜欢兽中的狮子，认为狮子有神圣和吉祥的意义。

应邀赴宴时，带一份盆景或鲜花或糖果是合乎习惯的。礼貌的做法是经过再三推辞后接受邀请。伊朗人在与宾客相见时，一般惯以握手为礼，然后亲吻对方的双颊。他们的等级观念很强，不同等级的人有不同等级的礼节；身份相同的人以互相吻嘴唇为礼；身份稍差的人以吻面颊为礼；身份相差很大的人，则一方应俯拜在另一方面前为礼。男人不与女人握手。

2. 主要禁忌

伊朗人大多信奉伊斯兰教。他们除禁食猪肉和使用猪制品外，还规定不食自死、病死或未经阿訇、毛拉念经宰杀的牲口，也不吃外形可憎或不端正的动物之肉。他们忌讳“13”这个数字，认为“13”会给人们带来不幸或灾难。他们忌讳左手递送物品，把左手称为肮脏之手、下贱之手。在饮食上忌吃无鳍无鳞的鱼，不爱吃红烩和带汁的菜。

3. 饮食特点

伊朗游牧地区的人们以牛奶、黄油和奶酪为主；在农业地区，主食是面饼和米饭。他们普遍喜食被称作“毛斯特”的酸奶子，常把米饭、肉、蔬菜和调料调在一起做成抓饭。伊朗的土库人对羊头肉、羊脑和羊脚最感兴趣，认为其营养价值最高，所以总习惯留给小孩吃。他们也喜食羊排，吃时不常敲开骨头吮吸骨髓。饮茶是伊朗人日常生活中必不可少的一部分，大多爱喝红茶，并喜欢在茶中加些糖，或把块糖放在嘴里再饮茶。他们还有个极其古怪的习惯，即常以当地的黏土为食。他们一般食量不大，喜素食。一般在餐桌上只备水杯和食盘，习惯用右手抓食。

7-14 拓展阅读：世界各国禁忌

六、罗马尼亚

罗马尼亚（英语：Romania）位于欧洲巴尔干半岛东北部，面积为 2375 万平方公里。境内山地、丘陵、平原各占 1/3。人口为 2300 万，是东欧各国中唯一的拉丁民族国家。罗马尼亚语为国语。在饭店或其他场合，英语、法语、德语、匈牙利语可以通用。首都为布加勒斯特。

1. 交际习俗

罗马尼亚人性格开朗，酷爱音乐。在罗马尼亚开展商务活动，在各种场合均宜穿着保守式西装。拜访政府机关需要事先约定。根据当地人的商业习惯，国营机构从 9 点开始接受拜访。另外，即使约定了时间去拜访，有时还会再等候一个小时以上，因此自己的时间排定要充分一点。

罗马尼亚这个国家有许许多多的传统礼节。比如，男女见面时总是先由男方向女方打招呼，然后才由女方向男方打招呼。一群男女出门时，总是男子礼让女士先行，男士照顾女士已经成为一种社会风尚。罗马尼亚农村妇女的头饰不仅美观实用，也是婚否的标志。

2. 主要禁忌

罗马尼亚人一般不请外来人到家中做客。但被邀请时，一定不要忘记给女主人带上一束鲜花。香水、化妆品、咖啡和牛仔裤是送给罗马尼亚人的理想礼品，也可以送不太贵的笔或打火机。

3. 饮食特点

罗马尼亚人一般以面食为主食，有时土豆也可作为主食，而土豆烧牛肉是他们的家常菜肴。各种香肠是他们的特产。罗马尼亚人对盐有特别的好感和嗜好。他们不论吃什么东西，常蘸些盐和胡椒，因此，在接待罗马尼亚客人时，如果在餐桌上提供盐、胡椒、大蒜，他们会特别高兴，认为这是对他们的了解和尊重。他们一般不太爱吃鱼和海味食品，也不爱吃清淡的米饭。

七、俄罗斯

俄罗斯的正式名称叫俄罗斯联邦（英语：Russian Federation），简称俄联邦、俄国（英语：Russia）。它位于欧洲东部和亚洲北部，但是在人们的习惯上被看成是一个欧洲国家。在整个世界上，俄罗斯是国土面积最大的国家。过去，中国人曾将俄罗斯称为俄国。首都是莫斯科。俄总人口 1.46 亿人（截至 2020 年），共有民族 194 个，其中俄罗斯族占 77.7%。俄罗斯人最主要的宗教是东正教，其信徒有 1 亿人以上。俄罗斯的官方语言是俄语，许多少数民族都拥有各自的语言文字。懂英语者不多，而德语、法语则较为普及。货币为卢布。俄罗斯目前实行总统制共和政体。1949 年 10 月 3 日，苏联与中国正式建立了大使级的外交关系。苏联解体后，俄罗斯作为其继承国，继续与中国保持着大使级外交关系。两国于 1991 年 12 月 27 日正式确定国家关系。

1. 交际习俗

在人际交往中，俄罗斯人素来以热情、豪放、勇敢、耿直而著称于世。在交际场合，俄罗斯人惯于和初次会面的人行握手礼。但对于熟悉的人，尤其是在久别重逢时，他们则大多要与对方热情拥抱。有时，还会与对方互吻双颊。在俄罗斯，这是常规的见面礼节。

在迎接贵宾之时，俄罗斯人通常会向对方献上“面包和盐”，这是给予对方的一种极高的礼遇，来宾必须对其欣然笑纳。

俄罗斯人的姓名，在一般情况下，是由本人名字、父亲名字和姓氏三个部分所构成的。姓名的排列顺序，通常是本人名字在前，父亲名字居中，姓氏则位居最后。例如，在革命导师列宁的本名弗拉基米尔·伊里奇·乌里扬诺夫之中，弗拉基米尔是他本人的名字，伊里奇是父名，乌里扬诺夫才是姓氏。

在结婚前，俄罗斯妇女用的是父姓。在结婚之后，则一般改用丈夫的姓氏。至于本人名字和父名，则一点不作更改。有趣的是，她们的姓名往往以“娜”“娅”“娃”作为结尾。

外出上班或参加社交时，俄罗斯人一般都会衣冠楚楚，妇女还会认真地化一化妆。就连衣服上的每粒纽扣，也会被他们一丝不苟地系好。俄罗斯人认为：敞开衣服，不系纽扣，或者将衣服拎在手上、搭在肩上、围在腰上都是不文明、不礼貌的。前去拜访俄罗斯人时，进门之后务请立即自觉地脱下外套、手套和帽子，并且摘下墨镜，这是一种礼貌。前往公共场所时，则还须在进门后自觉将外套、帽子、围巾等衣物存放在专用的衣帽间里。

2. 习俗禁忌

在俄罗斯，被视为“光明象征”的葵花最受人们喜爱，她被称为“太阳花”，并被定为国花。拜访俄罗斯人时，赠以鲜花最佳，但送给女士的鲜花宜为单数。

俄罗斯人普遍偏爱红色，并视其为美丽的化身。他们最讨厌黑色，因为它仅能用于丧葬活动。在数字方面，俄罗斯人最偏爱“7”，认为它是成功、美满的预兆。对于“ 13”“666”与“星期五”，他们则十分忌讳。俄罗斯人非常崇拜盐和马。他们认定盐具有驱邪避灾的力量，马则会给人们带来好运。他们对兔子的印象大都极坏，并且十分厌恶黑猫。在俄罗斯，打碎镜子和打翻盐罐，都被认为是极为不吉利的预兆。俄罗斯人主张“左主凶，右主吉”，因此，他们也不允许以左手接触别人，或以之递送物品。

在俄罗斯，蹲在地上，卷起裤腿，撩起裙子，都是严重的失礼行为。俄罗斯人讲究“女士优先”，在公共场所里，男士们往往自觉地充当“护花使者”。不尊重妇女，到处都会遭以白眼。

俄罗斯人不太愿意谈论的话题有：政治矛盾、寡头政治、经济难题、宗教矛盾、民族纠纷、车速问题、苏联解体、阿富汗战争，以及大国地位问题。

3. 饮食特点

在饮食习惯上，俄罗斯人讲究量大实惠，油大味厚。他们喜欢酸、辣、咸味，偏爱炸、煎、烤、炒的食物，尤其爱吃冷菜。总的来讲，他们的食物在制作上较为粗糙一些。一般而论，俄罗斯人以面食为主，他们很爱吃用黑麦烤制的黑面包。吃水果时，他们多不削皮。

在饮料方面，俄罗斯人很能喝冷饮。在一般情况下，他们都很能喝烈性酒。具有该国特色的烈酒伏特加，是他们最爱喝的酒。在饮酒时，他们酒量很大，可以不吃菜，往往一醉方休。

通常俄罗斯人是不吃海参、海蜇、乌贼、黄花和木耳的。还有不少的人，不吃鸡蛋和虾。参加俄罗斯人的宴请时，宜对其菜肴加以称道，并且尽量多吃一些。俄罗斯人将手放在喉部，一般表示已经吃饱。

八、蒙古

蒙古国（英语：Mongolia），简称蒙古，是以本民族的名称而得名的。“蒙古”一词是由“勇敢”和“朴素”两个词素结合而成的。蒙古平均海拔 1580 米，是一个内陆国，东、南、西三面与我国为邻，北面与俄罗斯接壤。人口主要是喀尔喀蒙古人，约占全国总人口的 80%，还有少数为哈萨克等民族。首都乌兰巴托，货币为“图格里克”。官方语言为喀尔喀蒙古语，有 70% 的人讲突厥语。

1. 交际习俗

蒙古人以待客态度非常真诚而闻名于世。只要他们得知宾客临门，男女主人总会恭敬地站在门口热情地迎候嘉宾。宾主相见，不管过去是否相识都要向客人问候“您好”“向您请安了”等。客人告辞时，主人往往要举家相送，并一再说些“再见”“欢迎再来”“一路平安”之类的送行话。蒙古人与客人见面时，还有个特别的待客习惯，他们喜欢拿出自己珍爱的鼻烟壶让客人嗅闻。客人若遇到这种情况，应该诚心实意地嗅闻，然后把壶盖儿盖好还给主人。

蒙古人在社交场合与宾客相见时，一般也施握手礼，但献哈达要属蒙古民族最正统的礼节方式了。不过蒙古国人敬献的哈达不同于中国一些民族的白色哈达，而是由丝绸制成的天蓝色哈达。他们在献哈达的同时，还要向客人献上一碗鲜奶，以表达他们对嘉宾的深深敬意，相互见面时一般不施脱帽礼。请让客人只以右手示意，即施请安礼。如果人在马上要先下马，坐在车上要先下车，以表示对对方的尊敬。请安的时候，男子要单屈右膝，右臂自然下垂；女子施礼则要双膝弯曲。蒙古人亲属间相见时，一般要施亲吻礼，晚辈出远门或归来时，长辈要吻晚辈的前额，以示祝福。

2. 主要禁忌

蒙古人最厌恶黑颜色，把黑色视为不祥的色彩。蒙古人忌讳别人用烟袋或手指点他的头部，认为这是一种极不礼貌的举止。忌讳生人倚坐在他的蒙古包上。

3. 饮食特点

蒙古人在饮食上不吃虾、蟹、海味及“三鸟”（即鸡、鸭、鹅）的内脏，也忌讳吃鱼，因为有些地区的蒙古人视鱼为神的化身。他们不爱吃糖和带辣味的调味品；不爱吃带汁的、油炸的菜肴，不太爱吃米、面食和青菜；他们还不爱吃猪肉及糖醋类菜肴。

蒙古人最爱吃肉和奶类食品，尤以羊肉食用最为普遍。“手扒肉、烤全羊、石烤肉”等都是他们常用的民族传统佳肴。他们用餐时习惯以手抓饭，有时也用刀叉。他们吃肉时乐于把整块肉下锅煮，待熟后捞出，然后用手撕或以小刀切着吃，而且大多食量惊人。

7–15 课后练习

7–16 案例分析：表扬

7–17 拓展阅读：涉外交往的五大黄金守则

主要参考文献

期刊类

1. 李玫瑾 . 马加爵犯罪心理分析［J］. 中国人民公安大学学报，2004（3）：110–115.

2. 晓蒂 . 你会打“职场招呼”吗？［J］. 秘书之友，2011（4）.

3. 邹戈奔 .《红楼梦》里话馈赠礼仪［J］. 文史博览（理论），2010.

著作类

1. 马克思恩格斯选集（第 1 卷）［C］. 北京：人民出版社，1995.

2. 马克思恩格斯选集（第 2 卷）［C］. 北京：人民出版社，1972.

3. 鲍日新 . 社交礼仪，让你的形象更美好：献给大学生［M］. 上海：上海教育出版社，2005.

4. 陈百君 . 现代公共关系学［M］. 北京：经济管理出版社，2010.

5. 陈光谊 . 现代实用社交礼仪［M］. 北京：清华大学出版社，2009.

6. 董明 . 公共关系实务［M］. 杭州：浙江大学出版社，2009.

7.［瑞］费尔迪南德 · 索绪尔 . 高名凯译 . 普通语言学教程［M］. 北京：商务印书馆，1980.

8. 关小燕 . 礼仪：规范行为的学问［M］. 北京：清华大学出版社，2008.

9. 国英 . 公共关系与现代礼仪案例：M]. 北京：机械工业出版社，2004.

10. 何爱华，张学娟 . 实用商务礼仪［M］. 北京：人民邮电出版社，2011.

11. 彭兆荣 . 人类学仪式的理论与实践［M］. 北京：民族出版社，2007.

12. 任继愈 . 中国哲学史（先秦）［M］：北京：人民出版社，1983.

13. 吴新红 . 实用礼仪教程：［M］. 北京：化学工业出版社，2010.

14. 向多佳 . 职业礼仪［M］. 成都：四川大学出版社，2006.

15. 谢迅 . 商务礼仪［M］，北京：对外经济贸易大学出版社，2007.

16. 杨友苏，石达平 . 品礼：中外礼仪故事选评［M］. 上海：学林出版社，2008.

17. 余世伟 . 学会和领导说话［M］. 哈尔滨：哈尔滨出版社，2013.

18. 张文 . 礼仪修养与实训教程［M］. 广州：华南理工大学出版社，2009.

19.［美］约瑟夫·熊彼特，王永胜译 . 经济发展理论［M］. 上海：立信会计出版社，2017.

20.［美］阿历克斯·英格尔斯，殷陆君译 . 人的现代化——心理·思想·态度·行为［M］. 成都：四川人民出版社，1985.

21.［美］佩吉·波斯特著 . 李明媚译 . 礼仪圣经［M］. 北京：群富出版社，2008.

22.［德］马克斯·韦伯，于晓和等 . 新教伦理与资本主义精神［M］. 上海：三联书店，1987.

23.［法］埃米尔·涂尔干 . 渠敬东译 . 社会分工论［M］. 上海：生活·读书·新知三联书店 2017.

24. 金正昆 . 职场礼仪［M］. 北京：北京联合出版公司，2019.

25. 林纳 . 优雅气质，从礼仪开始［M］. 北京：中国纺织出版社，2021.

26. 江苏无国界航空发展有限公司 . 空中乘务（初中高级）1+X 空中乘务职业技能等级证书培训教材［M］. 北京：北京师范大学出版社，2021.

27. 雷子 . 中国式礼仪［M］. 天津：天津人民美术出版社，2021.

28. 李妍 . 酒店服务礼仪［M］. 北京：中国人民大学出版社，2019.

网页类

1.http：//www.godpp.gov.cn

2.http：//www.duanmeiwen.com

3.https：//zhidao.baidu.com

4.http：//ent.sina.com.cn

5.https：//wenku.baidu.com

6.http：//www.du8.com

7.http：//freebirdl976.blog.163.com

8.http：//www.docin.com

9.http：//www.aseanl68.com

10.http：//www.wjyanghu.com

11.https：//baijianao.baidu.com

12.http：//www.ruiwen.com

13.https：//baijianao.baidu.com

14.http：//www.360doc.com

15.http//blog.sina.com.cn

16.http：//docbeta.com
17.http：//japanLetpass.com
18.https：//Jingyan.baidu.com
19.https：//www.toutiao.com
20.http：//www.ywnews.cn
21.http：//www.xinli001.com
22.http：//www.koucai.com.cn
23.http：//tieba.baidu.com
24.http//jiaren.org
25.http：//www.fwdq.com
26.https：//Jingyan.baidu.com
27.http：//www.sohu.com
28.https：//baike.baidu.com
29.http：//zztjly.blog.sohu.com
30.http：//www.koucai.com.cn
31.http：//www.liyi.blog.sohu.com
32.http：//www.dfzs.js.cn
33.https：//www.toutiao.com
34.http：//news.163.com
35.http：//face.39.net
36.https：//jmgyan.baidu.com
37.http：//www.alibado.com
38.http：//k.sina.com.cn
39.http：//www.bjdcfy.com
40.http：//mini,eastday.com
41.http：//club.learning,sohu.Com
42.http：//www.wenming.cn

其他类

中央文明办，国家旅游局，参考网，光明日报。